# Analisando cinema: críticas de L.G. Miranda Leão

# Analisando cinema:
# críticas de L.G. Miranda Leão

organização Aurora Miranda Leão

imprensaoficial

São Paulo, 2006

GOVERNO DO ESTADO DE
SÃO PAULO
RESPEITO POR VOCÊ

| | |
|---|---|
| Governador | Cláudio Lembo |
| Secretário Chefe da Casa Civil | Rubens Lara |

**imprensaoficial** **Imprensa Oficial do Estado de São Paulo**

| | |
|---|---|
| Diretor-presidente | Hubert Alquéres |
| Diretor Vice-presidente | Luiz Carlos Frigerio |
| Diretor Industrial | Teiji Tomioka |
| Diretora Financeira e Administrativa | Nodette Mameri Peano |
| Chefe de Gabinete | Emerson Bento Pereira |

**Coleção Aplauso Cinema Brasil**

| | |
|---|---|
| Coordenador Geral | Rubens Ewald Filho |
| Coordenador Operacional e Pesquisa Iconográfica | Marcelo Pestana |
| Projeto Gráfico | Carlos Cirne |
| Assistência Operacional | Andressa Veronesi |
| Editoração | Aline Navarro |
| Tratamento de Imagens | José Carlos da Silva |
| Revisor | Heleusa Angelica Teixeira |

# Apresentação

*"O que lembro, tenho."*
Guimarães Rosa

A *Coleção Aplauso*, concebida pela Imprensa Oficial, tem como atributo principal reabilitar e resgatar a memória da cultura nacional, biografando atores, atrizes e diretores que compõem a cena brasileira nas áreas do cinema, do teatro e da televisão.

Essa importante historiografia cênica e audiovisual brasileiras vem sendo reconstituída de maneira singular. O coordenador de nossa coleção, o crítico Rubens Ewald Filho, selecionou, criteriosamente, um conjunto de jornalistas especializados para realizar esse trabalho de aproximação junto a nossos biografados. Em entrevistas e encontros sucessivos foi-se estreitando o contato com todos. Preciosos arquivos de documentos e imagens foram abertos e, na maioria dos casos, deu-se a conhecer o universo que compõe seus cotidianos.



A decisão em trazer o relato de cada um para a primeira pessoa permitiu manter o aspecto de tradição oral dos fatos, fazendo com que a memória e toda a sua conotação idiossincrásica aflorasse de maneira coloquial, como se o biografado estivesse falando diretamente ao leitor.

Gostaria de ressaltar, no entanto, um fator importante na Coleção, pois os resultados obtidos ultrapassam simples registros biográficos, revelando ao leitor facetas que caracterizam também o artista e seu ofício. Tantas vezes o biógrafo e o biografado foram tomados desse envolvimento, cúmplices dessa simbiose, que essas condições dotaram os livros de novos instrumentos. Assim, ambos se colocaram em sendas onde a reflexão se estendeu sobre a formação intelectual e ideológica do artista e, supostamente, continuada naquilo que caracterizava o meio, o ambiente e a história brasileira naquele contexto e momento. Muitos discutiram o importante papel que tiveram os livros e a leitura em sua vida. Deixaram transparecer a firmeza do pensamento crítico, denunciaram preconceitos seculares que atrasaram e continuam atrasando o nosso país, mostraram o que representou a formação de cada biografado e sua atuação em ofícios de linguagens diferenciadas como o teatro, o cinema e a televisão – e o que cada um desses veículos lhes exigiu ou lhes deu. Foram analisadas as distintas linguagens desses ofícios.



Cada obra extrapola, portanto, os simples relatos biográficos, explorando o universo íntimo e psicológico do artista, revelando sua autodeterminação e quase nunca a casualidade em ter se tornado artista, seus princípios, a formação de sua personalidade, a *persona* e a complexidade de seus personagens.

São livros que irão atrair o grande público, mas que – certamente – interessarão igualmente aos nossos estudantes, pois na *Coleção Aplauso* foi discutido o intrincado processo de criação que envolve as linguagens do teatro e do cinema. Foram desenvolvidos temas como a construção dos personagens interpretados, bem como a análise, a história, a importância e a atualidade de alguns dos personagens vividos pelos biografados. Foram examinados o relacionamento dos artistas com seus pares e diretores, os processos e as possibilidades de correção de erros no exercício do teatro e do cinema, a diferenciação fundamental desses dois veículos e a expressão de suas linguagens.

A amplitude desses recursos de recuperação da memória por meio dos títulos da *Coleção Aplauso*, aliada à possibilidade de discussão de instrumentos profissionais, fez com que a Imprensa Oficial passasse a distribuir em todas as bibliotecas importantes do país, bem como em bibliotecas especializadas, esses livros, de gratificante aceitação.



Gostaria de ressaltar seu adequado projeto gráfico, em formato de bolso, documentado com iconografia farta e registro cronológico completo para cada biografado, em cada setor de sua atuação.

A *Coleção Aplauso*, que tende a ultrapassar os cem títulos, se afirma progressivamente, e espera contemplar o público de língua portuguesa com o espectro mais completo possível dos artistas, atores e diretores, que escreveram a rica e diversificada história do cinema, do teatro e da televisão em nosso país, mesmo sujeitos a percalços de naturezas várias, mas com seus protagonistas sempre reagindo com criatividade, mesmo nos anos mais obscuros pelos quais passamos.

Além dos perfis biográficos, que são a marca da *Coleção Aplauso*, ela inclui ainda outras séries: *Projetos Especiais*, com formatos e características distintos, em que já foram publicadas excepcionais pesquisas iconográficas, que se originaram de teses universitárias ou de arquivos documentais pré-existentes que sugeriram sua edição em outro formato.



Temos a série constituída de roteiros cinematográficos, denominada *Cinema Brasil*, que publicou o roteiro histórico de *O Caçador de Diamantes*, de Vittorio Capellaro, de 1933, considerado o primeiro roteiro completo escrito no Brasil com a intenção de ser efetivamente filmado. Paralelamente, roteiros mais recentes, como o clássico *O Caso dos Irmãos Naves*, de Luis Sérgio Person, *Dois Córregos*, de Carlos Reichenbach, *Narradores de Javé*, de Eliane Caffé, e *Como Fazer um Filme de Amor*, de José Roberto Torero, que deverão se tornar bibliografia básica obrigatória para as escolas de cinema, ao mesmo tempo em que documentam essa importante produção da cinematografia nacional.

Gostaria de destacar a obra *Gloria in Excelsior*, da série *TV Brasil*, sobre a ascensão, o apogeu e a queda da TV Excelsior, que inovou os procedimentos e formas de se fazer televisão no Brasil. Muitos leitores se surpreenderão ao descobrirem que vários diretores, autores e atores, que na década de 70 promoveram o crescimento da TV Globo, foram forjados nos estúdios da TV Excelsior, que sucumbiu juntamente com o Grupo Simonsen, perseguido pelo regime militar.

Se algum fator de sucesso da *Coleção Aplauso* merece ser mais destacado do que outros, é o interesse do leitor brasileiro em conhecer o percurso cultural de seu país.



De nossa parte coube reunir um bom time de jornalistas, organizar com eficácia a pesquisa documental e iconográfica, contar com a boa vontade, o entusiasmo e a generosidade de nossos artistas, diretores e roteiristas. Depois, apenas, com igual entusiasmo, colocar à disposição todas essas informações, atraentes e acessíveis, em um projeto bem cuidado. Também a nós sensibilizaram as questões sobre nossa cultura que a *Coleção Aplauso* suscita e apresenta – os sortilégios que envolvem palco, cena, coxias, set de filmagens, cenários, câmeras – e, com referência a esses seres especiais que ali transitam e se transmutam, é deles que todo esse material de vida e reflexão poderá ser extraído e disseminado como interesse que magnetizará o leitor.

A Imprensa Oficial se sente orgulhosa de ter criado a *Coleção Aplauso*, pois tem consciência de que nossa história cultural não pode ser negligenciada, e é a partir dela que se forja e se constrói a identidade brasileira.

Hubert Alquéres
Diretor-presidente da
Imprensa Oficial do Estado de São Paulo

# Prefácio

## Reflexões indispensáveis

Ao apresentar o volume de críticas do eminente crítico e professor cearense L. G. de Miranda Leão, confesso sentir-me um pouco na posição de quem, sendo não mais do que aluna, é convidada a apresentar o mestre. Não pode ser outro meu sentimento do que orgulho da honraria que me cabe ao lembrar nesta introdução um pouco da importância desta figura de destaque da cultura brasileira, que completou 50 anos de crítica cinematográfica. Um feito que raros profissionais terão a perseverança e a paixão de igualar, ainda mais com o extremo cuidado e profissionalismo que caracterizaram sempre seus textos densos e cristalinos.



É de admirar que um profissional da crítica mantenha intocado seu fôlego intelectual tantas décadas num mister assim polêmico, não raro ingrato e carregado de incompreensões. Afinal, alguns desavisados costumam confundir os críticos com infalíveis juízes do bom gosto e alguns entre estes, os mais vaidosos, aceitam assim ser considerados. Não é o caso de Miranda Leão que, embora mestre, ensina nas entrelinhas de seus iluminados comentários com a sutileza que cabe aos dotados da melhor sabedoria, amparado numa pedagogia que vem da enorme intimidade com o assunto que comenta.

Mestre em literatura de língua inglesa e portuguesa, Miranda Leão domina a língua com uma fina expressão, construindo frases certeiras que, embora se alonguem num estilo precioso, cultivado em épocas mais eruditas do que esta apressada nossa, sempre sabem onde querem chegar. Suas palavras acertam sempre no alvo, construindo análises e conceitos capazes de enriquecer o universo de seus leitores.



Ler sua prosa cristalina é quase assistir aos filmes que ele tão cuidadosamente comenta, com total ausência de preconceito, não se esquivando de analisar tanto o último clássico do cinema europeu ou americano quanto algum exemplar do descartável cinema de terror adolescente que ultimamente pulula nas telas dos *multiplex*. Para todos os filmes, desenvolve o crítico uma argumentação serena, fazendo uma progressão segura num mundo de idéias e erudição ao qual não faltará, sempre que oportuno, uma pincelada de sua fina ironia e bom humor.

Lembrando muito bem que o cinema "não é uma ciência exata", aconselha Miranda Leão que se veja os filmes ao menos duas vezes, ainda que seja para desancá-los depois. Assim sendo, a eventual crítica será feita com propriedade. Lembra ele que "as imagens passam rápido, são efêmeras, cabe ler os signos e o subtexto". Cinema é, portanto, uma arte em que cabe cultivar a paciência no olhar, sob pena de perder de vista os melhores detalhes.

Esse olhar cinéfilo foi despertado, inadvertidamente – ou quem sabe nem tanto – pelo pai do futuro crítico, o médico João Valente de Miranda Leão. Poliglota e entusiasta das artes, levou o filho, ainda garoto, em 1942, para assistir às filmagens de um episódio de *It's All True*, o malfadado projeto brasileiro do genial Orson Welles, que se desenvolvia então em Mucuripe. Talvez a prova de que pretendia mesmo instalar no sangue do filho o "micróbio" do cinema, foi tê-lo presenteado, tempos depois, com um livro sobre o cineasta americano D. W. Griffith, considerado o precursor do cinema narrativo e de ação.



O fato é que a semente germinou e o menino não abandonou mais o cinema. No Colégio São João, onde fez seus estudos fundamentais, integrou um grupo de análise sobre a sétima arte. Uma atividade que tomou um vulto ainda maior quando conheceu Darcy Xavier da Costa, o emérito fundador, em 1948, do Clube de Cinema de Fortaleza (CCF), do qual Miranda Leão brevemente se tornaria um dos principais entusiastas e, futuramente, um de seus maiores incentivadores.

A partir do CCF, Miranda Leão começou a redigir e divulgar seus primeiros artigos sobre cinema – como aqueles produzidos sobre os filmes *Pacto de Sangue*, de Billy Wilder, *O Processo*, de Orson Welles e *O Grande Golpe*, de Stanley Kubrick. Iniciando aí sua prática redacional, aprofundou-se o crítico na confecção de textos que eram reproduzidos na imprensa local (como o de *Pacto de Sangue*, no jornal *O Povo*) e nos miniprogramas do próprio CCF. Nesses primeiros dias do cineclube, esses textos eram mimeografados e distribuídos aos freqüentadores, que assistiam a filmes projetados pelo próprio Darcy Xavier, seu fundador, a quem cabia igualmente a missão de rebobiná-los ao final de cada sessão.



Com uma fibra forjada nesses tempos heróicos do cineclubismo em Fortaleza, Miranda Leão aprimorou seu talento conduzindo ou organizando diversos cursos e seminários de iniciação à apreciação cinematográfica que tornaram o CCF um marco na vida cultural da capital cearense. Os temas: linguagem cinematográfica, teoria do filme, relação cinema x teatro, a questão dos signos e do significado do cinema, como ler um filme, Freud no cinema e tantos outros. Sem contar a análise de filmes que passaram pelo circuito comercial ou ciclos, como de cinema holandês ou do cineasta canadense Norman McLaren. Enfim, seria impossível listar em tão pouco espaço a gama de atividades que tornou única a história do CCF de tal maneira que, mesmo desaparecendo em meados dos anos 80, deixou indelével sua marca em outras salas de arte que a partir dali nasceram em Fortaleza.

Colaborador constante de alguns dos principais órgãos da imprensa cearense, como o *Diário do Nordeste*, o crítico alimenta sua notável longevidade cultural atento à renovação do cinema brasileiro, que já se tornou lugar-comum denominar de "retomada", mas que Miranda Leão, mais precisamente, prefere definir como "renovação qualitativa de nosso cinema".



Atento às novidades, não teme, contudo, tomar posições, recusando, por exemplo, entrar no coro quase unânime dos admiradores da iconoclastia do dinamarquês Lars von Trier. Defende o cinema americano, tantas vezes objeto de crítica apressada e leviana, por conta de abrigar a mais lucrativa e onipresente indústria do mundo. Para o crítico veterano, que sabiamente não se deixa levar pelos modismos que ciclicamente infestam tanto o cinema quanto a crítica, esse cinema *yankee* "funciona" e ainda é capaz de produzir "marcos culturais e artísticos".

Concorda Miranda Leão com a posição manifestada pelo cineasta e crítico americano Peter Bogdanovich que todos os grandes filmes já foram feitos e persevera com ele neste conceito: "Hoje só podemos aspirar a fazer filmes bons e de alguma forma inesquecíveis". Portanto, não descrê do cinema e deve, assim, por muito tempo, continuar a brindar nossas retinas com a sua reflexões atentas e indispensáveis.

**Neusa Barbosa**

# Textos de L. G. Miranda Leão

O crítico

# Capítulo 1

## Grandes Filmes

### Cinema resume vazio existencial de Sylvia Plath

Este *Sylvia – Além das Palavras*, de Christine Reffs (2003), não tem nada a ver com o *Sylvia*, de Gordon Douglas (1965), no qual o passado de uma mulher é investigado por um detetive particular, a mando do futuro marido. O filme homônimo, o segundo longa da cineasta neozelandesa (*Rain*, de 2001, o primeiro deles, ainda não foi lançado em nossas telas), insere-se, a nosso critério, na categoria dos melhores documentários-ficção (ou semidocumentários) deste começo de século.



O filme de Christine é a tentativa de reconstruir, via concisão própria do cinema, o tumultuado romance entre a poetisa americana Sylvia Plath e o poeta inglês Ted Hughes, fazendo-o desde o primeiro encontro deles em Londres, em 1955, para onde ela fora estudar em Cambrige, à vida em comum antes e depois da formalidade do casamento. Daí para o nascimento do casal de filhos, os desentendimentos e dificuldades de convivência sob o mesmo teto ("Cada pessoa é um vasto território desconhecido e ninguém conhece ninguém", como dizia um dos intérpretes bergmanianos), cada um deles querendo afirmar-se intelectualmente, até ocorrer a reversão das expectativas favoráveis, o divórcio e o suicídio do personagem central, após duas (?) frustradas tentativas em anos recuados.

A cineasta não precisou esclarecer quem foi Sylvia Plath. O filme todo fala por si mesmo. Christine optou simplesmente por enfocar uma história de amor e não uma minibiografia fílmica de Sylvia Plath ou uma história de Sylvia e Ted, conforme ela mesma declarou em entrevista recente: "Vejo o filme como um drama narrado do ponto-de-vista de Sylvia, ou seja, trabalhado subjetivamente, de dentro para fora. Quando Ted sai de cena, a câmara enquadra a solidão de Sylvia através dos olhos dela. Uma das coisas de maior atração para mim nessa história real foi o amor de duas pessoas e a natureza trágica dessa relação a dois".



Indagada sobre as omissões verificadas na transposição da tragédia de Sylvia para o *écran*, ponderou Christine: "Enfrentamos limitações, Brownlow e eu, para tornar o roteiro mais abrangente, e temi, caso as superássemos, realizar um filme demasiado longo e cansativo. Além disso, juntei-me ao projeto apenas poucas semanas antes de começarmos a rodar as primeiras cenas em locações". Mas o filme, prossegue a diretora, pelo menos não cai na armadilha de fazer do comportamento de Hughes a causa fundamental do infortúnio de sua companheira. Ou seja, não sataniza Ted, mas deixa ver como o seu não-estar-nem-aí e sua incapacidade de esconder ou refrear conquistas amorosas foram vetores coadjuvantes da morte de Sylvia – mulher frágil, necessitada de segurança, apoio psicológico e carinho. Nas palavras de Christine: "Ted é mostrado como um don Juan irresponsável, mas não como o vilão do mal, tal como algumas feministas quiseram fazer crer".

Tratados, enciclopédias e livros podem até esgotar um assunto ou neles incluir tudo quanto se saiba até então sobre determinada matéria ou disciplina. O cinema, pela sua natureza intrínseca, só pode tratar do essencial, ao projetar imagens significantes (o elemento presente) para transmitir o significado (o elemento ausente), com apoio ou não em diálogos e, ou, narrador, seja quando focaliza algum personagem ilustre, vivo (José Saramago) ou morto (Napoleão Bonaparte), seja quando aborda um drama de situação ou algum evento histórico, como o ataque traiçoeiro japonês a Pearl Harbor, em 1941, ou a atuação clandestina de Jean Moulin como líder da Resistência contra o invasor nazista.



Em realidade, como sabemos, nenhum veículo pode reconstituir toda a existência de um ser humano, tampouco todos os seus antecedentes, para mostrar o ontem no qual ele se tornou hoje. No caso de Sylvia Plath, há uma característica curiosa já observada por vários autores: poucos poemas seus tratam do passado e nenhum deles projeta a imaginação da poetisa para o futuro. "As ações estão presas unicamente ao presente e a posição dela é de vítima", escreve Rodrigo Garcia Lopes, um dos seus exegetas brasileiros.

De fato, órfã de pai opressor (há um misto de amor-ódio no poema *Daddy*, sugestivo de um complexo de Electra latente), desamparada pelo marido, longe de sua genitora, numa condição de mãe afetuosa mas sujeita a depressões, pois nascida de uma família de deprimidos e talvez sofrendo de uma psicose incipiente (a julgar pelos seus diários), suas palavras mais corriqueiras denotam a impossibilidade de agir, de romper com o marido a quem amava e admirava, e de transformar a situação conflitiva dentro da qual vivia. Quanto aos motivos de sua morte, parecem bem claros. Ela mesma menciona as tentativas de suicídio, a tomada de comprimidos, os vômitos, como foi socorrida a tempo.



Essa idéia de morte, aliás, está embutida no próprio prólogo do filme: "Às vezes, sonho com uma árvore / E a árvore é minha vida / Um ramo é o homem com quem vou me casar / E as folhas, meus filhos / Outro ramo é meu futuro / Como escritora / E cada folha é um poema / Outro é uma brilhante carreira acadêmica / Mas enquanto fico lá sentada / Tentando escolher / As folhas começam a ficar marrons e cair / Até a árvore ficar completamente nua". Expressiva é a delimitação da imagem da árvore ao longe, com as folhas caindo ao sabor do vento. Como reconstituir cinematograficamente a vida pretérita de Sylvia pelos depoimentos de pessoas já desaparecidas e passados de boca em boca? Como enriquecê-la com as imagens de seus versos ou com base em anotações dos diários e correspondências deixados pelo casal de protagonistas?



Não custa lembrar neste ponto as observações pertinentes do escritor americano Robert Penn Warren sobre as limitações existentes, tanto na literatura como no teatro e no cinema, para recriar até mesmo os principais eventos da existência de uma pessoa (quais são eles realmente?) ou de sua vida interior, afetiva ou não, a dinâmica dos seus recalques, decepções, obsessões, frustrações e os fantasmas emanados da vida inconsciente, como estabeleceu Freud; enfim, os seus estados d'alma.

Como se recordará o cultor de cinema, Warren é o autor do *best-seller* sobre a vida do senador estadunidense Huey Long, escrito para o cinema e dirigido por Robert Rossen, em 1949, sob o título original *All the Kings' Men* (*A Grande Ilusão*) e vencedor do Oscar daquele ano. Warren é também visto como o pai contemporâneo de um princípio básico de qualquer narrativa ficcional: "No conflict, no story". O conflito pode ser preexistente ou surgir no decorrer da história, mas sem conflito não há história. No caso de Sylvia, o conflito fundamental deve estar oculto nos longes da infância ou no genoma. Como ir lá fundo, via cinema, sem falsear ou alterar a realidade vivida pelo biografado?



A digressão destes últimos parágrafos vem a propósito de comentários nos quais se afirma inexistir no filme uma emoção intensa ou o clima psicológico capaz de justificar o suicídio. Ou seja, os críticos não vêem emergir da vida cinematográfica da poetisa o elemento impulsionador do seu gesto extremo e ignoram as sugestões das imagens dos significantes e até palavras em *off*. As ensaístas portuguesas Maria Martins e Susana Ribeiro, por exemplo (*Jornal de Letras*, abril 2004), chegam a falar em "violência e paixão" e "chama ausente". Para elas, o filme de Christine nada nos transmite (sic) da febre criadora da poetisa, da qual se alimenta sua força, nem se esta a empurra para o precipício ou se, ao invés, a ajuda a escapar dele. Dizem também não terem sido incluídos fragmentos dos poemas mais expressivos de Sylvia e os poucos, "mesmo quando aparecem, soam mais ilustrativos e menos estruturantes, e o filme nunca nos mostra a chama que uma personalidade como a de Plath não podia deixar de ter".

Tudo isso é muito subjetivo e relativo, diria Millôr Fernandes. Os críticos querem demais, ficam contra quando as coisas não saem como gostariam, ecoaria Sérgio Porto, nosso saudoso Stanislaw Ponte Preta. O diretor de cinema – cultor dessa arte de síntese, de condensação – precisa fazer opções e escolhas, muitas delas de difícil resolução, a fim de transferir para a tela, com a colaboração do cenarista (ou sem esta, quando também for autor do scénario), uma história crível e bem conduzida para suspender a descrença do espectador (já frisamos isso noutros artigos), quer num documentário ou no mundo de ficção retratado em imagens e palavras.



Discordamos, por isso, das críticas daqui e d'além-mar, tampouco achamos estranho ninguém ter vindo procurar Sylvia no seu isolamento, após a ruptura com Ted. Ele simplesmente sai de cena e do jeito como iam as relações entre os dois, também só poderia ter sido elíptica a despedida entre ambos. Depois de entregar-se novamente a Ted, num esforço desesperado para trazê-lo de volta ao leito, Sylvia lhe pergunta: "Por que não a larga?" E ele responde: "Não posso, porque está grávida".

A nosso ver, Christine e Brownlow decidiram certo ao concentrarem-se no malogrado romance entre os dois e não no rico mundo interior projetado pelos signos contidos nos poemas de Sylvia, todos eles herméticos e obsessivos, como a lua, velas, cavalos, serpentes, seixos, espelhos, águas-vivas, nuvens, estátuas, abelhas, árvores. Uma das características mais atuantes nos versos de Sylvia é a absorção do espaço exterior para descrever estados interiores, como ressalta a maioria dos analistas de sua bagagem poética. Para ela, por exemplo, como bem assinala Maurício Arruda Mendonça, a lua não denota de modo algum pureza, virgindade ou inocência. A lua de Sylvia é negra, mas sua máscara é branca.



Signo da inconstância, da esterilidade, doença, alienação e desespero, a lua é adjetivada como "nua", "calva", metáforas do envelhecimento, da decadência, de situações de opressão e terror, e o espelho é igualmente polissêmico, aferidor da verdade, reflexo do progresso diário da autora em direção à morte. Foge do escopo deste artigo analisar os signos-símbolos da artista americana, mas estas notas parecem suficientes para esclarecer o cinéfilo e complementar suas informações, caso seja ele ledor da poesia *plathiana*.

Se, numa hipótese improvável, fôssemos o roteirista do filme, pensaríamos em incluir para voz *off* linhas mais sugestivas da poesia de Sylvia, do seu estado emocional. Seria tarefa hercúlea, quase irrealizável, considerando-se o tempo a ser despendido para transformar palavras sígnicas em imagens e as dificuldades para fazê-lo. Seu lírico *Olmo*, por exemplo, tem força, mas é praticamente impossível representá-lo em imagens. O veículo da literatura, sabemos todos, é a palavra, o do cinema as formas motovisuais.

Senão vejamos estas linhas (todas elas em elogiável tradução de Garcia Lopes e Arruda Mendonça): "Sei o que há no fundo / Conheço minha própria raiz / Era o que você temia / Eu não: já estive lá / É o mar que você ouve em mim / Suas frustrações? / Ou a voz do vazio, essa é sua loucura? / Dentro de mim mora um grito / De noite ele sai com suas garras, à caça / De algo para amar / Sou torturada por essa coisa negra / Que dorme em mim / O dia inteiro sinto seu roçar leve e macio, sua maldade / Nuvens passam e se dissipam / São estas as faces do amor, pálidas, irrecuperáveis / Foi pra isso que atormentei meu coração? / Não consigo compreender além / E o que é isso agora, essa cara / Assassina com seus galhos sufocantes? – O beijo traiçoeiro da serpente / Petrifica o desejo. Esses são os erros, solitários e lentos / Que matam, matam, matam". Christine e Brownlow preferiram outros fragmentos. Decisão subjetiva, irreversível. Não cabe criticar.

Evidentemente, só um tratamento psicanalítico em plano profundo poderia conhecer a causa (ou causas) da melancolia de Sylvia, do vazio existencial capaz de levá-la a inalar gás venenoso, do porquê de não encontrar um sentido para sua vida. Como isso não é possível, fiquemos com o filme de Christine, no qual palavras da poetisa abrem pequena janela. Recorde-se de quando ela diz: "Penso que não sou sólida. Sou oca. Sou o negativo de uma pessoa. Só o que quero é a escuridão e o silêncio. É o que se faz quando a vida é ruim e vai ficando cada vez pior". Quando conheceu Hughes (e isso não passou despercebido pelos realizadores), ela registrou, ao bater à máquina, a frase antecipatória do desfecho: "Um dia ele causará a minha morte. Ele é o meu predador das trevas" (*night marauder*) e, mais adiante: "Eles amarram você e lá se vêm milhares de centelhas", alusão ao seu tratamento psiquiátrico em 1953.



Os psicoterapeutas e psicanalistas têm nos versos de Sylvia um prato cheio para estudos. Alguns deles são bem sugestivos do seu difícil relacionamento afetivo-convivial com o marido e do seu drama íntimo: a obsessão com a morte. No citado

*Olmo*, escreveu: "O amor é uma sombra / Como você chora e mente por ele / Ouça; estes versos são seus cascos / Fugiram como cavalos". No longo poema Lesbos: "O marido brocha sai para tomar um cafezinho / Tento mantê-lo por perto / Velho pára-raio". E, mais à frente: "Um cachorro mordeu o cachorro do seu marido (*doggy husband*, no original) / Ele se manda; / Agora estou quieta, ódio / Até o pescoço / Grosso, grosso / Não digo nada / Empacoto / Empacoto batatas como roupas novas / Empacoto os bebês / Encaixoto os gatos doentes (...) / Sua mãe judia guarda seu sexo como pérola / Você tem um bebê, eu tenho dois". E concluiu: "Quem sabe um dia volte para você / Você sabe para que servem as mentiras / Nem no paraíso Zen a gente vai-se cruzar".



Veja-se também Lady Lazarus: "Aqui estão minhas mãos / Meus joelhos / Posso ser só pele e osso / Mas sou a mesma mulher / Na primeira vez eu tinha dez anos / Foi acidente / Na segunda quis / Acabar com tudo e nunca mais voltar / E rolei, fechada / Como uma concha do mar / Tiveram de gritar e gritar / E arrancar os vermes de mim como pérolas grudentas / Morrer / É uma arte, como tudo o mais / Isso eu sei fazer como ninguém".

Sua antevisão do tempo assassino, a desfazer no rosto, de forma irreversível, a ilusão da juventude, é sugerida em Mirror, quando, assumindo o ponto de vista do espelho ou nele se transmudando, se refere a uma mulher debruçada sobre aquela superfície plana: "Ela vem e vai / A cada instante seu rosto supõe a escuridão / Ela afogou uma menina em mim, em mim, uma velha / Emerge em sua direção, dia-a-dia, como um peixe terrível".

Em *Febre 40 Graus*, de forte conotação erótica, Sylvia alude à mitologia grega e ao revolucionário filme de Alain Resnais, *Hiroshima, mon amour* (1959), pois ela se impressionara bastante com as associações decorrentes da visão dos corpos nus dos amantes, abraçados em meio à radiação atômica emanada dos escombros da cidade em ruínas: "Meu bem, passei a noite / Me virando, indo e vindo, indo e vindo / Os lençóis me oprimindo como o beijo de um devasso". Em *A Chegada da Caixa de Abelhas*, Sylvia faz alusão à morte e ao pai, grande expert no assunto, desaparecido em 1940, e registra: "Podiam bem me ignorar / Em meu véu funerário, em meu vestido lunar / Não sou feita de mel / O que querem de mim? / Amanhã serei Deus, e vou soltá-las enfim / A caixa é apenas temporária".

Ariel (nome do cavalo no qual costumava cavalgar, quando morava em Devon, e referência ao personagem da peça *The Tempest*, de Shakespeare) é considerado o zênite da obra *plathiana*, em termos de síntese, técnica e conteúdo, e também com conotação erótica no uso das metáforas e quando alude à Lady Godiva desfilando nua num cavalo (um desejo oculto de fazer o mesmo, conforme sugeriria depois o Prof. Dale Bailey): "Estase no escuro / E um fluir azul sem substância / De penhascos e distâncias / leoa de Deus / Nos tornamos uma / Eixo de calcanhares e joelhos! – O sulco / Fende e passa / Irmã do / Arco castanho / Do pescoço que não posso abraçar /Olhinegras / Bagas expelem escuras / Iscas – / Goles de sangue negro e doce / Sombras. Algo Mais / Me arrasta pelos ares – Coxas, pêlos / Escamas de meus calcanhares / Godiva / Branca, me descasco – / Mãos secas, secas asperezas / E agora / Espumo com o trigo, reflexo de mares / O grito da criança / Escorre pelo muro / E eu / Sou a flecha / Orvalho que avança / Suicida, e de uma vez se lança / Contra o olho / Vermelho, fornalha da manhã".



O derradeiro poema de Sylvia, segundo revelou Ted Hughes em seus *Birthday Papers* tão citados aqui e ali, é *Edge* (*Auge*), premonição explícita do seu próprio fim: "Sylvia se reveste do ideal de auge da perfeição atingido na morte, como se completasse uma obra". Assim se manifestou o tradutor Garcia Lopes, justificando sua solução para o título do poema, além da aproximação sonora entre os dois nomes *Edge* e *Auge*, quando a poesia de Sylvia chega a uma posição extrema: "o fim da mulher é o fim da linguagem". Nas quatro últimas linhas, há uma nova alusão à lua. Esta "assiste à cena poética e desaparece num eclipse": "A lua não tem nada que estar triste / Espiando tudo do seu capuz de osso / Ela já está acostumada a isso / Seu lado negro avança e draga" (move-se bem lentamente).

A cineasta neozelandesa poderia ter aproveitado o verso e focado o lento movimento da lua em direção à sua fase escura, mas preferiu obscurecer suavemente o retângulo da tela, assim como substituiu a segunda (?) tentativa de suicídio (Sylvia teria desviado o carro e descido o acostamento da estrada em alta velocidade) pela cena na qual ela retira do vidro todas as pílulas de um tranqüilizante ou antidepressivo (?), hesita e depois as recolhe e toma apenas uma. Ela se decepcionara com a fria recepção de suas poesias, enquanto Ted via publicado com louvores seu livro *Hawk in the Rain*. Grande é a frustração da poetisa por não poder dedicar-se à sua arte devido às obrigações de casa, cozinha, filhos. Além de datilografar os poemas do marido, não consegue fazer o mesmo com os seus. Duma feita acaba rasgando, em momento de crise, páginas suas manuscritas.



Outros versos poderiam ser agregados aqui para os interessados em associar passagens do filme aos versos da autora, mas estes só revelariam inovação técnica importante se reproduzidas no original inglês, como as chamadas rimas-fantasmas e seu feixe de metáforas, "a superposição de imagens aparentemente desconexas, as quais se fundem e refundem".

No tocante à direção cinematográfica, Christine também preferiu a narrativa em linha direta, evitando o retrospecto ou as interrupções na ordem dos eventos. Seguiu a cronologia e buscou a recriação da época nos figurinos e nos cortes de cabelo, na música com justificação realista, na paisagem universitária, no uso das bicicletas, nos carros ingleses, na estação invernosa e nas elipses para assinalar a passagem inexorável dos dias e das noites, nos passeios de barco no rio e no mar. Num deles, Ted dá um susto em Sylvia mas ela logo se refaz; no outro, ele diz estarem sendo levados pela corrente marítima e ela de pronto revela ansiedade no gesto de segurar-se e no rosto apreensivo, ante a possibilidade de afogamento, e Christine aproveita a cena para sugerir uma associação de Sylvia com sua tentativa de pôr termo à vida anos atrás, em águas profundas.



O foco, a tensão e o passo do filme, funcionalmente lento, são conduzidos com firmeza e competência justificando plenamente, a nosso ver, a decisão dos críticos estrangeiros de incluir Christine entre "os dez realizadores da nova geração a serem atentamente observados, pois alguns deles serão os cineastas de amanhã". Um dos seus pontos altos está na já mencionada abertura, com Sylvia vista parcialmente de olhos fechados, voz *off*. Outro se encontra na fogueira dos livros e na captação da solidão de Sylvia no quarto, enquanto olha a luminária do teto, bem como quando vemos o seu rosto de desânimo na banheira, onde o deitar da cabeça sugere novo ensaio de afogamento.



Outra boa seqüência (dessas para as quais Paulo Emílio Salles Gomes costumava chamar atenção em suas aulas, dizendo, "Isto é Cinema!") se vê na combinação inteligente dos *close-ups* e planos aproximados, mediante utilização de tempos mortos, no jantar com o casal amigo, quando Sylvia se inquieta com o marido a lavar pratos na cozinha, a sós com seu novo caso, e não pode vê-lo: a câmara enquadra subjetivamente o vidro bisotê, impeditivo da visão dos dois, do outro lado, enquanto o corte nos leva aos detalhes das mãos buscando-se na troca dos talheres, torneira aberta, e olhares de recíproca cumplicidade.

Os espectadores os vêem, Sylvia não consegue distingui-los, mas intui a intimidade adúltera e põe sobre a mesa, com barulho e fisionomia carregada, os pratos restantes e logo dá por encerrado o constrangido fim-de-semana, alegando extremo cansaço. A realidade é bem diferente. Dos quatro atores em cena, só quem se pronuncia é Gwyneth, mas os outros exibem em silêncio máscaras cênicas expressivas, enquanto a novata Amira Casar fala através dos olhares.

Vê-se, assim, o pulso firme de Christine com seus intérpretes: não os solta, segura-os, repete cenas à moda Kubrick até atingir o ponto julgado ótimo. Todos chegam aí, Gwyneth no papel-chave, talento em processo de amadurecimento, pouco importando o ganho duvidoso de um Oscar. Nas rápidas e ousadas cenas de sexo, como a do repouso e diálogo curto pós-cópula, comporta-se com a naturalidade de quem está mesmo a sós com o amante em plena intimidade, quando se sabe presente em cena, além da diretora, naturalmente, o operador-chefe, assistentes, auxiliares de iluminação, o eletricista e a continuísta, pelo menos. Quando Gwyneth se torna sensual e se declara quase abertamente ao editor Alvarez (Jared Harris), dizendo da sua intenção de mudar de comportamento, o faz com domínio do jogo fisionômico.



Atuam bem os demais integrantes do elenco, e até o rude, rústico e meio canastrão Michael Craig (a quem vimos em *Estrada da Perdição*

(*Road to Perdition*, de Sam Mendes), notadamente quando recita rápido versos ou agride Sylvia. Blythe Danner (mãe de Gwyneth na vida real), Michael Gambon (o velho professor a quem Sylvia recorre nos momentos de crise, intérprete seguro como o anfitrião de *Assassinato em Gosford Park*, de Robert Altman), Jared Harris e Amira Casar completam o quadro de coadjuvantes ajustados aos seus papéis no drama.

A fotografia de John Toon (*cinematographer* pouco conhecido de outras atuações) é de primeira, com tons esmaecidos (recorde-se quando Sylvia quer jogar-se lá do alto e olha ao longe o carro com as crianças e desiste do gesto impensado e reflete: "Quem ficará com os meus filhos?"), imagens dessaturadas, exteriores meio encobertos pela neblina de um sábado frio em Devon, as silhuetas dos dois casais caminhando nas cercanias da casa, a chuva intermitente, a atmosfera sugestiva de infelicidade, a neve do Natal com a queda dos flocos e o vôo das gaivotas em busca de outras paragens.



A sensibilidade profissional de Toon respalda o trabalho diretorial de Christine, máxime quando a câmara corta para o plano de conjunto dos amantes na praia deserta, os dois sozinhos, aparentemente felizes – *altri tempi*, como dizem os italianos – ou para o enquadramento do beijo dado na morta pelo viúvo, "qual um beijo de Judas", como lembrou o cinéfilo espanhol Julio Alvarez.

Louve-se, ainda, o binômio iluminação + composição de interiores, pois tanto Christine como Toon souberam definir as zonas de luz e sombra e evocar lembranças da vida de Sylvia. A realizadora tampouco permitiu a trepidação da câmara, do campo para o contracampo, tipo Lars von Trier, linguagem de videoclipe ou virtuosimos desnecessários. Nada de angulações barrocas, excesso de primeiros planos ou grandiloqüências descabidas no drama de quem vai pôr fim à vida. O uso da *steadicam* também é lição de quem conhece o ofício de conduzi-la.



O belo registro musical com tema recorrente, composto por Gabriel Yared, se adequa aos momentos de sua utilização. Na festa onde Sylvia dança com Ted uma espécie de *jitterbug* a música de repente silencia e também os sons do ambiente e o tema ouvido nas cenas iniciais retorna nos derradeiros instantes, semelhando um réquiem. Doutras vezes os efeitos sonoros incidentais quase imperceptíveis se encarregam de sublinhar decepções e surpresas desagradáveis, como no já mencionado jantar a quatro, assim como o tom e o crescendo das discussões entre o casal, uma delas concluída com violência física de

Ted – um inconcebível tapa no rosto (saudemos de passagem a frase atribuída por uns a Bilac e por outros ao escritor Álvaro Maia, ex-governador do Amazonas em tempos bem distantes, de acordo com a qual "Numa mulher não se bate nem com o perfume de uma flor...").

Christine fecha seu filme com imagem criativamente meio distorcida do rosto de Sylvia, como a simular efeitos do envenenamento, seguidos do casal anônimo apressado para retirar as crianças de cena, e o magnífico plongé do caixão mortuário coberto por pano vermelho e conduzido lentamente para o carro funerário. A câmara enquadra então a janela por trás da qual está Ted em sua solidão e estranhamento e a objetiva *zoom* vai-se afastando até deixá-lo sozinho e não mais o distinguimos ao longe, enquanto a música começa a ganhar intensidade. Daí a rápida fusão para um minitexto relativo à categoria de Sylvia Plath como um dos mais importantes ícones da poesia do século XX. De acordo com vários analistas do seu legado poético, Sylvia Plath conseguiu o principal e o mais difícil para qualquer artista do verso surgido no período logo após luminares da arte como T.S. Eliot, W. Stevens, R. Frost e W. H. Auden: como inovar dentro do convencional.



"A tragédia pessoal de Sylvia", escreveu Garcia Lopes, "deve remeter-nos antes à tragédia do ser humano e esta é, em última análise, a de rotular com sentido palavras e imagens o vazio da existência". E não é fácil para quem faz filmes, acrescentamos, remeter-nos a esse vazio via diálogos e imagens cinemáticas.

Um filme para ver e rever.

## *L'Avventura*: marco da tetralogia de Antonioni

Em 1960, *L'Avventura* mereceu o Prêmio Especial do Júri no Festival Internacional de Cannes e na convenção realizada em 1962 pelo Instituto Britânico de Cinema, da qual participaram críticos e filmólogos ingleses e de outros países, foi considerado o segundo melhor filme do século. *L'Avventura* é a obra mais bem acabada de Michelangelo Antonioni. Revendo-o agora, mais duas vezes, tantos anos depois, confirmamos a alta qualidade do seu específico fílmico, capaz de resistir a uma revisão e ao próprio tempo, enquanto as leis fundamentais do cinema continuarem as mesmas de hoje.



*A Aventura*, para muitos a anti-aventura, praticamente não tem enredo ou *plot*, como só ocorre nas películas de Antonioni. Trata-se de um drama de situação, cujo ponto de partida é o desaparecimento de Anna, mulher jovem, quando a passeio com o amante e amigos nas ilhas vulcânicas de Basiluzzi e Lisca Bianca. O filme não responde, nem se preocupa em fazê-lo, se a *ragazza* foi seqüestrada, afogou-se ou suicidou-se, ou simplesmente fugiu... na cena inicial, há um encontro dela com pai, rico diplomata, quando se ouve advertência dele: "Esse homem jamais se casará com você". "Eu é que não quis casar-me com ele", diz ela. "É a mesma coisa", retruca o pai; "Já vivemos como casados", dirá ela depois para uma amiga. "Somos incapazes de nos compreendermos", lembra Anna. Retrucará depois Sandro para Cláudia: "As palavras são cada vez mais desnecessárias. Elas criam enganos".

No primeiro encontro com o arquiteto Sandro, seu amante, antes do embarque, Anna diz-lhe não conformar-se com suas longas ausências e vemo-la entregar-se a ele, enquanto deixa Claudia, sua amiga, esperando lá fora. Na ilha, devido a desentendimentos com Sandro, comuns entre casais e decorrentes da difícil convivência a dois, entre seres tão diferentes, homem e mulher, Anna abre o jogo: "A idéia de perdê-lo é demais para mim. Mas tenho vontade de sumir por alguns meses".



Quando Anna desaparece, começam as buscas em toda a ilha com a vinda da polícia marítima para ajudá-los com apoio de helicóptero e mergulhadores. Surgem suspeitas segundo as quais uma *ragazza* teria apanhado uma lancha regular de turistas e voltado para a cidade. Há dúvidas, a polícia investiga pequeno grupo de contrabandistas, os quais poderiam saber algo. O cenário da ilha é desolador, só o casebre de pedras brancas de um velho pescador, para quem acordar às cinco horas da manhã já é tarde. Sua vida rústica e sem perspectivas é um contraste com a dos ricos em visita à ilha. Graças a ele, quem não voltou à cidade irá dormir na cabana.

Ouvem-se diálogos pertinentes: "A história do tubarão visto por Anna, quando tomava banho de mar, era uma mentira". "Vocês brigaram?", pergunta um amigo. "As brigas habituais", responde Sandro. O pai de Anna vem de lancha especial saber como andam as investigações. Recebe de Claudia dois livros traduzidos por Anna. Um deles é de caráter religioso. "Quem lê este livro não cometeria suicídio", diz ele. Começa o assédio de Sandro, com forte insinuação da lubricidade do homem: mal a amante desaparece e já se vai ele atrás da amiga disponível. O primeiro beijo entre eles acaba surgindo, Claudia hesita. Aceita, de Sandro, a idéia de juntos procurarem Anna em lugares possíveis de encontrarem a desaparecida. A busca é inútil. Acabam tornando-se amantes, mas sempre com o reaparecimento de Anna a suscitar-lhes dúvidas: terá ela fugido num dos barcos alugados para passeios nas ilhas? Voltará ela? Sandro irá propor-lhe casamento tão precipitadamente como quando o fez em relação a Anna. A cena parece trazer-lhe de volta as palavras do último encontro: "Por qual motivo v. está tão certo de que o casamento mudaria alguma coisa?"

Claudia cede, apaixona-se e se entrega. Há ironia de situação quando diz a uma amiga: "Há dias não conseguia pensar nela morta; hoje me assusta a possibilidade de Anna estar viva"... Sua procura por Sandro no hotel, quando já é tarde da noite e ela se depara com ele beijando uma cortesã deitada no sofá, leva-a ao choro pelo impacto da cena, impensável para ela. Quando depois o reencontra e o vê chorar também, põe-lhe a mão na cabeça e o perdoa. Não é final feliz, não há finais felizes. A vida continua, não se sabe quanto tempo ficarão juntos, tão efêmeros os sentimentos, tão transitórias as coisas.



A direção cinematográfica de Antonioni deixa sua marca durante o percurso do miniiate até à ilha, no qual se introduz a situação vivida pelos casais de amigos acompanhantes, e também durante as tentativas de encontrarem Anna naquele solo estéril, de pedras e rochas, caminhos ásperos, sem o verde da vegetação. MA não aprecia a fragmentação da realidade cinematográfica nem mudanças bruscas de cenas, e em seus filmes pode-se observar uma quase ausência de fusões. Tem preferência por planos longos, demorados; seus *travelings* (ou *dolly shots*) e panorâmicas se deslocam de modo harmonioso e inventivo e adequado à tensão dramática subjacente. Evita cortes e só o faz quando absolutamente necessário para marcar uma elipse, como quando corta de uma cena íntima para o carro em alta velocidade, com os três personagens indo para o embarque, ou assinalar uma simultaneidade. Os planos de grande conjunto, os *plongées* e *contre-plongées* atendem antes ao efeito procurado com essas angulações.

Evita também o pingue-pongue do campo e contracampo: há diálogos entre as duas mulheres captadas de costas e o casal conversa em plano aproximado em frente à câmera; três personagens compõem o enquadre (Corrado, Patrizia e Giulia), mas ele só se completa com as idas e vindas de Sandro, este ouve e fala. Ora a câmera está fixa e os atores se movimentam em frente a ela, ora desliza lentamente e os acompanha pelo espaço previamente balizado. Nos filmes de Antonioni há sempre algo entreaberto, algo capaz de incitar e deixar pressentir qualquer coisa de misterioso ou trágico. Recorde-se quando Sandro propositadamente derruba o tinteiro na mesa do desenhista para inutilizar-lhe o desenho de uma porta. Signo da frustração do personagem ou do próprio cineasta, por ter seguido outros rumos na universidade? Digam-no os co-roteiristas Tonino Guerra e Elio Bartolini...



A câmera, como sabemos, é o olho do espectador, sempre uma espécie de *voyeur*, motivo pelo qual precisa ter a mesma mobilidade do órgão da visão, pois este é levado pela curiosidade, pelo interesse ou pelo desejo de ver as coisas, quer em seu todo ou em detalhes, de acompanhar o movimento das pessoas e coisas para melhor defini-las ou compreendê-las. Daí a razão pela qual não poderia faltar em *L'Avventura* o elemento erótico, sugerido de modo sutil: Claudia deitada na cama veste sua meia e revela na expressão facial sua satisfação sexual, enquanto Sandro olha a cena com um sorriso.

Caberia mencionar dois pontos: o primeiro é o ritmo com o qual se mostra a permanência dos personagens pela ilha. Horas e horas são condensadas em minutos, mas os planos longos, com a supressão do som, parecem recriar cinematograficamente um tempo metafísico – um tempo fora do tempo, conforme defendido por alguns críticos, principalmente pelo *chiaroscuro* da fotografia. O segundo é a questão do simbolismo do mar, já analisado em obras literárias e ensaios semiológicos. No caso de *L'Avventura*, às vezes o mar é focalizado quando está calmo, sua ondulação semelhando um tapete de pontos de luz refletidos; doutras ele se encapela, cobre-se de espumas e bate violento nas cavernas das rochas, espargindo água sobre as margens, como se pudéssemos ouvir-lhes os ecos vindos dos espaços vazios. A atmosfera resultante desse clima dramático, dentro do qual se ocultam paixões recônditas, é sem dúvida uma criação de Antonioni materializada pela câmara. O mar já foi focalizado "n" vezes pelo cinema, mas até *L'Avventura* nenhum cineasta o enriqueceu tanto.

Às vezes o contraste cinegráfico se faz com a cor da camisa ou do vestido, doutra com os cabelos negros de Sandro. Quando Cláudia chega à estação ferroviária de Palermo, fugindo da procura de Sandro, e entra no trem, acaba encontrando-o no mesmo vagão. "Anna desapareceu há três dias apenas. Como se pode levar tão pouco tempo para esquecê-la?" Em verdade, ela vê a insistência de Sandro como uma traição dele à amante desaparecida. Desaparecida? Nunca se saberá.



Incidentes menores são incluídos, ora como pistas falsas (o barco dos contrabandistas) ora para sugerir a avidez óptica dos moradores da cidadezinha, causadores de um tumulto, porque todos querem ver a mulher sensual com parte do corpo à mostra (hoje isso passaria despercebido em qualquer cidade grande). Claudia e Sandro estão lá porque o assédio na ilha é continuado no trem e isso os leva a vários lugares em busca de um fantasma – Anna. E o fazem porque os dois continuam, de certa forma, a história de Sandro e Anna, caso ela estivesse viva. O reencontro de Claudia com a amiga no hotel de luxo, quando vemos o desenquadramento do seu rosto e ela se recusa a descer do quarto, e ao levantar-se faz caretas no espelho, remete-nos à cena no saguão elegante, onde muitos dançam, bebem e conversam, ilustrativa da proficiência de Antonioni, ao criar uma cena complicada sem qualquer efeito desordenado, como já o fizera no show de moda em *As Amigas*.

Mestre da cinegrafia em p&b, do nível dos seus conterrâneos Otello Martelli, Gianni di Vennazo e Vittorio Storaro, Aldo Scavarda engrandece sobremaneira o resultado conseguido por Antonioni. Sabemos ser o *cinematographer* o segundo nome em importância na realização de um filme. Neste *L'Avventura*, suas tomadas contra o sol e a criação de efeitos com o contraste da figura humana exigem que se veja o filme mais de uma vez, para melhor compreensão do contexto motovisual. Já desde a abertura ou nas *prises de vues* da ilha e nos planos dentro do mini iate, sem tremer a câmera, um prodígio de técnica, 18 anos antes da *steadicam* de Garret Brown, o trabalho de Scavarda é excepcional. No todo, é como se pintasse com a luz as emoções dramáticas do filme e buscasse o simbolismo plástico das imagens.

## *Morangos Silvestres*, um filme raro

Pouca coisa poderíamos acrescentar à análise de Fereydon Hoveyda sobre *Morangos Silvestres* e às dezenas de críticas elogiosas feitas sobre ele ao longo de quase 50 anos. Permitimo-nos apenas, como mediador entre os cinéfilos e o filme, chamar atenção para os achados técnicos de Ingmar Bergman (autor da história original, do "*screenplay*" e seu diretor) no tratamento dos quatro sonhos constitutivos do enredo. Basta ficarmos no sonho inicial, quando o grande mestre sueco nos dá a dimensão visual de um pesadelo sugestivo da solidão e morte próxima do personagem central (o professor Isaac Borg), a partir do surgimento do coche fúnebre. Todos os detalhes estão meticulosamente cuidados de tal maneira possa a montagem criativa lhes dar o alcance desejado: ora é o choque da roda da carruagem e a queda do caixão mortuário com o insólito cadáver, ora o estranho manequim na rua deserta e o relógio sem ponteiros marcando o fim das horas para quem chegou aos 78 anos sem mais perspectivas. Toda a minisseqüência é um momento inesquecível de cinema. O centro das ações é o Dr. Borg, mas ele é também o eixo do qual partem e para onde convergem os focos de tensão, tanto no reencontro com o casal desunido, o filho e a nora e depois com a mãe, como no retorno à casa de seus pais, de sua infância, adolescência e vida adulta. Aparentemente sem maior importância, a viagem do Dr. Borg para receber o título de Professor Emérito da Faculdade de Medicina é rica de significantes e Bergman parece reeditar até o final a preocupação dos grandes cineastas com o ritmo cinematográfico, principalmente de Truffaut – sabedor intuitivo de quais cenas deveriam ser curtas e quais longas, quais as seqüências de ação e as de informação pertinente. Ou seja, quais os tempos velozes e curtos, a ação e o repouso. Bergman mergulha nisso com a maestria de sempre.



Victor Sjostrom (1879-1960), como se sabe, foi ator e depois diretor de filmes mudos de qualidade, quiçá o melhor da Escandinávia, como *A Carta Escarlate* (*The Scarlet Letter*), de 1926, *Vento e Areia* (*The Wind*), de 1928, e *O Poder de Richelieu* (*Under the Red Robe*), de 1937, os dois primeiros com Líllian Gish e este com Annabella e Conrad Veidt, todos rodados nos EUA, para onde fora sob contrato em 1924. Seu filme mais famoso, foi *A Carruagem Fantasma* (*Korkalen*), de 1920, visto aliás pelo jovem Orson Welles no MAM de Nova Iorque pelo menos umas 12 vezes... *Korkalen* continua a ser projetado em cineclubes da Europa e dos EUA, sempre quando se discutem Sjostrom e o cinema sueco. No caso de *Morangos Silvestres*, Sjostrom parece ter sido talhado para o papel, assim como o restante do elenco, todos sob firme orientação e controle do também *metteur-en-scène* teatral, um dos melhores de quantos existem por este mundo afora, como se referiu a Bergman o diretor inglês Sir Peter Brook.

A música e os efeitos sonoros de *Morangos Silvestres* – e também o silêncio dos tempos mortos – encaixam-se de forma louvável no desdobramento das situações vividas pelo Dr. Borg, tanto no presente como no conflito oculto do passado a ser revelado pelo primeiro e o terceiro sonhos, representações oníricas capazes de fazer inveja ao próprio Freud. Servido pela fotografia em p&b do Gunnar Fischer, outro de seus fotógrafos preferidos (não tanto quanto Sven Nykvist) e pela presença de Bergman na sala de cortes, *Morangos Silvestres* é filme recomendado aos cultores da arte cinematográfica e pronto para enriquecer a filmoteca de colecionadores.



Para concluir, um registro apenas: obra de arte não tem idade, como já se disse tantas vezes. *Morangos Silvestres* é tão atual hoje como o foi em 1957, ano de sua filmagem, como o será amanhã, pois a raiz do conflito humano está no passado do homem, na sua genética, no desenvolvimento emocional da sua pessoa, na forma como reagiu ou se adaptou a situações-problema, como atuaram sobre ele os traumas e frustrações, os erros e acertos de toda uma vida, o ambiente psicossocioeconômico dentro do qual forjou sua personalidade, a dinâmica do recalque, etc. Por tudo isso e pelo seu específico fílmico, recomendamos *Morangos Silvestres* com entusiasmo.

## István Szabó: A vida do teatro e o teatro da vida

Brinda-nos o cineasta húngaro com um filme de primeira sobre o mundo do teatro e da representação, espelho da própria humanidade. Suas imagens e diálogos nos fazem lembrar os versos shakespearianos como "O mundo é um palco e todos os seres humanos meros atores / Todos têm suas saídas e suas entradas" em *Como Vos Aprouver* (*As You Like It*, ato II, cena VII), ou mesmo de *A Tempestade* (*The Tempest*, ato IV, cena I), quando Próspero prenuncia o fim de tudo: "Esses atores... os palácios suntuosos, os templos solenes e a própria Terra, como tudo mais, se dissolverão, e como esse desfile sem substância não deixarão uma nuvem atrás...".



Não admira ter o renomado autor inglês W.S. Maugham situado sua *novella* de adultério, ciúme, traição e vingança no universo teatral, intitulando-a "Theatre". Afinal nada é tão inglês quanto o teatro, assim como nada é tão espanhol quanto as touradas. Roteirizado por Ronald Harwood, autor de peça brilhante, *O Camareiro* (*The Dresser*), indicada para o Oscar de 1983, este filme de Szabó foi vencedor do Globo de Ouro 2005, recebeu o prêmio de Melhor Roteiro Adaptado e teve Annette Bening na ponta para o Oscar de Melhor Atriz. "Não há realidade, tudo é teatro", diz no início o personagem interpretado por Michael Gambon, espécie de alter ego de Julia Lambert, atriz consagrada, quarentona, mas ainda atraente, de casamento aberto. Apaixona-se por homem 20 anos mais moço, a paixão é recíproca, mas efêmera da parte dele, pois em breve se engraça com jovem candidata a atriz e esta, por sua vez, tem caso com o marido de Julia. Lorde Charles (Bruce Greenwood) é seu grande amigo e ela quer entregar-se a ele, mas Charles lhe confessa "jogar no outro time"...

Entre as intervenções sempre oportunas desse alter ego, a progressão dramática dos eventos, com encontros e desencontros, nos leva ao clímax bem original durante a encenação da peça na qual a jovem loura faz sua estréia. É quando Julia encontra, numa inteligente representação de uma representação, a forma de vingar-se de todos quantos a passaram para trás. Fecho significativo no qual o drama do teatro parece fundir-se com o teatro da vida. Não há ranço teatral no filme. As falas informam o essencial, enquanto a câmara se movimenta, há sobreenquadramento de cenas e personagens via binóculos e janelas, imagens compostas com espelhos, enquanto os planos móveis e fixos interagem com eficiência e compressão em tempos e espaços diversos.

Há uso preciso dos *close-ups* e os planos aproximados têm primazia. Nas cenas íntimas, não-apelativas, o prazer oriundo da satisfação sexual de Julia se revela na sua máscara e no seu comportamento. A inserção de planos de detalhe valoriza a imagem fílmica, sendo suficiente lembrar aquele no qual ela solta o pé do pedal da bicicleta, quando, ao fazer ginástica, uma notícia a perturba. Os jantares e as festas noturnas são um achado na captação de uma época.

Dispensa encômios a fotografia de classe, a cargo do mestre húngaro Lajos Koltai. Basta ver a escolha das locações no interior da Inglaterra, a vida bucólica no campo, as mansões semelhantes a castelos de épocas mais recuadas, os folguedos dos remadores pelo lago tranqüilo, a caminhada de Julia sozinha pelas praias de Jersey, quando o *plongée* a enquadra e dela se afasta para mostrar seu isolamento e solidão. É dos melhores o trabalho de direção artística, seja no *décor* de interiores ou na reconstituição cinematográfica das ruas de Londres em 1938. De resto, o equipamento húngaro utilizado na cinegrafia em nada fica a dever ao dos grandes estúdios americanos.



O elenco é conduzido com aprumo e Annette Bening (*Culpado por Suspeita*, *Valmont*, *Beleza Americana*) é um espetáculo à parte. Indicada para o Oscar, perdeu-o para Hilary Swank, outra artista de muito talento. Sem desmerecer sua atuação em *Menina de Ouro*, vemos o papel de Annette em plano muito mais difícil. Revejam-se suas reações quando, no diálogo com o filho, este lhe revela saber de tudo e afirma: "Mamãe v. parece que não existe, está sempre interpretando, ou pelo menos não sabe quando representa algo. Tudo quanto você diz é de segunda mão". Diálogo digno de figurar numa antologia dos melhores do cinema. À música incidental de Mychael Danna se juntam outras melodias típicas dos anos 30, com temas nostálgicos daqueles tempos já desaparecidos, como *I Get a Kick Out of You*, de Cole Porter. Cai o pano com *Smoke Gets in Your Eyes*, de Jerome Kern, bem apropriado para o drama vivido por Julia: vitoriosa, ego inflado, sozinha no dia da pré-estréia, mas ela mesma, com seu copo de cerveja espumante.



Em suma, tudo funciona à perfeição nesta realização do mestre de *Mefisto* (1981), Melhor Roteiro em Cannes e Oscar de Melhor Filme Estrangeiro, *Coronel Redl* (1987) e *Sunshine* (1999), ambos prêmios especiais da crítica. Bastam estas referências. Um filme para ver e rever.

## Apreciando *30 Anos Esta Noite*

Obra-mestra de Louis Malle, *30 Anos Esta Noite* (*Le Feu Follet*), de 1963, merece um comentário sucinto, quando rendemos homenagem póstuma a um dos grandes artífices do cinema.

*30 Anos Esta Noite* deriva do romance homônimo de Drieu de la Rochelle, com adaptação e roteiro técnico do próprio Malle. São 24 horas (contraídas em 110 min) da vida de Alain Leroy, *playboy* parisiense, ex-alcoólatra, egresso de uma clínica de recuperação em Versalhes.



Malle capta bem o tema de la Rochelle, segundo o qual nenhum viciado deverá retornar ao ambiente onde se viciou (*O Homem do Braço de Ouro*, de Otto Preminger, é comparação pertinente), enquanto insere nos significantes os subtemas da solidão, do desamor, da incomunicabilidade humana e da alienação social. Filme de situação, não há enredo no sentido clássico do termo. O drama de Alain aconteceu antes de começarem os acontecimentos retratados no filme. Vemos apenas a conseqüência de eventos anteriores. Neles estão sugeridos as orgias, o desperdício de tempo, a vida jogada fora, o casamento fracassado, o divórcio postergado, o vazio existencial. Este, nem a amante preenche. O *feu follet* ou fogo-fátuo é a metáfora para o brilho efêmero, glória ou prazer fugaz previamente vividos pelo personagem central. A pós-cópula com Lydia abre o filme e os primeiros planos e os diálogos da encenação de Malle são sugestivos até mesmo do tédio sexual e da dúvida de Alain quanto ao seu desempenho, dúvida logo desfeita pela amante. Verdade ou mero consolo?

Daí o corte para a despedida de Lydia, a volta à clínica, a rotina com o médico, a partida de xadrez sempre interrompida, depois o retorno a Paris, onde se deixará dominar pela bebida, aos Champs-Elysées, Montmartre, Avenue Foch, Arco do Triunfo... Vemos o reencontro com os bares e conhecidos, o almoço com o amigo, tudo isso entremeado de silêncios, falas consigo próprio, narração em *off*, reflexos da angústia e solidão eficazmente retratados por Maurice Ronet, o intérprete talhado para compor esse personagem do nosso e de todos os tempos. A direção de Malle é exemplar na estruturação da cronologia dos eventos – foco, conflito, tensão, ritmo e coerência interna. Sombrio e pessimista à la Cioran, filósofo romeno de nossa época imprevisível, é o enfoque da angústia do personagem em sua recusa para aceitar a vida adulta com todos os seus conflitos e frustrações, como se tivesse permanecido nos paraísos perdidos da adolescência, incapaz de largar os refúgios confortáveis da casa do papai. Sua neurose, na esteira do conceito de Alfred Adler, poderia ser vista como falência na adaptação, como fracasso na realização do indivíduo. Nada a estranhar, portanto, do desfecho do filme. A escolha dos planos, notadamente do chamado plano psicológico, ou primeiro plano, é neste *Le Feu Follet* o próprio pensamento do personagem projetado no *écran*: é seu íntimo, são suas emoções, desejos e angústias. Enfim, sua vida interior tornada perceptível pelas imagens constitui, com o movimento, como afirmou Germaine Dulac, toda a arte do filme... as angulações, a ordem e a duração dos planos também obedecem à visão de cinema já demonstrada por Malle.



Basta recordar a seqüência final feita de silêncios e planos próximos – movimentos das mãos, os cuidados no guardar as coisas, o fim da partida de xadrez com os trebelhos derrubados, o fechar da maleta, o segurar da pistola *Luger*, apontando-a para o coração – tudo isso pode ser incluído numa antologia de tempos mortos significativos no cinema. Magistral antevisão do fim trágico. Malle vale-se, com intuição criadora, da cinegrafia em p&b do mestre Ghislain Cloquet (1925-1982), *cameraman* de Alain Resnais, Robert Bresson, Roger Vadim, Arthur Penn e Woody Allen, para enriquecer as imagens em movimento. Basta recordar a peregrinação de Alain pelas ruas e *boulevards*, as nuanças do fim de tarde e da noite, sombras e silhuetas no tempo nublado e na ida de ônibus, quando os pingos de chuva batem no vidro e ele bebe vinho com um companheiro de tempos mais amenos. Não lhes ficam atrás as cenas de interiores e o jantar com os amigos, quando revê ex-amantes e enfrenta a crítica mordaz de um dos convivas, adversário gratuito de tudo quanto ele representa, com máscara sugestiva de inveja e ciúme. Ronet, a quem vimos em *O Sol por Testemunha* (*Plein Soleil*), de René Clement (1959), *A Piscina* (*La Piscine*), de Jacques Deray (1968) e no já referido *Ascensor para o Cadafalso*, para citarmos apenas esses papéis, tem neste *Le Feu Follet* um dos seus trabalhos mais eloqüentes. A direção de elenco tampouco deixa pontas soltas e todos os intérpretes contribuem, uns mais outros menos solicitados, para a harmonia do conjunto: Lena Skerla, Yvonne Clech, Jeanne Moreau, Alexandra Stewart, Humbert Dechamps. A música de Erik Satie nos chega pelos acordes nostálgicos do piano de Claude Helffer, quase um contraponto às incertezas e dúvidas sempre crescentes de Alain em suas andanças por uma Paris inesquecível.



Quando a imagem congelada do rosto de Alain marca o fim de tudo (previsto no primeiro ou no segundo terço do filme, por isso o revelamos aqui), lemos as palavras de um hipotético diário: "Estou-me matando porque vocês não me amaram, porque eu não os amei como devia; estou-me matando porque nossos relacionamentos foram frágeis demais para nos fortalecer, e deixarei sobre vocês uma nódoa indelével". Mesmo não apreciando a temática do filme, a história sombria de um alcoólatra suicida, na qual Malle explora de forma pungente um dos poucos subtemas repetitivos de sua filmografia, os cinéfilos têm nele uma imperecível lição de cinema adulto. Um filme para ver e rever, decididamente.

## O abandono da África pelo ocidente em filme devastador

Co-produção da Lionsgate Films/Miracle Pictures/ Seamus, eis-nos diante de *Hotel Ruanda*, filme de peso, contundente em sua denúncia e competente no trato de uma verdade artística para contar *on location* uma história real, bem assim no resultado de conjunto obtido da harmonia das qualidades indispensáveis à boa narrativa cinematográfica. Dirigiu-o o irlandês Terry George (1952), talentoso cineasta e roteirista, co-autor do *script* de *Em Nome do Pai* (*In the Name of the Father*), de Jim Sheridan (1993), de quem foi também assistente e co-autor do drama teatral *The Tunnel*.



Igualmente jornalista, George escreveu para magazines do porte da *New Yorker* e *The Village Voice*, antes de voltar-se com armas e bagagens para a TV e o cinema, onde estreou com *Mães em Luta* (*Some Mother's Son,* 1996). A idéia de realizar este filme nasceu da visita feita por ele a um colégio onde se refugiaram cerca de 40 mil tútsis, assassinados três dias depois de sua fuga. Em entrevista, disse o próprio George: "Jogaram uma espécie de cal sobre os mortos para acelerar-lhes a decomposição. Mas o produto acabou mumificando os corpos e, na morte, os pretos ficaram brancos, a cor com a qual teriam sido salvos em vida... Hoje o governo os mantém em exposição e me emocionei quando lá estive, porque se vê até mesmo a posição na qual pereceram. Ao sair, prometi a mim mesmo filmar essa história real. Fi-lo, no entanto, sem apelar para a violência explícita e o sangue derramado".

Diante do massacre de um milhão de mortos em Ruanda, em 1994, e da política de extermínio praticada pelos turcos contra a nação armênia (1915-16), onde também foram assassinados homens, mulheres e crianças, em igual número, como podemos ver o mundo? Como comparar quem foi o pior, Hitler, Stalin, Mao Tse-tung? Pela quantidade de mortos, pelo período de duração do morticínio, pela forma de barbárie utilizada? Pouco importa. Vivemos no pior dos mundos, costumava dizer Sam Peckinpah, o esteta da violência. "Não há mais poesia no mundo depois de Auschwitz, Bergen-Belsen, Sobibor", escreveu um analista, quase repetindo Alain Resnais quando filmava o apavorante documentário *Noite e Nevoeiro* (*Nuit et Brouillard,* 1955). O drama da África retratado no filme de George lembra *Os Desgraçados da Terra* (*Lês Damnés de la Terre,* 1961), livro de Frantz Fanon (1925-61), psicanalista formado em Lyon e filósofo social, conhecido por seus escritos em favor da liberação dos povos colonizados via "catarse coletiva", a ser conseguida pela violência contra os opressores europeus, e pela teoria segundo a qual algumas neuroses são geradas socialmente.

O enredo se desenvolve a partir do luxuoso hotel "Des Milles Collines", em Kigali, capital da Ruanda, e por onde transitam turistas e pessoas importantes. Seu gerente, Paul Rusesabagina, hábil anfitrião, vive lá com mulher e filhos. Como hutu moderado, acredita esteja bem próxima a paz entre os de sua tribo e os tútsis. Mas a paz é violentamente rompida e daí em diante só vemos as tentativas de Paul para salvar os refugiados e a própria família. Tanto as cenas externas como as dos interiores do hotel ou das casas são conduzidas com habilidade e proficiência. Não há efeitos digitais nem são necessários para transformar em realismo cinematográfico a história dos lamentáveis acontecimentos em Kigali.



Imagens expressivas merecem destaque: o momento antecipador do massacre, quando cai ao chão um caixote dos hutus e de lá se vêem espalhados os facões com os quais seriam mortos os tútsis. Igualmente, as das multidões apavoradas fugindo pelas estradas, os confrontos entre hutus e tútsis rebeldes armados, enquanto refletimos sobre como a ignorância se transforma em preconceito, este em intolerância e esta em ódio, depois em violência e barbárie. A ambulância da Cruz Vermelha destruída e emborcada é apenas um significante entre tantos perdidos ao longo do caminho de cadáveres, mas capaz de mostrar-nos até onde pode chegar o mal.

A direção cinematográfica se impõe na cena de despedida de Paul quando, agarrando-se ao caminhão em movimento, se recusa a acompanhar sua mulher e filhos para tentar salvar as centenas de refugiados do hotel. George colhe também com a câmera de Fraisse um momento assaz significativo: a camionete em fuga pela estrada entra num desvio devido à neblina, quase a ponto de

precipitar-se rio abaixo, aos solavancos provocados pelos cadáveres abandonados pelo caminho; como o guiador não pode prosseguir, tem de dar marcha a ré sobre esses mesmos corpos...

Não cabe discutir nesta minicrítica a denúncia devastadora de George, quase nos fazendo sentir responsáveis por tudo quanto se fez ou deixou de fazer ali, em razão de nossa omissão ou indiferença. O comandante das tropas de paz das NU afirma não dispor de soldados em número suficiente para proteger refugiados. "Nossa missão é estabelecer a paz, não de intervir". O coronel parece significar a própria ineficiência ou impotência das NU diante de tudo quanto fizeram as nações européias em relação ao saque da África.

Don Cheadle como Paul e Sophie Okonedo, como sua mulher (ambos indicados para o Oscar) não poderiam estar melhores, tampouco os coadjuvantes e mesmo os anônimos figurantes quando componentes de planos aproximados. Joaquin Phoenix, como o cinegrafista, e Jean Rennó como o representante francês comparecem pouco, enquanto Nick Nolte propicia credibilidade ao seu papel de coronel, mormente quando reproduz o diálogo cínico havido entre Paul e o representante das NU em Ruanda ("Achamos que você é lixo, você não vale nada, simplesmente porque é preto"), ou quando consegue evitar o morticínio de inocentes cercados por hutus armados. A fotografia de Robert Fraisse e a música de Andrea Guerra estão alinhados para o êxito do todo, para o qual contribui também o trabalho do coroteirista Keir Person. Enfim, um filme para ver, rever e refletir.

## *Sinfonia de uma Metrópole*

É antológico *Berlin – Die Symphonie der Grossta-dt,* realização de Walther Ruttmann, de 1927, ele mesmo um dos pioneiros do cinema documental e *filmmaker* de inegável influência sobre muitos cineastas de então a esta parte.

Produzido pela Fox Europe Film com roteiro dos mestres Carl Meyer e Karl Freund, música composta e dirigida por Timothy Brock, *Berlin – Die Symphonie* é um olhar arguto e cinematograficamente penetrante sobre a capital alemã, desde o amanhecer de um dia qualquer até ao cair da noite, férica ou mal iluminada, por onde transitam e vivem alguns milhões dos seus anônimos habitantes a quase totalidade dos quais, é claro, já desaparecida, 79 anos decorridos de sua realização. São 65 minutos de formas motovisuais, imagens da melhor qualidade e bastante expressivas, considerando-se os recursos técnico-mecânicos da época. No DVD, um bônus-curta, abstrato, de animação desenhado por Ruttmann e colorizado na própria película. Nele, formas geométricas parecem adquirir vida própria ao se movimentarem na esteira de uma partitura. Há também dados biofilmográficos de realizadores alemães.



Metáfora do macrocosmo das grandes cidades, *Symphonie* é também um tributo às possibilidades cinemáticas da sétima arte, mormente se compreendermos o alcance das técnicas de montagem usadas por Ruttmann para expressar-se. Seu nome é hoje referência para quem se inicia na estética documental. O cineasta germânico se equipara a mestres do calibre do brasileiro Alberto Cavalcanti (autor de Rien que les Heures, filme altamente original de Paris e de sau gente, realizado um ano antes de Berlin), do americano R. Flaherty (*Man of Aran*), do inglês J. Grierson (*Drifters*), dos *russos S.*

Eisenstein (*October*) e V. Pudovkin (*Storm over Asia*) e do polonês Dziga Vertov/Denis Kaufman (*Man with a Movie Camera*), para citarmos apenas alguns de precedência (mas deixando de fora nomes como os de Alain Resnais, Jean Rouch, etc), pois fizeram escola e influenciaram direta ou indiretamente todos quantos em diversos países os seguiram e se projetaram na cinematografia mundial. Analistas do porte de Klein & Nolan e documentaristas como o inglês Basil Wright e o holandês Bert Haanstra consideraram *Symphonie* como um dos mais importantes documentários da história do cinema, "Um marco de vanguarda da não-ficção".



Dividido em cinco atos, a realização de WR perscruta todas as áreas da cidade, captandolhe o ritmo e as batidas do coração, sua sístole e diástole. A necessidade de concisão não nos permite discorrer sobre todos mas podemos tentar resumir as imagens componentes do último deles. Assim: 5º Ato – Cai a noite, anúncios luminosos refletem como espelhos fugidios as luzes das ruas. Carros com faróis acesos, bondes em movimento, cartaz de cinema com filme de Tom Mix. Sombras e silhuetas contrastam com pontos iluminados diante das vitrines de *lingerie*. Vedetes trocam de roupa nos camarins, primeiros planos do maestro e orquestra, instrumentos em planos de detalhe. No Palácio das Artes vêem-se os pés de Chaplin num filme, os espectadores captados pelas costas. O claro-escuro tem uitlização eficaz, o ritmo da música vivifica aquelas imagens de mulheres e homens mudos. Foco nos cabarés, teatros de revista, mulheres em *takes* tão ousados quanto se poderia fazer à época. Os espetáculos de dança contêm discretas sugestões de sensualidade feminina com cortes para as pernas das bailarinas vistas em conjunto e nos insertos.



Num palco sobressaem malabaristas, funâmbulos, números de quitação, linhas de bailarinas em movimentos harmônicos e sugestivos. Jazzistas negros americanos comparecem seguidos de corte para uma subestação de luz e força. Saída do espetáculo teatral noturno. Muitos retornam às suas casas. Homem e mulher entram num táxi;

*close* da portaria do hotel, sempr apto a receber hóspedes, no silêncio das desoras. *Feérie* de luzes nas ruas ainda plenas de notívagos. A câmara passeia rápido ao longo de lojas e de vitrines com manequins e butiques iluminadas. Novas cenas de danças, corte para *hockey* e pistas de patinação no gelo. Vêem-se as corridas circulares de bicicletas, luta de boxe, concurso de dança no mesmo tablado. Pares trocam passes de Charleston, ritmo americano importado, coqueluche daqueles *roaring twenties*.

Pausa para um chope em bar popular, contrastando com taças de champanhe servidas em estabelecimento de classe alta, enquanto o *barman* agita a coqueteleira. Mais uma vez a boate com dança, plano médio do carteado e da roleta, intensificação da música, a câmra rodopia com as imagens rebatidas sobre fundo branco no qual pessoas e coisas parecem fundir-se. Um garoto vê entrar no carro um casal e pede algo com um gesto manual. O último plano faz cair a cortina: fogos de artifício projetam formas circulares e chuveiros de estrelas. Fim da *sinfonia de uma metrópole*. No seu todo, o filme evoca a atmosfera e a ambiência de um dos maiores centros artísticos e culturais do mundo, o qual começou a morrer espiritualmente na década de 30, antes de ser completamente obliterado nos anos 40.

WR resgata a antiga vitalidade de Berlim em seus cinco atos e não somente no último, ao registrar cinematograficamente os dias festivos dos anos 20, quando a cidade se agitava com novas idéias do Expressionismo ao Dada, do *O Gabinete do Dr. Caligari*, de Robert Wiene, à *A Caixa de Pandora*, de G.W. Pabst, do *Metropolis*, de Fritz Lang à *A Luz Azul*, de Leni Riefenstahl, de *Nosferatu*, de F.W. Murnau à *A Tragédia das Ruas*, de Bruno Rahn; de Carl Meyer a Karl Freund, de Erwin Piscator a Bertold Brecht, de lotte Lenya a Marlene Dietrich, e até com o Charleston. Vendo e revendo pelas lentes de WR a Berlim daqueles tempos, custa crer fosse a cidade viver tantos conflitos de ordem política, agitação nas ruas, greves, desempego, desvalorização galopante do Marco, o incêndio do Reichstag, a perseguição e eliminação sistemática da resistência interna, o crescimento do Partido Nazista, a morte do Presidente Hindenburgo, da qual resultou a ascensão de Hitler e, pior, fosse ficar praticamente arrasada 18 anos depois!



*Sinfonia de uma Metrópole* parece dar vida às fotografias reproduzidas no livro *Lost Berlin*, da historiadora inglesa Susanne Everett, de 1979. Nele, a autora se refere ao motto dos habitantes dos habitantes de Berlim – ou antes seus personagens mais elusivos, os berlinenses: "Berlin blibt noch Berlin" (Berlim ainda é Berlim). E acrescenta, textualmente: "Ainda hoje é a cidade tensa e excitante, a urbe das árvores e dos pássaros, da música, do teatro e das artes, dos canais, lagos e rios – todos continuam lá –, da sua luz especial e do seu ar estimulante".

O beijo de morte no florescimento cultural mencionado antes foi dado pela ditadura nazista, motivo pelo qual muitos cientistas, professores, escritores, atores e atrizes deixaram Berlim. Basta citar Einstein, Arendt, Schonberg, Mann, Lang, Veidt, Marlene. "Mesmo assim", prossegue Everett, "Berlim conseguiu reter por algum tempo o *glamour* da vida cosmopolita e ainda floresceu, apesar da censura à ópera, ao teatro, ao cinema e à literatura. Mas quando as nuvens da guerra se abateram sobre Berlim, aquela cidade outrora exuberante tornou-se sombria e na medida dos rigores da hecatombe a velha Berlim começou a morrer lentamente. Por fim, foi arrasada pelo bombardeio anglo-americano, ocupada e saqueada pelas tropas soviéticas".



Quem pensaria também fosse Berlim dividida em duas, finda a guerra: de início a barreira de arame farpado, depois o muro sinistro – eterna lembrança do conflito oeste-leste e de um mundo para sempre desaparecido. Como bem acentuou a Dra. Everett, "Sob a cidade reconstruída no pós-guerra estava sepultado o coração da Berlim Imperial, aquela realização *kitsch* mas grandiosa do sonho do império de Bismarck, juntamente com os vestígios da República de Weimar e o esqueleto monstruoso do 3º Reich".

Há no conjunto de *Symphonie* a mesma hierarquia cinematográfica da Paris filmada por Cavalcanti, ou da Roma filmada por Fellini, mas talvez Berlim tenha alguns pontos a mais de inventividade rítmica – não de beleza. Paris é mais bela, diria depois o próprio Ruttman. Soubemos ter WR filmado material para duas ou três horas de projeção. Pode-se apenas especular sobre o motivo de preferir compactá-lo em 60 e poucos minutos, como, por exemplo, a distribuição do filme em sessão com dois documentários ou então porque *Symphonie* continha tudo quanto ele queria expressar.

De qualquer modo, *Berlin* permanece como um clássico de montagem rítmica, evidentemente inspirado nos princípios da câmara-olho de Vertov (Denis Kaufman), mas com estilo próprio, consubstanciado em processo criativo de edição associado ao ritmo musical. Suas imagens parecem ter sido escolhidas em função da música, uma noção de correspondência cara a Ruttmann, como ele mesmo escreveu: "O som foi empregado em contraponto, como liame de idéias".

Em suma, um filme sem atores e sem enredo mas capaz de sintetizar 24 horas da vida de uma metrópole. Afinal, o cinema é também uma arte de síntese, como pontificava D.W. Griffith, o grande pioneiro freqüentemente esquecido, de cujo legado valiosíssimo muito lucraram os mestres do cinema moderno.

## Representação da realidade via filme exponencial

Documentário-ficção ou semidocumentário, não importa. *A Queda* (*Der untergang – Hitler und das ende des III Reich*), de Oliver Hirschbiegel, atinge o acme em matéria de arte fílmica, digno da tradição de seriedade e proficiência técnica do cinema alemão. Condensam-se em 2h30min os últimos dias do ditador nazista através de um realismo cinematográfico da melhor qualidade. Foram dois anos de preparação, pesquisa e busca de fontes confiáveis para a reconstituição dos eventos e a criação da ambiência física da queda de Berlim. Não entendemos a crítica de Wim Wenders para quem o filme humanizou a figura de Hitler, ao mostrá-lo simpático com as crianças e as secretárias ou alimentando a sua cadela *alsaciana*. A entrevista de Hirschbiegel a Stephen Applebaum rebate a idéia de humanização de Hitler: como? Se não hesita em mandar fuzilar o coronel Fegelein, apesar do pedido de Eva Braun para poupar seu concunhado?

Pouco importa se o intérprete de Goebbels não se parece com ele, tampouco o de Goering, etc. Em *A Queda* estamos assistindo a uma representação, ou melhor, a uma reinterpretação de uma dada realidade cinematográfica. Bruno Gaz, nascido em Zurich, na Suíça alemã, não é Hitler; Thomas Kretschmann (o capitão do exército alemão a quem o pianista do filme de Polanski deve a vida) não é Fegelein, Alexandra Lara não é a secretária do Führer, e assim por diante. Todos são intérpretes vistos sempre de forma bidimensional, alterados pela fotogenia, numa percepção diferente da realidade, pois o verossímil no cinema concerne à representação e à narração, como ensinam os filmólogos. *A Queda* comportaria por certo um ensaio sobre a paranóia de Hitler e sobre o mal inerente ao ser humano, dos quais decorreu o sacrifício de milhões de vidas.



Este espaço jornalístico objetiva apenas informar ao cinéfilo, não permite maiores considerações sobre o fenômeno do nazismo. Este, como sabemos, não se restringe a uma nacionalidade: subsiste sob outras formas mesmo nas democracias, na violência, nos crimes cometidos pela Polícia, na intolerância e principalmente nas ditaduras de todos os matizes, hostis ou disfarçadas. A responsabilidade do povo alemão em relação à ascensão do nazismo e aos crimes contra a humanidade cometidos é outra questão complexa na qual o fator Tratado de Versalhes é apenas um dado a ser considerado. Para Joachim Fest, no entanto, "o fato de Hitler ter encontrado milhões de seguidores será sempre uma vergonha para o povo alemão, pois o país estava em guerra criminosa contra a paz e a humanidade". O extermínio de judeus, opositores, ciganos, deficientes mentais e homossexuais, com o sacrifício de inocentes, é qualquer coisa só concebível num mundo à deriva, no qual o livre-arbítrio só existe para os torturadores, não para os torturados.

O documentário *The Restless Conscience*, feito para a TV, procura mostrar a oposição a Hitler, não reconhecida pelos aliados. Diz-nos para não esquecermos os vários atentados contra o ditador e lembra a conspiração do coronel Hans Oster, o

qual pretendia prender Hitler e julgá-lo, quando retornasse de Munique (1938), mas o Führer regressou triunfante, sem disparar um tiro, com a frouxidão dos ministros da Inglaterra e da França. Com isso a Checoslováquia foi praticamente dividida em dois e a região dos sudetos passou ao domínio alemão. Era o estopim da 2ª Guerra.

Difícil destacar as cenas de maior impacto como cinema. Desde a abertura, já sentimos estar diante de um mestre: o caminhar à noite das cinco mulheres pelos jardins de árvores copadas em direção à chancelaria: são as candidatas a secretária de Hitler. O domínio do ritmo externo pela montagem também é ponto alto. Todos sabemos ser a montagem o fator de maior relevância, pois propicia, como lembra Spiñal, a ambientação efetiva da imagem, enquanto o tempo de intelecção expressa o tom psicológico e estimula o subconsciente do espectador. As crises histérico-paranóicas de Hitler tentando salvar Berlim a todo custo, quando já não dispõe de reservas para tal fim, a imagem do garoto salvo da morte à última hora, a festa alienante organizada por Eva Braun, a frieza com a qual a mulher de Goebbels envenena seus filhos para não vê-los viver sob outro regime, – tudo isso, captado por uma câmara perscrutadora, parece dizer como o conselheiro Acácio de Eça: "Há mais loucos fora em relação aos de dentro do asilo".



O tema do nazismo, esclareça-se, envolvendo não só os atentados fracassados para eliminar Hitler, como *Aconteceu em 20 de julho*, ou sua agonia final, *O Último Ato*, ambos de G.W.Pabst (1955), mas também a resistência ao regime, recebeu todo apoio dos realizadores alemães e muitos deles, de ontem e de hoje, não hesitaram em revisitar os tempos hitleristas. Basta citar *Os Assassinos Estão entre Nós*, de Wolfgang Staudte (1946), *Almirante Canaris* (1954), *O General do Diabo*, de Helmut Kautner (1955), *A Ponte da Desilusão*, de Bernhardt Wicki (1959), *O Tambor*, de Volker Schlondorff (1979), *Ein Tag* e *Os Irmãos Oppermann*, de Egon Monk, ambos de 1980. Não incluímos nessa relação os filmes do diretor holandês Paul Verhoeven e o da polonesa Agnieszka Holland.

A fotografia refinada de Rainer Klausmann parece fundir cores esmaecidas com o p&b e transportar-nos para o cenário real das explosões da artilharia russa e do avanço das tropas, cada vez mais próximas a cada nova descarga de bombas. Um toque dantesco é o da cena da obtenção, quase na marra, dos 200 litros de gasolina para incinerar os corpos de Hitler e Eva. A música incidental acompanha a câmara quando penetra no *bunker* claustrofóbico.



Os atores têm atuações memoráveis. Bruno Ganz é um capítulo à parte. Outros nomes se impõem: Juliana Kohler (do excelente *Aimée & Jaguar*, de Max Farberbock), Alexandra Mara, como a secretária, Heino Ferch como Albert Speer (cérebro da fuga em *O Túnel* de Roland S. Richter), Ulrich Mathes, como Goebbels (o algoz em *Aimée...*) e Christian Berkel, como o Dr. Schenk.

Um filme para ver e rever, decididamente.

## Denúncia da omissão injustificável: *Amém*, de Costa-Gavras

Eis chegado em DVD o *Amém* (*Amen*), do mestre Costa-Gavras, libelo contundente contra a omissão do Papa e do Vaticano no concernente ao extermínio dos judeus. Como bônus para os colecionadores, o DVD traz a filmagem das filmagens (ou o *making of*, se se preferir o anglicismo), documentário com cenas essenciais, depoimentos e detalhes relevantes sobre mais outra obra provocadora do cineasta franco-grego.

Trabalhado com notável poder de síntese, o *making of* dá idéia dos custos e das dificuldades inerentes à pré-produção de um filme e serve para mostrar aos leigos como os ensaios, a maquiagem, o posicionamento e os movimentos de câmara, o uso de *spotlights* e rebatedores, efeitos sonoros, música, atuação dos intérpretes, atenção na sala de cortes, finalização e pós-sincronização exigem das diversas equipes o máximo de esforço, competência e criatividade para o resultado final. Somente assim a obra acabada pode atender às exigências do seu maestro, o olho e a cabeça pensante controladores de tudo, no caso, Costa-Gavras. Vemo-lo dirigir as ações, falando francês tal qual um nativo, e manifestar invulgar segurança e tranqüilidade no comando.

Feito este preâmbulo, torna-se ocioso lembrar seu realizador como humanista, adepto de uma esquerda democrática, inimigo de todas as ditaduras e principalmente da intolerância, do preconceito e da omissão e/ou pusilanimidade de quem poderia ter feito algo positivo e não o fez, e de todos quantos se desviam da ética. Aqui em *Amém*, polêmico já a partir do seu cartaz publicitário feito por Olivero Toscani, o amálgama das cruzes cristã e suástica, "associação perigosa, porém, no caso, verdadeira", conforme o crítico Luiz Chagas em *Isto É* (15 out 2003), já constitui uma provocação, e nem poderia deixar de ser, considerando-se o morticínio de homens, mulheres e crianças judias, cerca de 6 milhões, exterminados nas câmaras de gás de Hitler, sem uma palavra de quem poderia ter denunciado isso ao mundo.



Não esquecer: deficientes mentais, ciganos e homossexuais também foram eliminados, naturalmente em menor escala, bem como os opositores do regime. Houve protestos e ações isoladas contra a matança de deficientes, mas não se verificou uma só manifestação das igrejas cristãs e das instituições religiosas em favor dos judeus.

Costa-Gavras já fora referencial dos universitários franceses na revolta de maio de 1968, em razão de vários filmes seus contra o autoritarismo e as ditaduras. *Amém*, co-produção França-Alemanha-Romênia-EUA (Claude Berri, Kino Internacional, Pathé Films), todo rodado na Romênia, vai mais além em sua denuncia da omissão papal, ao mergulhar indiretamente no porquê do massacre dos inocentes e no enigma do mal.

*Amém* deriva da peça polêmica de Rolf Hochhuth, *Der Stellvertreter/Le Vicaire*, a qual, por sua vez, veio do romance homônimo publicado nos anos 50/60. Como prólogo da peça, foi incluído em algumas encenações *O Monólogo do Velho Judeu diante dos Vagões da Morte*, de Ralf Knut, in verbis: "Não me deixeis morrer neste vagão assassino / Nem ante os olhos dos meus netos. / Há muito tempo que a angústia se esvaiu de suas faces / Truncou suas perguntas, destruiu-lhes a fé. / Eles sabiam o que eu sei agora, / Que o fim desta jornada também seria o nosso fim. / Vós vedes, Senhor, sim, também haveis de ver. Tão fiel Vos servi ante tantos que Vos negam, / Tão certo estava eu da Vossa onipotência, / da Vossa onipresença, da Vossa onisciência, / Que não poderia crer que também aqui obraria a Vossa mão. / Não era o meu consolo na velhice / Crer que alguém Vos arrancaria do timão. 'É esta fé em Vós que me destrói' ...". Costa-Gavras omitiu-o por ser desnecessário. Mas o impacto dos versos perturbou muitos crentes.



Os versos de Knut foram ouvidos em muitas encenações da peça de Hochhuth. O texto teatral provocou protesto, boicotes, tentativas de defesa do Papa e até suspensão de exibições. Mas a denuncia de Costa-Gravas e Hochhuth parece ter vindo para ficar. Pio XII, pelo visto, apoiou a invasão da Rússia pelas hordas de Hitler, acreditando fosse o bolchevismo o mal menor e abençoou as tropas fascistas de Mussolini, quando estas foram massacrar os subdesenvolvidos abissínios em 1935 e a Etiópia derrotada (1936) passou a constituir, com a Eritréia e a Somália, a África Oriental italiana.

A adaptação do texto *Der Stellvertreter* para a tela traz a assinatura do próprio Costa-Gavras e de Jean-Claude Grumberg. O personagem-chave é o Ten.Kurt Gerstein, engenheiro químico das Waffen-SS, responsável pelo desenvolvimento do Zyklon B, composto químico criado para tornar potável a água destinada aos exércitos alemães nas frentes de combate. Quando Gerstein descobre estar o Zyklon B sendo utilizado como veneno nos campos de extermínio (do qual, horrorizado, foi testemunhar ocular), tenta por todos os meios possíveis denunciar o horror.



De início, pede ajuda aos representantes das igrejas protestantes, depois tenta audiência com o Papa, forçando sua entrada no Vaticano. Abismado, chocado, desacreditado por quem sabe da verdade mas se recusa a vê-la, barrado em sua missão cristã de utilidade pública", pois tudo quanto sabe e presenciou o atormenta dia e noite, Gerstein é procurado pelo padre jesuíta Ricardo Fontana (metonímia visual, segundo Costa-Gavras, de todos os padres esclarecidos e revoltados, os quais tentaram, em vão, convencer o Papa a condenar a "solução final" praticada pelos nazistas) e tenta fazer dele o avalista de sua causa junto ao Vaticano.

Fontana ajoelha-se, fala com o Pontífice sob o olhar de censura de bispos e cardeais. As imagens do filme conotam omissão deliberada, conivência. Do Núncio se ouvem apenas estas palavras: "O Papa não tem estima pelo Sr. Hitler, mas ele fez mais do que o necessário: atacou a Rússia soviética". Depois disso, Gerstein e Fontana ouvem o pronunciamento do Papa no rádio, esperando dele uma condenação formal ao massacre dos judeus. Nada. Nem uma palavra.



Gerstein se vê à frente de uma situação angustiante da qual só vai sair com o gesto extremo. Em confronto, coexiste o personagem cínico, frio, insensível, tratado apenas como o médico (profissão sugestiva do Anjo da Morte, o Dr. Joseph Mengele, ou de algum êmulo seu) e interpretado com categoria por Ulrich Mühe. Recorde-se o seu esboço de sorriso álgido, logo no começo do filme, para a pobre deficiente, seguido de um baixar de olhos autorizando sua entrada no banho letal. Sua máscara parece espelhar barbárie nazista. Para um crítico, o médico representava todos quantos colaboraram para o holocausto ou se omitiram diante da barbárie.

Da direção de Costa-Gavras podem ser destacados alguns momentos dignos do melhor cinema, sem apelos a recursos de computadores ou exagero no uso de *close-ups* ou câmara cambaleante, e excessos de cortes fragmentadores da realidade fílmica. O início de *Amém* já traz uma cena de choque magistral captada primeiro pela *steadicam*: os passos apressados do judeu em 1936, pelos corredores do prédio da Liga das Nações em Genebra (equivalente às Nações Unidas de hoje, órgão pelo qual tanta força fez Woodrow Wilson, objetivando acabar com as guerras), para denunciar o extermínio dos judeus e depois pôr fim à vida diante dos representantes de vários países.



Para quem estudou o assunto, a peça e muitos ensaios críticos e viu várias vezes o filme, todo esse material deixa um indagação perturbadora: o Papa poderia ter agido diferente, se quisesse? Não seria ele simples peça de uma engrenagem sobre a qual não teria controle algum? Não seria ele apenas o representante formal de um sistema fechado e impenetrável, à época simpatizante do nazismo? Por qual motico silenciar diante do holocausto? A desculpa segundo a qual Hitler invadiria o vaticano não convenceu historiadores. Em nosso tempo jamais teremos respostas a essas perguntas ou conheceremos a verdade.

A visita inicial aos campos de concentração, onde milhares de "unidades" (eufemismo para os condenados ao gás letal) seriam eliminados, revela como se dá a morte lenta pelo Zyklon B – causa sem efeito, vêem-se apenas os algozes olhando de fora e mesmo estes parecem chocar-se com o trágico fim de inocentes. Sons e imagens mudas impressionam, Gerstein olha para ver e se assusta apavorado, impotente. Dirá depois: "Mesmo na morte pode-se reconhecer uma família. Eles morrem agarrados. Nem ganchos conseguem separar os corpos".



Antes, ele já se horrorizara com o número excessivo de latas de Zyklon B, com a ordem para acelerar os procedimentos. Vêem-se discussões puramente técnicas, frias, assépticas, sobre o emprego do gás, como se se tratasse do extermínio de bactérias; discute-se a capacidade para processar 10 mil "unidades" por dia, bem assim a questão da evaporação dos cristais, o desenho dos compartimentos, a necessidade de reduzir o tempo de morte para cinco minutos, quantos metros cúbicos serão precisos, quantos ventiladores, problemas de suprimento, a falta de estoque em Treblinka.

Depois das idas e vindas dos trens da morte, há um corte para um jantar festivo de Natal, regado a iguarias, vinhos e champagne franceses. Os oficiais alemães ainda cantam vitórias e fazem planos para o futuro. Enquanto isso, surgem imagens de ataques noturnos, sirenes soam, famílias se refugiam na noite, buscam abrigos. Gerstein quer sua mulher e filhos em Turbingen. "Há outra mulher?", pergunta ela. O marido ri e se emociona. A verdade cruel é bem outra. Gerstein quer salvar os seus, mas o encontro com um oficial burocrata fiel ao nazismo não leva a nada. Gerstein é expulso da sala.



Logo depois ouve em sua própria casa o último chiste do médico: Hitler teria morrido numa explosão, juntamente com Goebbels e Himmler... mas é mesmo uma piada. "Você, Gerstein, deve agir como um jogador de pôquer, expressão impenetrável. Como você é, posso ler seus pensamentos como um livro". Ele traz um presente para a família: o crânio de um macaco feito de chocolate. Ao partir o crânio do símio, surgem os fragmentos do produto alimentar. Ele retira um papel e lê: o homem descendente do macaco, mas os judeus e os negros ficaram pelo caminho... Uma tirada agressiva, preconceituosa, nazistóide. Gerstein não consegue sorrir.

As elipses como economia de meios (as ações se estendem de 1936 a 1945) têm utilização inteligente, a comprovar o cinema como arte da síntese, da condensação, como já frisamos tantas vezes. O espetador atento perceberá a mudança das estações. A mulher de Gestein está grávida. O caçula nasce. Os meninos crescem. Há referências aos lugares onde transcorrem os eventos. Também se lembrará da tragédia do VI Exército de von Paulus em Stalingrado (1942 – 43) e sua rendição. São 200 mil mortos. A Itália é invadida pelos soldados americanos. Monte Cassino está sendo bombardeada. Mussolini cairá em 1943. A "Festung Europa" será invadida no dia D, 6 jun 44. O tempo passa célere.



A reconstituição da ambiência psicofísica é tão perfeita quanto possível e dela emerge os bombardeios noturnos, os trens claustrofóbicos, a indumentária dos personagens, a chuva caindo sobre os caminhões cheios de judeus, pegos aos sábados, quando estão em casa, ou nas vielas escuras. Os diálogos são incisivos: "Algumas traições são o último refúgio dos justos"; "O Papa não quer ser obrigado a mostrar sua desaprovação"; "Protestem, protestem, alguma coisa ficará", diz simplesmente o embaixador Alemão chamado ao Vaticano. De nada adianta o encontro com o embaixador americano: "Vamos dar toda ajuda possível", mas Fontana retruca: "Os judeus terão virado cinza quando chegar essa ajuda"; "Devemos salvar o Vaticano ou o cristianismo; "Quem ama os judeus, que os receba"; "Não se pode condenar Hitler. O Papa precisa de prova tangível", mas as frases também soam irônicas e trágicas...

O padre Fontana recolhe-se e pensa: "Sinto-me culpado como espectador e padre". Num gesto supremo, chora decepcionado com o Papa e coloca a estrela de Davi sobre a batina e decide sacrificar-se como se judeu fosse, embarcando nos trens do martírio. Estes, aliás, são captados de vários ângulos e distâncias, indo cheios de vítimas e voltando vazios. Um sinistro vai e vem. "Por qual motivo", indagam muitos até hoje, "os aliados não bombardearam as estradas de ferro a caminho dos campos de concentração, os trens vazios?" "Milhares teriam sido salvos", afirmaram analistas da 2ª Guerra.



A certa altura, diz o médico nazista: "A Inquisição já matou pelo fogo. Estamos fazendo a mesma coisa. Só que em escala maior. Em seis meses ou um ano estaremos perdidos. Se Deus está aqui, lá nos crematórios é a melhor chance de achá-lo. "As ações se precipitam e chegamos ao fim. Gerstein tenta mostrar o equívoco. O padre Fontana não é judeu. Foi colocado por engano nos comboios da morte. Mas o padre também será sacrificado. "Quero entender por que há o holocausto", diz um personagem em dado instante. "Por que a matança de inocentes? Não há resposta.

A tentativa de salvar Fontana se esvai quando o padre se recusa a sair e se descobri o documento falso com a assinatura de Himmler. Ao mesmo tempo, Costa-Gavras enquadra a queima das covas coletivas para não haver provas da matança, enquanto em plano de conjunto se vêem cenas dantescas: a dança das labaredas. O corte para o rosto de Gerstein é por demais significativo. Diz-lhe o médico: "Não precisamos mais da sua competência. Seu Deus terá dificuldade de julgar você".



Dramático o encontro caloroso com a mulher, seu choro contido é mau presságio. Imagens mostram Gerstein com os filhos ao piano. A família se desfaz. Nada será mais como antes. Fim da guerra. Gerstein está redigindo sua defesa, Um dos oficiais aliados acredita nele. Outros não. Vêem-no mergulhado até o pescoço no genocídio dos judeus. O relatório de Gerstein contribui para autenticar oficialmente o holocausto. Mas ele não espera agüentar até Nuremberg. Suicida-se. Ironia trágica: crêem-no um dos culpados pelo morticínio de milhões, mas o oficial nazista responsável pela eliminação de judeus, recebe o apoio de um bispo importante. Encontra-se uma saída. Ele terá de ir para Argentina. Por enquanto, ficará protegido do Vaticano... Gerstein só será reabilitado 20 anos depois...

Escusado louvar a qualidade fotográfica do filme, uma constante no conjunto da obra de Costa-Gravas, desta feita a cargo de Patrick Blossier, técnico da estirpe de um Nestor Almendros, Henri Decae, Henri Alekan, Gabor Pogani, Marcel Grignon, Sacha Vierny, para citarmos apenas alguns mestres vindos à memória. A minissequência inicial e a entrada do Papa em cena com seu séqüito, captados pela plongé, sugestivo de todo



o aparato burocrático, conservador e acomodado do Vaticano, bastam para guardarmos seu nome e naturalmente o de quem o escolheu para Iluminar os Interiores, operar as câmaras e trabalhar as cores.

Os atores conduzidos de forma inspirada são um espetáculo à parte. Muito bons Ulrich Tukur como Gerstein, Mathieu Kassovitz (também cineasta de talento) como jesuíta e Urich Mühe, como um "refinado" nazista, seja nas solicitações mais exigentes (a expressão de Gerstein antes de enforcar-se, com lágrimas a lhe brotarem dos olhos, é um momento cume da arte interpretativa no cinema) seja no underacting dos coadjuvantes, como Angie Schneider (a mulher de Gerstein), o cardeal vivido por Michel Duchaussoy, na sua omissão e quiçá simpatias pelo nazismo, ou Friedrich von Thum, o pai de Gerstein, com sua fé inabalável no regime.

A música de Armand Amar é penetrante e se alia eficazmente aos efeitos sonoros exigidos pelo desenrolar dos acontecimentos, como quando acentua as idas e vindas dos trens da morte e sublinha imagens recorrentes de tanta significação para o contexto do filme.

Em suma, para os amantes da sétima arte, mesmo quando esse cinema seja a memória do horror, *Amém* é um filme como poucos, indispensável nas estantes dos colecionadores de preciosidades.

## *Menina de Ouro*

A eutanásia chegou de vez à telona. De fato, aí estão *Mar Adentro*, de A. Amenabar, e este *Menina de Ouro* para quem quiser buscar pontos comuns para reflexão. Dos filmes por ele citados, *De Quem É a Vida Afinal?* (*Whose Life Is It Anyway?*), de John Badham (1981), foi sem dúvida quem fez cair a porta até então fechada pela censura, sob pressão de entidades religiosas e conservadoras e de produtores hipócritas, todos na contramão da História, segundo Denys Arcand de *Invasões Bárbaras*.



Roteirizado por Jerry Boyd, com base em histórias de pugilistas reunidas por autores, *Menina de Ouro* é um primor de cinema em tom *noir* com ramificações em subtemas caros ao cineasta, dentre eles a persistência do mal, a brutalidade do cotidiano e a indiferença de Deus. Pela narração de veterano ex-pugilista, cego de um olho, vemos passar o essencial da vida de Maggie Fitzgerald, mulher de 31 anos, pobre e desconhecida, cuja maior ambição é tornar-se boxeadora de competição e chegar ao campeonato mundial. O objetivo é alcançado graças à orientação do setentão e amargurado *manager* Frank Dunn, mas a luta final tem desfecho inesperado numa reviravolta no tablado, a qual não seria justo revelar aqui.

Eastwood dispensa apresentações. É um dos mais proficientes cineastas da atualidade, pertencente à linha de frente do cinema americano, ex-"aluno" de diretores de peso como Sergio Leone (de sua longa estada na Itália) e Don Siegel (de suas vivências na Califórnia). Aqui ele se aproveita para expressar sua desilusão com a realidade do cotidiano. Para ele, a luta na qual dois homens se batem e às vezes se inutilizam com o impacto de socos no cerebelo, um *jab* nos rins, quebra de costelas, ruptura do tímpano ou do septo nasal, é a própria personificação da estupidez humana. E quando se trata de boxe entre mulheres, então essa estupidez se multiplica. Aproveita também para inserir novamente suas dúvidas metafísicas, de comum acordo com o roteirista, para questionar a existência ou a natureza de Deus, os dogmas, o massacre dos inocentes, e mergulhar, via subtexto, neste enigma de quem somos e para onde vamos. Como no verso do mestre argentino J. L. Borges, poderia repetir: "Que Deus atrás de Deus começa a trama/ de pó e tempo e sonho e agonias?"



Por isso e por aquilo, justifica-se no desenlace o acerto de sua decisão lógica e inevitável, agindo por amor. Paralelamente, mostra como a aparência das pessoas pode ocultar-lhes o verdadeiro caráter, nem mesmo a consangüinidade as modifica: é a cena do encontro da mãe com as filhas, genro e advogado. O ritmo não cai, há sempre algo a esperar na cena seguinte, a noção exata de quando usar o *close-up* e o plano de detalhe é algo intuitivo em Eastwood, assim como escurecer o quadro para o câmbio do espaço-tempo ou de algum avanço ou ruptura nessa unidade, com noção precisa de quando cortar ou condensar, sem precisar usar efeitos de computador e câmara cambaleante. Eastwood conhece cinema a fundo e aí estão seus filmes para prová-lo, mormente *O Cavaleiro Solitário* (1986), *Bird* (1988), *Os Imperdoáveis* (1992), *As Pontes de Madison* (1995), *Crime Verdadeiro* (1999), *Dívida de Sangue* (2002) e *Sobre Meninos e Lobos* (2003). É também o ator seguro, cônscio de como agir frente às câmeras. A seu lado Hilary Swank, atriz excepcional, bastando recordar *Meninos não Choram*, de Kimberly Peirce, e *Insônia* de Christopher Nolan. Morgan Freeman é coadjuvante de primeira linha, os demais personagens contribuem bem para o resultado do conjunto.



Tom Stern, fotógrafo da *Malpaso* de Eastwood desde 1968, cria agora a atmosfera de sombras e silhuetas, espaços mal iluminados, a semi-obscuridade do hospital. A música incidental semelha um réquiem na parte final e os efeitos sonoro-visuais têm ótima funcionalidade, notadamente nas lutas de boxe entre as melhores do cinema, na esteira de outros combates como em *Day of Fight* e *Killer's Kiss*, de Kubrick, ou *Champion* de Mark Robson. Depois de *Menina de Ouro*, Eastwood não precisa provar mais nada. Pode-se aposentar, mas não desejamos isso. Queremos vê-lo brindando os cinéfilos com filmes desse quilate pelos anos afora.

## Tavernier faz quase metacinema na França ocupada

*Passaporte para a Vida* (*Laissez Passer*) confirma as qualidades diretoriais de Bertrand Tavernier, cineasta francês de há muito louvado por analistas e críticos. Premiado no Festival de Berlim, em 2002, *Passaporte para a Vida* (feliz adaptação do título original) está na esteira de outros celulóides realizados na França sobre o mesmo tema: o comportamento dos franceses e de suas instituições em face de ocupação alemã, a partir dos anos 40 e até a reconquista de Paris em agosto de 1944.



Alguns deles, citados a seguir, souberam decompor o tema e tornar-se marcos importantes como semidocumentários desse período repressivo. Daí o colaboracionismo (*Lacombe Lucien* e, de certa forma, *Au Revoir les Enfants*, ambos de Louis Malle), a disputa política de bastidores pela liderança da Residência (*Jean Moulin,* de Yves Boisset), a luta armada (*L'Armée des Ombres*, de Jean-Pierre Melville), a sobrevivência do artista ante a censura no meio teatral (*O Último Metrô*, de François Truffaut) *A Justiça em país ocupado* (*Section Speciale*, de Costa-Gavras) e agora, neste *Passaporte ...*, o drama de cineastas franceses forçados a sobreviver fazendo filmes para os invasores, enquanto correm o risco de serem pegos em razão de "atividades clandestinas subversivas", como panfletagem, sabotagem, facilitação de pouso e decolagem de aviões ingleses, preparo de fuga de prisioneiros, etc.

O filme de Tavernier reconstitui, com base nas lembranças e apontamentos de dois realizadores, suas vicissitudes, inquietações, amores fugazes e inconstantes, problemas burocráticos para liberação de recursos, pseudocolaboração com os nazistas sob as asas da Gestapo, dificuldades de filmagem em razão do caos trazido pela guerra, etc., e tudo isso por motivos de sobrevivência pessoal (a cidade e o ambiente de trabalho estão povoados de delatores, agentes infiltrados, colaboracionistas, amigos indiscretos, falastrões, desconfiança generalizada), como também profissional nestes dias sombrios, de tristeza, sofrimento e humilhação do heróico povo francês.



Todas as ações da longa narrativa cinematográfica, denotativa de muito labor na fase de preparação e finalização, são dirigidas com muita competência. Logo nos primeiros dez minutos, somos surpreendidos com o violento bombardeio da cidade pela aviação alemã, pois lá estava situada a fabrica da Renault. O realismo dessas cenas, nas quais se vêem labaredas, destruição de casas e edifícios, fragmentação de estruturas e as vítimas de sempre, ouvindo-se explosões secundadas por efeitos sonoros persuasivos, parece transportar o espectador para uma situação de guerra e desconfortáveis empatias. O bombardeio é visto de vários ângulos e distâncias, de dentro para fora e de fora para dentro do ambiente físico onde estão os interpretes principais, artistas, técnicos e coadjuvantes.

Também se mostram pertinentes os enquadres do segundo bombardeio no terço final, captados mais do espaço exterior, assim como a chegada dos trens à noite nas estações, com as revistas de praxe em busca de material subversivo ou de judeus fugitivos, e a presença odiosa dos agentes da Gestapo ou colaboracionistas atuando dentro dos vagões de passageiros. O foco nos cartuchos lançados ao chão continuamente, à medida dos disparos das armas automáticas, o fogo e o canhoneio das baterias anti aéreas no alto dos prédios valorizam bastante a criação de um quadro visual dantesco.



Tavernier demonstra atenção para detalhes significativos (como o frio do inverno, em razão do qual as janelas precisam estar fechadas, os problemas com a calefação, a terapia de ventosas muito em voga àquela época sem antibióticos), alterando os planos aproximados ora sobre um cineasta ora sobre o outro (por sinal bem parecidos) e mantendo a tensão e bom nível de suspense, como quando um deles se aproveita de acaso favorável e começa a fotografar papeis secretos militares, enquanto o agente inimigo se despede da mulher na rua e volta para buscar a pasta esquecida.

O ritmo da imageria em movimento é igualmente mantido com rigor fílmico, há sempre algo a ocorrer, o fragmento de agora cede logo ao seguinte, cenas rápidas sugerem interpenetração com outras lentas, mais adiante, naturalmente pela atenção de Tavernier na sala de montagem. A inserção do ônibus pleno de judeus franceses, homens, mulheres e crianças, todos com a estrela de Davi na lapela, e conduzidos para os campos da morte, são retratos sinistros de um mundo cão. Louve-se por igual a reconstrução da ambiência psicofísica, seja de Paris ou de Lyon, nos últimos anos de guerra (1942-45), mesmo com a capital já reconquistada, seja das ruas tortuosas ou vazias de tardes outonais ou à noite, seja ainda quando se vêem pessoas em fuga ou simplesmente vivendo sua rotina humilhante e miserável.



A fotografia a cargo de Alain Choquort é de primeira e se ajusta às cores pálidas, reflexivas de um tempo malfazejo e ainda não de todo desaparecido em nossa época – a ocupação de um país por outro. Destaquem-se as nuanças de sombra e os movimentos da grua e da *steadicam* para a composição de cenas nas salas de filmagem, sugestivos de um metacinema. A música de Antoine Duhanel e as impressões sonoras também fluem com expressividade no decorrer das ações, enriquecendo muitas passagens nas ruas e nos interiores.

O elenco, com Jacques Gamblin e Denys Podalydes à frente, é bastante receptivo à orientação dada por Tavernier, e nenhum ator destoa do conjunto. Quando solicitados, todos dão o melhor de si na espontaneidade dos diálogos (algo muito caro ao diretor) e na expressividade de suas máscaras.



Alguns excessos de planos próximos e, às vezes, a trepidação da câmara um pouco além do necessário, o dilatado interrogatório feito pelos ingleses desconfiados do emissário da Resistência e as cenas nas quais um dos cineastas mente para a companheira, dizendo ter assassinado o marido da sua mulher, alongam a duração do filme, quando outra solução mais econômica poderia ter sido conseguida. Uma metragem de 170 min costuma ser cansativa e sempre será possível enxugá-la. Mas as opções de Tavernier no caso não chegam a arranhar os méritos deste filme.

Em suma, uma película para os apreciadores do bom cinema e também para os estudiosos dos bastidores de tempos amargos da 2ª Guerra. Não fosse a magia do cinema, jamais teríamos uma visão tão veraz deles.

## Condensação magistral de conflitos de amor

Co-produção Paris Films/LK-Tel Films/Canadá/UK, *Três Vidas e um Destino* (*Head in the Clouds*) traz a assinatura de John Duigan (1949), cineasta inglês de formação australiana. Ex-aluno da Universidade de Melbourne, conhecido por suas reflexões sobre a juventude e os ritos de passagem, Duigan voltou-se para a redação de roteiros cinematográficos como forma de expressar sua visão de mundo. Logo se tornou assistente e depois diretor de prestígio. Não conhecemos sua estréia com *The Firm Men* (1975), tampouco vimos *The Year my Voice Broke* (1987), sucesso artístico, segundo lemos. Poucos filmes seus foram exibidos aqui, mas na sua bagagem estão *Flertando – Aprendendo a Lição* (*Flirting*) e *Romero*, ambos de 1989, este baseado na sua própria biografia realista sobre o martírio do arcebipo Oscar Romero, bem assim *Amor e Liberdade* (*The Journey of August King,* 1995), *O Sedutor* (*The Leading Man,* 1996), *Paranoid* (2001) e *The Parole Officer* (2002). Duigan já dirigiu estrelas como Nicole Kidman, mas a maioria dos seus filmes feitos nos EUA não têm sido bem recebidos pela crítica, havendo rumores segundo os quais não se adaptou aos prazos e orçamentos restritos impostos por produtores. Na Austrália os diretores têm maior liberdade de ação, como se sabe.

*Três Vidas...* abre prometedor, com fragmentos de documentários da Paris dos anos 20, em p&b, (lembrando *The Moderns*, de Alan Rudolf), ouvindo-se a bela canção *Parler moi d'Amour*, mas logo em seguida as imagens ganham cor e já estamos numa feira de rua. Corte para a consulta de Gilda Bessé, de 13 anos, interessada em ouvir uma cartomante. Esta lhe diz nada "ver"; diante da insistência, afirma não ter "visto" o 34° aniversário dela... Reside aí o ponto de partida de toda sua visão de mulher liberada, a queimar etapas, do sexo sem compromisso e sem sentimentos, com aceitação da bissexualidade latente (fora amante da espanhola Bia). Mas Gilda (Charlize Théron) se apaixona pelo universitário inglês (Stuart Townsend) a quem conhece quando foge do colégio em noite de chuva e busca refúgio em seu quarto. Tornam-se amantes.



Da Inglaterra dos anos 30 passamos à guerra fratricida na Espanha e daí para a 2ª Guerra, a invasão da França, a luta da Resistência (o "exército das sombras", do filme homônimo de Jean-Pierre Melville), e acompanhamos os eventos psicossociopolíticos de época conturbada, os quais vão interferindo na vida dos três personagens centrais e no destino de cada um deles, até a invasão dos aliados no Dia D e as barricadas em plenas ruas de Paris para combate aos nazistas.

Tudo isso do roteiro de Duigan é visto através do narrador interno (voz *over*) e nele predomina naturalmente a subjetividade com a qual vê e interpreta as situações e circunstâncias. Condensa o cineasta, magistralmente, 20 anos da vida de Gilda e dos seus mais íntimos, ligados por acasos e coincidências às vezes inexplicáveis. Alguns poucos críticos preferiam ver uma redução das cenas passadas na Espanha franquista para encurtar a metragem de 132 min. Mas isso não seria fácil fazer, pois os acontecimentos do período estão incluídos no contexto histórico-imagético vivido pelos amantes. Ser sintético não é ser incompleto.



"Caminhamos cegos em direção ao futuro", diz um personagem a certa altura, para quem nossas vidas não estão traçadas. Mas Gilda crê no predeterminismo: "Não se pode modificar o destino reservado a cada um de nós". Quando se reencontra com o amor perdido, diz-lhe: "Nossos corpos sempre se encaixaram bem". Há momentos de forte impacto erótico nas preliminares do sexo, quando ambos ainda não se conheciam bem, e inteligentes sobreenquadramentos. É um achado o plano próximo na obscuridade, quando a fumaça do cigarro de Bia assume formas azuladas e se evolam como incenso. Os bares e restaurantes ganham relevo, assim como o Charleston e a troca de parceiros. A captação da ambiência psicofísica, com castelos, mansões, prédios universitários e até daquela ruazinha em Paris (lembramo-nos aqui do romance homônimo de Eliot Paul) por onde andam pessoas comuns, está conforme os melhores padrões cinemáticos. Igualmente as imagens das praças arborizadas, a passagem por Reims (cidade onde a Wehrmacht assinaria a rendição em 1945), quando um plano de meio conjunto mostra um carro se deslocando ao longe em meio a duas extensas filas de arbustos. Os efeitos digitais ópticos nas cenas de destruição pelo fogo ou nas explosões são usados com eficácia e parcimônia. O cerne do filme são as emoções humanas, a guerra não é o ponto focal. Momentos felizes a dois, nos exteriores, remetem-nos a *Incontrolável Paixão* (*White Mischief*), de Michael Radford (1988).



A direção de Duigan mostra objetividade nas cenas da igreja, quando o combatente chega ferido, ou no QG da malsinada Gestapo, quando uma prisioneira da Resistência sofre a tortura (a covardia suprema) do "afogamento", enquanto o oficial nazista, de costas, observa apenas o tempo do martírio no relógio...

A fotografia de Paul Sarossy transmite o melhor das cores de cada época, enquanto Daniel Sauvé e Simon Baker, operadoras de *steadicam*, sabem como evitar oscilações e trepidações da câmara. Charlize Théron (Oscar de 2004 por *Monster*) é uma senhora atriz. Sua espontaneidade na banheira com o companheiro ou nas chicotadas com as quais vergasta um sadomasoquista é digna de louvor. Tem máscara sempre adequada, seja de cabelos à la Louise Brooks (de *A Caixa de Pandora*) ou quando revela já não ter aquela juventude dourada e evolui do personagem com visão hedonista e alienada para servir à Resistência, mesmo sofrendo injustamente por ser "a piranha do alemão". Sua atuação é capaz de propiciar a ironia trágica na esteira do seu pensamento segundo o qual está tudo previsto... Stuart Townsend e Penélope Cruz compõem com correção seus papéis, assim como o ator germânico Thomas Kretschmann, o oficial nazista.



Dele nos recordamos como o capitão a quem Adrien Brody deve a vida em *O Pianista* e o coronel Fegelein, a quem Hitler mandou fuzilar em *A Queda*, de Oliver Hirschbiegel.

Não há reparos a fazer aos coadjuvantes maiores ou menores, todos bem atentos às exigências da *mise-en-scène*. Em suma, painel histórico de primeira.

Para ver e rever, decididamente.

## A Desmi(s)tificação do cinema em obra exemplar de Truffaut

*A Noite Americana* (*La Nuit Américaine* ou *Day for Night*, na versão projetada nos EUA) constitui sincera e oportuna homenagem prestada por François Truffaut em 1973 – e lá se vão 30 anos – ao próprio *métier* cinematográfico. Ou, como queiram outros, um hino de amor ao cinema – mola propulsora de toda a vida desse cineasta consumado. *A Noite...* – rodado em Nice – ganhou o Oscar de Melhor Filme Estrangeiro e Truffaut foi indicado para Melhor Script e Direção e Valentina Cortese para Melhor Atriz Coadjuvante. Também o Melhor Filme pela Associação de Críticos de Nova Iorque e Melhor Diretor pela Academia Britânica de Cinema.



Como *A Noite...* retomava uma visão clássica do cinema "como arte de magia e tradição", Truffaut foi injustamente criticado por radicais (o amigo Jean-Luc Godard entre estes), os quais o acusavam de "capitulacionismo e mesmo traição aos seus ideais de crítico jovem e polemizador". Isso porque, na sua juventude rebelde e iconoclasta, FT verberou esse mesmo tipo de cinema em seus artigos. "Todos podem mudar, porque tudo muda", disse o mestre francês em entrevista. "Só não muda quem não tem idéias para mudar", escreveu Sérgio Porto num artigo, citando um amigo deputado. Tal como JK, esse grande estadista, FT poderia afirmar: "Não tenho compromisso com o erro".

*A Noite...* é a história da filmagem de uma tragédia burguesa de segunda linha denominada Je Vous Présente Paméla, com *script* de FT, Jean-Louis Richard e Suzanne Schiffman: jovem mulher casada foge com o sogro e o marido traído mata o pai a tiros em plena rua. Mas enquanto filme dentro do filme – aula de metacinema – *A Noite...* é obra-mestra no seu esforço criativo para expressar e comunicar o tema segundo o qual os bastidores de uma filmagem são sempre mais interessantes em relação ao filme em si. Indagado por Yvonne Baby, do *Le Monde* (18/maio/73), sobre qual o motivo de um filme sobre o cinema, respondeu FT: "Porque o tinha em mente há muito tempo. Aliás, sempre pensei em fazer um filme sobre cinema, todas as vezes nas quais me encontrava filmando. A razão é simples: numa filmagem acontecem muitas coisas surpreendentes, engraçadas, curiosas ou interessantes, irônicas até, mas essas não serão usufruídas pelo público, pois acontecem à margem das gravações".



Noutra entrevista, a Claude Beylie (*Écran*, jul-ago/73), FT retomou o assunto: "Realizei *A Noite Americana* como um documentário, e há muito pouca diferença entre a filmagem mostrada e a de meus filmes. Impus-me limites bem precisos e respeitei a unidade de espaço, tempo e ação. Também quis lutar contra uma corrente do cinema francês, a qual desde 1960 tende a concentrar-se sobre um só personagem. Em *A Noite...* procurei ter dez personagens com o mesmo nível de importância. O aspecto coletivo, unanimista, do filme exprime a nostalgia em relação ao cinema de Jacques Prévert."

Para os amantes de cinema, é sempre instigante assistir à filmagem de uma filmagem (o chamado *making of*), como se pode ver parcialmente em *A Noite...*, com a câmara em movimento panorâmico, a grua executando *takes* lá do alto, o carro sobre trilhos avançando em direção ao objeto, os cortes a mostrar-nos ações simultâneas, o *master shot* da praça, os truques, os cenários com meias fachadas, a utilização do fotômetro, o ajuste do foco nos sistemas ópticos, a iluminação vinda do alto da plataforma, a mudança dos números no medidor de metragem, a presença constante da claquete e da matraca, os rolos de celulóide se enroscando quais pequenas serpentes a sugerir o labor a ser despendido na sala de cortes... E também ver como podem ser solucionados com inteligência os problemas de luz nos interiores ou de som direto ou mesmo os transtornos vividos pela direção, como o colapso nervoso de dois atores durante a filmagem, a gravidez indesejada de uma atriz, a morte inesperada de um dos personagens principais, a escolha de dublês, etc.

FT ainda introduziu em p&b fragmentos de memória no sono do diretor Ferrand, como se fora um *two-frames out* um pouco prolongado: o garoto caminhando na noite para furtar os cartazes de *Kane* da portaria de um cinema de bairro, de resto homenagem a Orson Welles, um dos cineastas de sua admiração, do qual disse: "Mudou minha vida, mudou o cinema". E não o fez para "salvar o filme criando monólogos interiores", como escreveu um crítico da *Folha* (21/maio/03), pois não havia necessidade de salvar coisa alguma (as cenas não duram três minutos) e *A Noite...* também seria marcante sem eles. Afinal, o filme tem 116 min. de projeção...



Os atritos da difícil convivência humana, os clashes de personalidades em meio às canseiras de uma filmagem e da rotina dos ensaios preenchem naturalmente este filme romântico. Caberia citar aqui o crítico Michael Billington, no *Illustrated London News* de meados de 1973: "Feito com tal segurança e brilho na direção que o espectador acaba acreditando no ponto principal de Truffaut: dirigir um filme é uma experiência plena de perigos".

Tampouco procede a crítica de Godard acusando FT de hipócrita porque teve um caso com Jacqueline Bisset à época, mas colocou seu personagem, o diretor Ferrand, como o único a não se envolver em confusão amorosa... A discrição de FT era necessária, compreensível, pois não devia confundir os personagens de Pamela e Ferrand com a vida privada de ambos fora dos limites da filmagem.

Por tudo quanto foi dito, a *mise-en-scène* de FT dispensa outras considerações. Basta lembrar como os planos fixos e móveis se interligam ao longo da progressão dramática e como esta evolui em ritmo ágil, incapaz de entediar o espectador. Não nos é dado ver, é claro, todo o filme *Paméla*, mas é como se tivéssemos assistido a ele pela seleção e combinação eficaz de suas partes essenciais. Se temos conhecimentos do trabalho de um diretor por trás das câmaras, agora o vemos diante delas (aqui atuando com aparelho de surdez para criar uma referência diferente dele mesmo e com desenvoltura e rara espontaneidade aliada à discrição) e sentimos a força de sua presença quando ele não está ali mas, sim, dirigindo *A Noite...*.



Os diálogos são os menos literários em relação aos seus outros trabalhos, segundo ele mesmo, como por exemplo quando Ferrand procura animar Alphonse, lembrando-lhe serem os filmes como os trens, os quais não param nunca, seguem avançando na noite... É como se dissesse: a vida continua, não se deixe abater pelos obstáculos ou decepções no caminho. Ainda de acordo com FT, estão subjacentes em *A Noite...* não só os conflitos de identidade e paternidade (sempre estamos em Freud), mas a angústia do diretor diante do processo de criação e da passagem inexorável do tempo, "o qual não espera por ninguém, e os tormentos, os turbilhões biográficos surgidos no período de preparação, quando ficamos ao mesmo tempo mais argutos e mais angustiados". E conclui: "Tenho a impressão de haver dito mais coisas sobre os personagens em torno do realizador e menos sobre ele. Mas ao vê-lo encadeando todos os fios, pois no fundo é esse o seu trabalho no interior de uma equipe de filmagem, espero possa o público adivinhar muita coisa a seu respeito, ainda mais porque não quis dizer isso abertamente".



A fotografia em cores de Pierre-William Glenn e a música de Georges Delerue são pontos altos, e todos os atores, desde as "estrelas" Jacqueline Bisset, Valentina Cortese, Jean-Pierre Leaud, Jean-Pierre Aumont e mesmo Truffaut, como já frisamos, e até coadjuvantes maiores ou menores compõem com a correção desejada os personagens de um metacinema de escol, o qual bem poderia servir como parte integrante de um curso de cinema em qualquer lugar do mundo.

Quando termina *A Noite...* parecemos sentir a mesma nostalgia à qual se referiu FT: um inefável misto de tristeza e saudade, como se tivéssemos participado do filme e após três meses nos despedíssemos de todos quantos conviveram e partilharam conosco aquelas semanas exaustivas, mas de alguma forma enriquecedoras – quem sabe, talvez, não mais nos vejamos...

Para os veteranos cultores de cinema, e mesmo para quem já se iniciou nos segredos da grande arte, *A Noite Americana* vem preencher uma lacuna na cinematografia moderna. Como bem disse Welles, "um filme não é realmente bom senão quando a câmara é um olho na cabeça do poeta". É o caso agora.

## O inédito *O Quarto Verde*, de Truffaut

*O Quarto Verde* (*La Chambre Verte*), 18º longa de François Truffaut, é uma das histórias de difícil transposição para a tela. Trata-se de um dos chamados *films maudits*, de mau retorno nas bilheterias (não há sexo nem violência nem corre-corre) e de menor interesse junto ao grande público, seja porque falta a este a sensibilidade para a arte do filme ou um mínimo de cultura cinematográfica, seja porque prefere celulóides digestivos, transparentes, sobre os quais não é preciso fazer reflexões ou decifrar as intenções dos seus realizadores.



Esclareça-se, de início, tomando-se por base as palavras do próprio cineasta: "*La Chambre Verte* não é um filme sobre o culto da morte, mas, sim, uma extensão do amor pelas pessoas a quem conhecemos ou amamos e já desapareceram, bem como o desenvolvimento da idéia segundo a qual elas de algum modo permanecem em nossa memória. Não adiro completamente ao personagem e chego até a criticá-lo. É um semi-louco, com uma idéia fixa, mas o importante é sua recusa em esquecer".

O *script*, *scénario* (como o denominam os franceses) ou roteiro do filme se apóia em conto original de Henry James (autor americano depois naturalizado inglês – 1843-1916) intitulado *O Altar dos Mortos* (*The Altar of the Dead*), de 1909. Desse escritor, como se sabe, se tem servido o cinema, bastando citar *A Herdeira* (*The Heiress*), de William Wyler (1949), *Os Inocentes* (*The Innocents/The Turn of the Screw*), de Jack Clayton (1961), *Daisy Miller*, de Peter Bogdanovich (1974) e *Un Triângulo Diferente/Os Bostonianos* (*The Bostonians*), de James Ivory (1984).

O filme de Truffaut, denominado *La Chambre Verte*, acompanha o jornalista Julien Davenne (vivido pelo próprio FT) em seus passos para construir um santuário a fim de abrigar e, ou, cultuar fotos e pertences de sua mulher desaparecida ainda jovem, bem como os de outros mortos caros a ele, os quais não puderam sobreviver à hecatombe de 1914-18, de resto "o grande divisor de águas" com o qual muitos historiadores assinalam o fim do século XIX. Quanto ao viúvo, ele bem poderia dizer, parodiando Drummond, "Minha mulher é apenas um retrato na parede, mas como dói!"



Truffaut preferiu situar as ações em 1928 porque as queria associadas à lembrança da 1ª Guerra Mundial, ou Grande Guerra, como queiram outros. Nesse sentido, utilizou 47 cenas e reduzido número de cortes (não há videoclipe nem câmara cambaleante, nem primeiros planos sem justificativa técnica), eliminando toda fala supérflua para não comprometer a ascendência das imagens. Não se poderia, é claro, omitir diálogos, de outro modo o filme se tornaria incompreensível. Há diálogos inteligentes, perpassados uns por fina ironia, outros por ricas associações, como, por ex., quando Davenne diz: "Não é fácil conviver com os vivos" ou "Chega um momento no qual conhecemos mais mortos que vivos" ou, ainda, "As sepulturas são prisões frias onde guardamos nossos mortos".



A narrativa cinematográfica é linear, neoclássica, mas intercalada sutilmente por referências indiretas a outros tempos, à visão de quadros na parede e a lembranças significativas, as quais de alguma forma reconstroem a trajetória de Davenne. Pois tanto Truffaut como seu co-cenarista Jean Grualt não viram necessidade de *flashbacks* para mostrar o romance de Cecília com Massigny ou fazer reviver as experiências telepáticas subjetivas de Cecília e Davenne com pessoas queridas, ou ilustrar os tempos felizes deste, quando sua mulher Julie estava viva.

O filme abre com cenas de documentários da guerra, vendo-se, através de filtro especial, soldados franceses e alemães, saindo das trincheiras para a terra de ninguém, explosões de granadas e morteiros, infantes baleados, cadáveres insepultos, enquanto vai surgindo, em meio a essas imagens de infantes baleados e cadáveres insepultos, o primeiro plano do soldado Davenne, olhar perdido distante, em face do horror e da estupidez da guerra com seus milhões de mortos. Só na vitória franco-inglesa na batalha do Somme, em 1916, após a qual os aliados conseguiram aliviar a frente de Verdun, mais de um milhão de homens morreram.

Corte rápido para um velório no qual pessoas rezam em voz alta, quebrando o silêncio de tristeza e dor. Davenne não tem religião, apenas marca presença por causa do amigo viúvo. Este, em forte crise emocional, agarra-se ao cadáver da mulher como se pudesse protelar o enterro ou impedi-lo por palavras e choro convulso. O aspecto dramático de toda a cena é captado de forma impecável, de outro modo esse ato de velar o defunto se transformaria no patético ridículo. Davenne termina por expulsar o padre e as beatas rezadeiras depois de bobagens ouvidas sobre Adão e pecado original. Como a vida é cheia de paradoxos e o cinema deve refleti-los, como bem enfatiza Truffaut, vê-se o viúvo desesperado com a morte da companheira, mas algum tempo depois, nem tanto assim, já a esqueceu e se amarrou a outra... *Tout passe, tout lasse, tout casse*, é sempre válido repetir o axioma atribuído a Rousseau. Davenne não perdoa o amigo por ter encontrado outra e se esconde, por trás do vidro bisotê do escritório, para não ver o novo casal.

Outro corte de cena leva Davenne a um leilão de objetos da família Vallance (de sua mulher precocemente desaparecida) em sua busca por um anel de estimação. Dá-se aí o encontro (ou reencontro) com Cecília e depois a tentativa de construção de uma capela ("A Igreja não gosta de franco-atiradores", diz-lhe o padre). Na redação da revista na qual trabalha, vemos sua recusa em transferir-se para Paris, um meio mais rico, pleno de potencialidades, mas ele prefere a cidadezinha pequena, onde tudo lhe é familiar e menos tentador. Davenne fica sabendo da morte súbita de Massigny, figura importante do país, e se nega a fazer-lhe um panegírico. Massigny passa a ser o homem invisível a interpor-se entre ele e Cecília.



Estabelecido o conflito, a narrativa caminha para a construção do santuário, de permeio a incidentes menores, os quais se encaixam na harmonia do conjunto de cenas buscada pelo mestre francês. Louve-se, por isso mesmo, a forma dinâmica como Truffaut recria a ambiência cinematográfica dentro da qual se movimentam os personagens e mostra a arquitetura dos interiores, as escadas espiraladas, detalhes de móveis da época, máquinas de escrever antigas, uma máquina de costura, o jogo de dominó do garoto com a governanta, os automóveis do pós-guerra, o miniincêndio no segundo andar, a pena usada para escrever, o projetor de *slides*.

Na visita ao cemitério, a visão das cruzes nos túmulos, sobre as quais se vêem capacetes de soldados franceses mortos, parece ter sido inspirada em cenas de célebres romances sobre a Grande Guerra como *As Cruzes de Madeira* (*Les Croix du Bois*), de Roland Dorgelés (1919), Prêmio Goncourt de Literatura, *Adeus a Tudo Isto* (*Goodbye to All That*), de Robert Graves, e *Nada de Novo no Front* (*All Quiet on the Western Front*),de Erich Maria Remarque, ambos de 1929, este levado ao cinema com sucesso por Lewis Milestone, em 1930.



Bastante expressivas dos estados d'alma de Davenne e do seu culto mórbido são as cenas nas quais pede ao artesão para destruir o manequim da falecida ou quando "fala" com o retrato dela ou se comove diante da sepultura. Duma feita esquece-se da hora de sair e segue sozinho, já tarde, em direção ao portão fechado: a câmara fixa mostra-o lá longe tentando encontrar a saída e a sua figura bem pequena, a distância, é sugestiva da inutilidade de seu esforço naquela morada de fantasmas.

Truffaut não hesita em substituir o corte pelo uso do diafragma íris e partir de um espaço para outro sem deixar cair o ritmo no qual a seqüência de incidentes conectados caminha em direção ao final predeterminado. Não só o faz com economia de meios, como controla de forma precisa as ações ocorrentes (o ritmo interno, como o denomina Décio Pignatari, e o ritmo externo, ou seja, as passagens de plano a plano e de seqüência a seqüência – o *timing* do qual falam os técnicos, ou o pacing, segundo outros).

No aspecto específico da direção fotográfica, o entrosamento de Truffaut com o amigo e mestre

espanhol Nestor Almendros de tantos filmes seus (*A História de Adéle H.*, *O Homem que Amava as Mulheres*, *O Garoto Selvagem*, *O Último Metrô*) contribui eficazmente para o resultado artístico final, pois o cineasta queria "vestir" de p&b as cores do filme e evitar cenas nas ruas e transeuntes com indumentária da época ou lugares onde houvesse forte luz solar. A lente *day-for-night* (ou "noite americana") não serviria para os fins em vista. Por isso, a maior parte das ações de *La Chambre Verte* se passa à noite e em interiores pouco iluminados.

As cores dessaturadas utilizadas por Almendros na iluminação quase feérica produzida por dezenas de velas no retângulo do *écran* dão à fotografia uma qualidade toda especial, como se estivéssemos assistindo a um encontro de mortos-vivos. O cair dos flocos de neve, quando Davenne sai à rua em noite invernosa (marca de passagem do tempo), e o emprego da lâmpada halogênica para iluminar o altar improvisado em meio a dezenas de velas engrandecem sobremaneira o trabalho cinegráfico.

Almendros, aluno-mestre de cinematografia em Roma e Nova Iorque, atuou com outros diretores da *nouvelle vague* como Erich Rohmer (Jean-Marie Maurice Scherer) e, principalmente, Truffaut, tendo ganho o Oscar por *Cinzas no Paraíso* (*Days of Heaven*), de Terence Malick (1978) e o "César" francês por *O Último Metrô* (1980). Almendros foi autor de dois livros, *A Man with a Camera* (1980) e *Improper Conduct* (1984) e em 1988 co-escreveu, co-produziu e co-dirigiu *Nobody Listened* (Nadie Escuchaba), um documentário sobre opressão e violação de direitos humanos em Cuba (principalmente de minorias sexuais).



Os efeitos sonoros (as notas de piano, a vidraça partida, as rodas do trem em movimento, sugestivos da passagem inexorável do tempo, os *slides* quebrados inadvertidamente) e as falas em meios-tons ganham força com a música de Maurice Jaubert, o Concerto Flamand, gravado aliás antes da filmagem e sincronizado sobre ela. Os movimentos de câmara e dos atores, explica-nos FT, foram estabelecidos em função da música, "construindo-se o filme como um drama musical no qual não se dança nem se canta". A intensificação da música, quando Davenne acende as velas do altar com o retrato da mulher ao fundo, ou quando Cecília lhe faz o mesmo gesto no diálogo final, dá bem idéia de como Truffaut entende como poucos da coordenação das peças numa obra cinematográfica.

Poucos atores, todos sobresselentes, a começar naturalmente pelo próprio Truffaut. Não é fácil atuar e dirigir, mas o cineasta surpreende. Atente-se para sua conversa com Cecília diante das velas (na sua tentativa de manter acesa a vigília dos mortos), a expressividade do seu rosto quando descobre, na visita à casa da jovem, fotos e livros de Massigny, e até mesmo um quadro pintado pelo finado personagem, e percebe terem eles sido amantes e sai de casa abruptamente, dizendo "Eu não deveria ter vindo, pois quebrei uma barreira". Sua dicção em francês escorreito se funde com a espontaneidade como prolata suas falas. Sua máscara agonizante, suor no rosto, mão trêmula na bengala, óculos embaçados sugestivos de sua visão turva ou do seu não-querer-viver, é um momento-chave da arte interpretativa no cinema. Inegável talento de quem nunca cursou um *actors' studio*. Quem atuou como FT o fez neste filme, não pode ser chamado de "ator medíocre", como escreveu conhecido crítico da TV. Nathalie Baye está muito bem e não há reparos quanto ao elenco de apoio.

Para concluir, *La Chambre Verte* não será do agrado de muitos, mas constitui aula de cinema ministrada por cineasta de escol, lamentável e prematuramente desaparecido.

A ver, decididamente.

## Tributo a Jean Moulin na TV

O Eurochannel exibiu semidocumentário dos melhores de quantos nos brinda a França sobre a 2ª Guerra, desta feita sobre a figura já hoje quase lendária – tão ricos os acontecimentos em torno de sua vida – de Jean Moulin, líder da Resistência contra os invasores alemães. Este filme nos traz à lembrança outras peças da categoria de *Le Retour*, de Cartier – Bresson, *La Bataille du Rail* , de René Clement, *Guernica* e *Nuit et Brouillard*, ambos de Alain Resnais. Ocioso acrescentar outros títulos.



O nome de Moulin obriga o analista a incluir breve prólogo para bem situar as novas gerações de leitores, de modo possam compreender melhor o papel desempenhado por Moulin depois da derrota da França em maio de 1940. Quando o Mal. Pétain (herói da Grande Guerra, vencedor de Verdun) pediu o armistício em 22 de junho, daquele mesmo ano, o Gen. De Gaulle conclamava de Londres os franceses à resistência. Parte do território metropolitano fora ocupado pelos alemães e na zona "livre", na cidade de Vichy, a maioria da Assembléia Nacional concedeu plenos poderes ao velho marechal para elaborar uma nova Constituição do "Estado Francês". O chamado Governo de Vichy (o mal menor para muitos franceses) adotou uma política de colaboração com os germânicos, mas estes aumentaram sua influência sobre o país vencido. É quando entram em ação Moulin e centenas de outros patriotas franceses, os quais não podiam admitir a França sob o tacão da bota nazista.

**O Filme**

Como dissemos no início, Yves Boisset oferece aos cinéfilos um semidocumentário de primeira ordem, louvável síntese de cerca de 150 minutos (em duas partes), abrangendo quase quatro anos decisivos na vida de Jean Moulin, suas lutas como patriota, líder da Resistência e seu conflito particular com as duas amantes, Gilberte e Antoinette. Impossível é retratar uma vida inteira (ou parte dela) em qualquer veículo; quando não se inventa, mostra-se apenas o considerado essencial. E nem poderia ser de outra forma. Boisset e colaboradores pesquisaram documentos históricos e registros, tanto franceses e britânicos como alemães, cartas, correspondências diversas, leram depoimentos de testemunhas nas Cortes de Justiça de Paris e Lyon, ouviram sobreviventes e familiares e reconstituíram, tanto quanto possível, fragmentos daqueles tempos bárbaros, valendo-se principalmente da colaboração de Pierre Péon, pesquisador sério, a quem o realizador e o cenarista agradecem penhorados.

Os diálogos, é claro, constituem meras aproximações, mas todos emanam da verossimilhança cinematográfica buscada. Alguns nasceram, naturalmente, das situações vividas pelos principais participantes da Resistência, enquanto Boisset e Dan Franck conseguiram reduzir as falas e discussões a um mínimo necessário como informação. O roteiro, ao mesmo tempo substantivo e sucinto do cenarista Franck, foi laureado com o "Grand Prix" para a TV em 2002, e do seu entrosamento com Boisset proveio o êxito artístico dessa arrojada e custosa produção. O diretor cinematográfico também faz jus a essa síntese visual e à recriação de sua diegese. Dela emergem não só personagens críveis como um mundo verossímil e de certa forma apavorante. Daí o rigor da indumentária dos intérpretes, do cachecol usado por Moulin para esconder a cicatriz da tentativa de suicídio, o chapéu escuro sobre a testa, a capa, o bigode falso, as falas às vezes em surdina, a clandestinidade frente ao inimigo dentro de casa.



Os mesmos locais por onde andaram os membros da Resistência são percorridos pela câmara ágil operada por Yves Dahan. Desfilam Citroëns negros, gabinetes com bandeiras nazistas, prisões, trens, e transportes da periferia, as idas e vindas nos metrôs, os encontros furtivos à noite, as arriscadas viagens a Londres, os saltos de pára-quedas, a derrocada do grupo de Max, justo quando se reuniriam para traçar os rumos da luta armada e bolear arestas surgidas com as dissidências internas.

Boisset trabalha à luz de um objetivismo frio, imparcial, como hábil documentarista, captando a realidade como intrincada rede de relações. Parece dizer, tal como o produtor Robert Evans em sua autobiografia cinematográfica: "Há sempre três lados numa história: o meu, o seu e a verdade: nenhum deles está mentindo; as memórias compartilhadas servem a cada um diferentemente". Sem efeitos especiais, sem *videoclip*, câmera cambaleante ou ranços melodramáticos, Boisset trata a narrativa linear com a desenvoltura de quem conhece realmente o *métier*. Sabe como criar e manter uma tensão subjacente ou a ação manifesta, intensificar o ritmo, extrair das sombras e da luz do dia a surpresa do inesperado, o terror à espreita, a prisão iminente, *flashes* da violência e da tortura e as mortes por fuzilamento.



Há uma densidade emocional na ruptura de Gilberte ao derrubar pratos e copos em pleno restaurante, certa de estar sendo traída por Max, quando ele, na verdade, estava entrando na clandestinidade. Significativo é o corte para transmitir a sensação de abandono, quando é ela quem põe Max para fora do carro, em plena noite espectral. A solidão de Max escrevendo no quarto para Antoinette (Gilberte já não podia ceder-lhe espaço em casa, pois estava prestes a casar-se com outro) marca bem o impasse desses dois tumultuados romances. As cenas noturnas foram aliás filmadas mesmo à noite, com as chuvas caindo naturalmente na madrugada de ruas desertas. As fogueiras espaçadas iluminando a pista improvisada para a aterrissagem rápida dos aviões ingleses, transportadores de armas, munições, equipamentos de rádio e dinheiro para a Resistência, verdadeiros pombos-correio de uma luta de resultados até então imprevistos, servem para mostrar como ousaram esses patriotas franceses em sua luta contra o invasor.



Serve também à reconstituição cinematográfica a captação das imagens através da fumaça dos trens, bem como a passagem de Max por cidades-chave na narrativa, como Paris, Lyon, Marselha, Beauvallon, ou por locais como a Pont de Serves, a Place d' Etoile, a Gare Lyon , o terminal de Lyon-Perrache, a prisão de Cherche-Midi, o quartel-general da Gestapo na Avenida Foch. O enfoque de Boisset, ressalte-se, não é o dos combates ou o das ações militares tão comuns em filmes de guerra: concentra-se em Max e nos bastidores da política, porque o personagem-título quer a França livre, democrática e independente, enquanto outros a querem sob o domínio comuno-stalinista ou dos anglo-americanos, outros ainda por motivos nem sempre claros – os franceses da direita.

O confronto entre esquerdistas moderados, gaullistas, comunistas, socialistas, sindicalistas, entidades religiosas, etc., é mostrado com toques de inteligência como se se levantassem as cortinas reveladoras do idealismo e do desprendimento de uns mas também da intolerância, da dubiedade, do mau-caratismo e da ambição de outros pelo poder. A certa altura, diz Max: "Primeiro a derrota do invasor, depois as nossas divergências internas. Agora precisamos estar unidos, unidos somos a força".



Algumas falas merecem ser lembradas, como quando Max diz, em dado instante, "Eles me odeiam porque restaurei o jogo democrático dentro da Resistência". Revejam-se estes diálogos:

-"O que fará depois da guerra? Vamos ter um filho?" , pergunta Antoinette.

-"Não sei", responde Max. "Meu horizonte não chega até lá".

Doutra feita alguém indaga:

- "Temem-se mais os nazistas ou os colaboracionistas?"

- "E os alemães?"

- "São Faustos sem Goethe".

Recorde-se também do bilhete de Gilberte: "Venha logo antes que eu beba com outro o champagne que você deixou de tomar comigo". E as palavras de Max: "Estou sendo caçado pela Gestapo e por Vichy". E mais adiante, ao lado de outros líderes da Resistência: "Há um traidor entre vocês".

Cenas de impacto incluem a chegada das tropas alemãs motorizadas em Eure-Le-Noir, perturbando a vida tranqüila dos seus habitantes, vendo-se os caças-bombardeiros Stukas, com seu silvo infernal, as pessoas fugindo da cidade, enquanto Max (ainda prefeito e com o nome de Jean Moulin) tenta detê-las, a ocupação da prefeitura, a visão da suástica tremulando em solo francês, Moulin sendo esbofeteado por dois esbirros, momento no qual a câmara corta para uma carroça com mortos onde se vê uma mulher mutilada e despida, são imagens difíceis de serem esquecidas.



Há outros momentos marcantes neste longa de Boisset, os quais contribuem para maior percepção da densidade emocional à qual nos referimos anteriormente: a caminhada de Max solidário pela ponte, sua dignidade diante do major alemão, o trajeto de bicicleta pela estrada, o reencontro com a irmã, a intimidade com as duas mulheres a quem amou, a traição do agente infiltrado, o fuzilamento dos quatro "subversivos do "Musée de 1'Homme", vendo-se depois os tiros na nuca de cada um dos mortos.

O inserto de um teatro de bonecos com crianças rindo, em contraste com o clima de guerra e violência e a prisão de Lili e do general em pleno *Parc de la Tête d'Or*, precedendo a reunião secreta dos chefes da Resistência, funciona como ironia trágica das cenas seguintes, quando todos serão presos pela Gestapo de Lyon, seu próprio chefe, o perverso Klaus Barbie, à frente da operação, em trajes civis. O momento final, com Moulin deitado no feno de um cubículo sinistro, semimorto, depois de torturado, vendo-se apenas as botas de um carrasco nazista, lembra o fecho de um dos contos da "colônia penal" de Kafka.



As formas motovisuais de *Jean Moulin* são valorizadas pela fotografia em cores propositadamente esmaecidas, da lavra do experiente Yves Dahan. Todo o conjunto de cenas trabalhadas em campo aberto, dia e noite ou nos interiores, nos fazem recordar nomes como os do já desaparecido Henri Decae e Henri Alekan, mestres de escol, de cujo legado muito se têm servido os cinegrafistas contemporâneos.

Um tom de réquiem perpassa o filme e a música triste composta por Angelique & Jean-Claude Nachon parece mesclar-se aos efeitos sonoros – apitos dos trens, batidas pré-combinadas na porta, o código Morse das transmissões clandestinas, os tiros de armas automáticas – e sublinhar a agonia dos resistentes. O *décor* de interiores é criação de Frédérick Durn e a montagem de Laurence Leininger segue com rigor a *découpage* do próprio Boisset, ele mesmo assídua presença na editola, máquina com a qual se pode ver todo o filme de forma contínua, ao invés do movimento interminente da moviola.



Os intérpretes atendem de modo irretocável às exigências da *mise-en-scène* e atuam com espontaneidade,como se estivessem naqueles anos 40, vivenciando eventos dolorosos para todos os patriotas franceses. Destaque maior cabe a Charles Bering no papel-título, porque mais solicitado, porém os coadjuvantes não lhe ficam atrás, não só os membros da Resistência como Hanns Zischler como o major Von Guttlingen (ao mostrar sua face de militar do exército alemão não-comprometido com a barbárie nazista) e Richard Sannel como Klaus Barbie, o "carniceiro" de Lyon. Sua máscara apavorante quando chega para inquirir Max ("Qui est Max?") parece provir dos filmes de terror. Louve-se também a atuação de Chritine Boisson (Gilberte), Elsa Zylberstein (Antoinette); Brigitte Vatillon (a irmã de Max), Emile Dequenne (Lili, mártir aos 19 anos), bem como a de todo o restante do elenco: Bernard Pierre-Donnadieu, Thierry Fremont, Daniel Martin, Pierre Loup Rajot, para só ficarmos nestes nomes, prova da maturidade à qual chegaram os atores franceses.

Se fazer cinema é essencialmente criar o clima propício às imagens em movimento e reproduzi-lo de modo a suspender a descrença do espectador, levando-o à percepção da realidade cinematográfica, como já disse tantas vezes, então Jean Moulin alcança o patamar de obra-mestra em sua categoria.



A ver e rever, decididamente.

## *Marienbad*, a obra-prima de Resnais

Ano Passado em Marienbad, obra revolucionária de Alain Resnais e Robbe-Grillet, Leão de Ouro em Veneza, 1961, está entre os filmes exponenciais do Século XX.

Para Jacques Brunius, crítico e realizador, autor de substancial ensaio em *Sight & Sound* (nº 4, maio 1962) "é o maior filme já feito e lamento quem não possa ver isso". Louve-se pois a oportunidade deste presente régio para cinéfilos e estudiosos da arte cinematográfica.



Muito já se escreveu sobre *Marienbad* desde sua estréia pelas telas do mundo. Neste filme ao mesmo tempo aberto e enigmático na sua forma, Resnais mergulha nos labirintos da memória e do esquecimento (voltaria a fazê-lo depois em *Muriel*, 1963) sugerindo muito e dizendo pouco, "raramente olhando para ver se a platéia está entendendo o filme, como certamente muitos espectadores não estão".

Analistas de vários países acreditam tenha *Marienbad* aberto um caminho totalmente novo para a arte fílmica. Alguns, perplexos, perguntam se isso ainda é cinema ou a tentativa de criar uma arte total, capaz de abranger todas as outras.

Outros chegam a ver no filme uma ousada e inventiva incursão no mundo dos sonhos e dos sonhos dentro do sonho e mesmo dos sonhos recorrentes (vejam-se os mecanismos oníricos de Freud: mascaramento, disfarce, condensação e deslocamento), ou até mesmo na teoria da relatividade de Einstein...

Filme de tão elevada hierarquia cinematográfica comportaria naturalmente análise mais extensa. Como o espaço é limitado, só nos resta breve registro, para não deixar passar despercebida a obra-mestra e propiciar aos cinéfilos da nova geração um ponto de partida para sua orientação.



Quando se assiste a *Marienbad* logo se verifica a pouca importância dada pelos seus realizadores à história, pois não há enredo resumível. Há evidente interpenetração de quatro tempos: o presente, o passado, o futuro imaginado e o poderia-ter-sido, ou seja, um futuro do pretérito composto, à moda dos gramáticos. O filme abre com um recitativo do narrador em *off*, personagens anônimos surgem em atitudes congeladas, como fotos de um álbum de recordações. Esses personagens poderiam ser tomados pela realidade presente, emoldurando por assim dizer uma recordação onírica, mas parecem cenas de sonho revividas.

Num castelo transformado em hotel de luxo um homem (Giorgio Albertazzi) encontra – ou reencontra – uma mulher (Delphine Seyrig) a quem teria amado num spa em *Marienbad* (ou será Friedrichbad?). Mas agora há outro (Sacha Pitoeff), figura misteriosa (marido, irmão a sugerir incesto, guardião?) na vida dessa mulher esquiva e ela parece não poder largá-lo, apesar da insistência persuasiva de quem se diz apaixonado por ela. O narrador pode estar fantasiando os eventos narrados por ele, pois não está seguro dos detalhes. A única ordem é a ordem na qual os eventos reais ou imaginários, lembrados, inventados ou sonhados, vêm à sua mente.



Não se pode eliminar a possibilidade de esse sonho não ser dele e sim da mulher, pois algumas seqüências seguem seus processos mentais e mostram eventos como ela os imagina, alguns deles podem estar ocorrendo no futuro. A situação conflitiva do triângulo não evolui dramaticamente e termina em aberto. O *kim*, os jogos de cartas e dominós não só ecoam a situação triangular (como as árvores e alamedas do parque) mas também são paralelos à posição do marido(?). Ele sempre ganha mas ao mesmo tempo perde e o jogo expressa um pressentimento: o perdedor fica com o último palito do *kim* e leva a mulher consigo.

O valor do filme é essencialmente estético, como bem escreveu P.E. Salles Gomes, mas também é a junção de tudo quanto há de mais avançado em cinema e literatura, pois o autor é Robbe-Grillet, papa do *nouveau roman* francês. Se, como frisa Villegas López, o criador cinematográfico é a simbiose diretor-autor, temos aqui exemplo magistral da perfeita identidade entre os dois, conforme entrevistas dadas por ambos aos jornais e revistas da época: "O que eu escrevia era exatamente a mesma coisa que Resnais havia pensado; o que ele acrescentava durante a filmagem era a mesma coisa que eu poderia ter inventado" (Robbe-Grillet).



Robbe-Grillet rebate críticas feitas tanto ao *nouveau roman* como à *nouvelle vague*. "Não são movimentos preocupados unicamente com a forma relegando o conteúdo a segundo plano. O conteúdo de um filme ou de um romance é a sua própria forma." E textualmente: *"Se c'est pas l'art pour l'art, alors c'est pour quoi?"*. Para Resnais, o conteúdo só pode ser descoberto pela análise da estrutura do filme. *Marienbad*, segundo ele, é o primeiro filme no qual, numa extensão bastante considerável, o conteúdo é a forma e não existiria fora dela...

A direção cinematográfica é impecável e projeta Resnais e toda sua obra como um dos pilares da arte do filme. J.L. Grunewald louva a dialética motovisual dos *travelings*, os quais "cortam e penetram inaugurando um espaço permanentemente definido e redefinido pela duração das imagens (os movimentos de Delphine no branco é a mais pura sensação de estesia em toda a história do cinema); agora, antes de estar sob Eisenstein, Resnais está sob Einstein e o cinema do futuro se encontra sob o signo *Marienbad.*"

Louve-se igualmente o uso instigante da superexposição (numa delas há sugestão de orgasmo feminino), dos cortes secos e do *two-frames out* para romper a ordem espácio-temporal e justapor cenas e fatos relacionados, pois a memória vai mais além do armazenar: ela também cria e a narrativa de Resnais segue a recriação altamente subjetiva do passado na mente de Giorgio: o tempo destrói mas a memória preserva. Resnais é o cineasta da memória, da imaginação, do esquecimento e do efêmero e estes lhe fornecem os dados experimentais para a construção de um cinema próprio, "um universo fechado e introspectivo cujas chaves ele mesmo as perde na cronologia desordenada e proposital com a qual molda sua obra" (B. J. Duarte).

Os elementos constitutivos de *Marienbad* estão todos inter-relacionados: os intérpretes Delphine Seyrig (recordem-se seus movimentos corporais, gestos e diálogos propositadamente afetados), Giorgio Albertazzi e Sacha Pitoeff, plenamente afinados com as exigências da dupla Resnais-Grillet. A fotografia de Sacha Vierny (de *Hiroshima*) é um primor, bem como a montagem a cargo de Henri Colpi e Jasmine Chasney (técnico da confiança de Resnais). A música de Francis Seirig, idéia do diretor, funciona de modo quase ininterrupto e o órgão é ouvido de permeio entre a melodia orquestral e a recorrência de alguns temas, contribuindo para o efeito emocional buscado pelos realizadores, podendo-se louvar o silêncio quebrado subitamente pelos sons ruidosos do ambiente, ou o detalhe sonoro do corte para a queda do copo de cristal em pleno salão.



Jacques Brunius conclui seu longo ensaio indagando: "Precisamos mesmo de interpretações simbólicas? Ainda tenho prazer em ser arrastado para este filme como não fui para nenhum outro; ainda espero revê-lo muitas vezes e preservar suas ambigüidades polivalentes. São as ambigüidades da própria vida".

Um filme para ver e rever, decididamente.

## Libelo contra o macarthismo e a intolerância

"Prefiro trabalhar com o cinema adulto, aquele capaz de deflagrar discussões produtivas e expor as contradições do homem – esse ser imperfeito – e da própria vida". Palavras pertinentes de Irwin Winkler quando apresentou *Culpado por Suspeita* (*Guilty by Suspicion*) para estudantes de cinema na Califórnia. Escrito para a tela e dirigido pelo cineasta novaiorquino, também conhecido como produtor, *Culpado por Suspeita* já chegou em DVD para satisfação dos amantes da arte fílmica e para quem deseja revê-lo a fim de perceber melhor toda sua abrangência semântica.



Projeto de há muito acalentado por Winkler, só foi concretizado em 1991, quando, dissipada a névoa encobridora dos acontecimentos nele retratados, o cineasta pôde revisá-los à luz de um objetivismo frio para transformá-los em narrativa fílmica. Winkler testemunhou a caça às bruxas, conheceu processos, acompanhou todo o noticiário, verberou as injustiças cometidas, as formas de pressão exercidas pelo Comitê do Congresso para Atividades Anti-Americanas e as decisões equivocadas, prejudiciais a tantas pessoas. Se não era o diretor mais categorizado para levar o macarthismo à tela, quem o seria? Winkler não esteve tão longe dos acontecimentos a ponto de não ver as linhas de clivagem, nem tão perto a ponto de perder a visão de conjunto.

Não entendemos como possa o verbete sobre Winkler no Dicionário dos Cineastas tachar de medíocre este seu primeiro filme como realizador cinematográfico. Até agora não se fez nada melhor sobre o polêmico tema. Dennis Cunningham, da CBS-TV, classifica-o como "uma inspiração cinematográfica. Importante, intenso, persuasivo". Roger Ebert (único crítico de cinema a receber o Prêmio Pulitzer) considera-o como "um dos melhores filmes de Hollywood já vistos". "Se a arte cinematográfica consiste também na criação de um clima de tensão apropriado ao estado emocional dos personagens, então Winkler acertou na mosca", disse Dale Bailey em entrevista a *TV News*. Fiquemos nestas três citações.



O tema tratado por Winkler poderia remeter-nos a outras abomináveis formas de opressão (leia-se o artigo nosso sobre o macarthismo neste mesmo Cultura), pois não importam o espaço e o tempo nos quais ocorrem os eventos retratados, nem os tipos de fobia persecutória ou os atentados à liberdade. Para os fatos relatados no filme, não há explicações ou justificativas racionais. Alguns sacrificados pelo macarthismo ainda estão vivos e as cicatrizes teimam em não desaparecer. Além disso, outras manifestações da estupidez humana estão ai nos neonazistas, nos terroristas de Bin Laden e assemelhados, nos bombardeios responsáveis pelo morte de milhares de civis no Iraque, e há sempre a possibilidade de aqui e ali serem implantadas novas ditaduras, disfarçadas ou não, de caráter político, militar ou religioso.

Drama político em baixa voltagem e de pouco apelo bilhetérico (não há cenas de sexo nem violência explícita). *Culpado por Suspeita* constitui, no entanto, libelo cinematográfico incisivo contra a intolerância, particularmente contra a caça às bruxas e o macarthismo. Em seu rico subtexto, deixa-nos também a advertência segundo a qual as formas de opressão são como o "ovo da serpente", do qual nos fala a metáfora de Ingmar Bergman em seu filme homônimo: elas devem ser eliminadas no nascedouro, do contrário crescerão as cobras, ou seja, os regimes atentatórios à dignidade humana e à liberdade de expressão.



Winkler sabe como prender a atenção do espectador, sem virtuosismos, videoclipagem, câmara cambaleante, primeiros planos desnecessários, e fazer de *Culpado por Suspeita* um primor de condensação, ao concentrar seu foco no diretor David Merrill (Robert De Niro), personagem fictício, é verdade, porém capaz de reunir, numa metonímia visual, as atribulações vividas por vários homens de cinema, perseguidos, impedidos de trabalhar e vigiados como inimigos em potencial. Alguns deles se decidiram pelo exílio para não serem presos e outros lamentavelmente foram levados a delatar companheiros de muitas jornadas.

O filme segue a ordem linear e abre com cena de impacto: o interrogatório, em caráter secreto, de Larry Nolan (Chris Cooper), durante o qual não consegue resistir à pressão psicológica e revela ao Comitê nomes de amigos suspeitos. Daí para a chegada de Merrill, vindo da Europa, conduzido pelo colega Bunny Baxter (George Wendt) para uma recepção-surpresa. Mas esta deixa de sê-lo, pois Nolan chegara antes para levar sua mulher Dorothy (Patrícia Wettig) de volta a casa. O clima de desentendimento entre o casal amigo perturba Merrill, pois não sabe como estão as coisas em Hollywood. Por isso mesmo vai até a residência dos Nolan e então vê Larry queimar os livros de sua biblioteca (obras de Joyce, Salinger, Twain). Merrill se espanta, quando vê a pedra jogada por Larry na janela, quase a ponto de ferir a mulher, enquanto esta lhe arremessa as roupas e a máquina de escrever lá do alto.



Sem desprezar as unidades aristotélicas de ação, tempo e espaço, mas absorvendo-as e estabelecendo o conflito, Winkler cria a tensão indispensável e o ritmo crescente através do qual os eventos conectados vão abrir caminho para o fim predeterminado. Nos passos seguintes, Merrill, há pouco tempo divorciado, vai ver o filho e depois o produtor Darryl Zanuck (Ben Piazza) para dele receber o roteiro do seu novo filme. Antes, porém, terá de visitar o advogado Felix Graff (Sam Wanamaker) para apresentar-se em seguida ao tal Comitê, sem o qual não poderá receber o clearance para continuar dirigindo filmes...



Merrill recusa-se a comparecer ao tribunal, perde o contato, tem de vender a casa, a ex-mulher volta a lecionar e se muda para apartamento modesto, desfaz-se do patrimônio. Parte para Nova Iorque em busca de oportunidades. Sua chegada lá é percebida pela simples caminhada de Merrill por Times Square, onde se observam cartazes de filmes e de peças teatrais nas paredes. Quando entra no teatro, os artistas o vêem como dirigente de uma nova peça. Há o reencontro com jovem atriz descoberta por ele e com quem provavelmente tivera um caso. Ela o convida para um drinque no apartamento, mas quando se inteira do problema vivido por ele, com o receio de Merrill ter sido seguido até lá, dá-lhe discreto fora. Seu emprego como técnico em óptica e fotografia é fiscalizado por agentes do FBI, espécie de *big brother* de Orwell a seguir-lhe os passos.

Merrill retorna a Los Angeles para o reencontro com o filho e uma reaproximação com Ruth, pois sua ex-mulher não deixou de amá-lo, pelo visto. Ela vem apanhá-lo atrasada na rodoviária, pois estava em reunião de aulas. Ele vai dormir num sofá, mas há um detalhe erótico sutil: quando acorda, vê de longe a mulher em trajes menores e desperta antigas emoções. Levanta-se para abraçá-la, mas as coisas já não são como antes.

Corte para Dorothy num set de filmagem. Está desesperada, o marido acusa-a de bêbada e comunista, ele e um agente do FBI, ouvida a Justiça, lhe carregam o único filho. Novos incidentes menores na luta de Merrill para conseguir trabalho. No piano-bar, crooner negra preme o teclado e canta em surdina. Há o reencontro com Dorothy no restaurante em Malibu. Ela não está bem, fala demais, seu palavreado é confuso. Sai apressada dizendo ir ver o filho. Minisseqüência ilustrativa do bom cinema, nem sempre percebida pelo espectador desatento, é a corrida de Merrill até o carro de Dorothy para perguntar-lhe se tudo está bem e repetir a frase usual, quando ela liga o motor e lhe responde afirmativamente. A câmera então enquadra as mãos dela engrenando a letra R por trás do guidom do carro hidramático, estacionado no alto do terreno. É quando percebemos pelo gesto a sua marcha-ré abrupta batendo na barreira para precipitar-se ladeira abaixo. Um de vários suicídios ocorridos na época sinistra do macarthismo.

Os diálogos do filme conotam fina ironia e alusões pertinentes. No encontro de Merrill com Joe Lesser (Martin Scorsese), este se despede dizendo-lhe: "Sou comunista há 20 anos. Se eu delatasse alguém, teria de ficar longe dos espelhos pelo resto da minha vida. E gosto de me olhar no espelho". Doutra feita, Nolan faz um apelo desesperado para não declinar nomes: "Não me façam



rastejar na lama". Quando se vêem as imagens dos filhos do casal Rosermberg na TV, ambos condenados à cadeira elétrica, Paullie, o filho de Merrill, lhe pergunta: "Vão matar v. papai? É o que estão fazendo com os vermelhos". Mais adiante, na discussão inútil com o amigo Bunny, dele ouve uma contestação: "Qual a diferença? Você já está morto mesmo". Acossado, replica Merrill: "Pensam que vou explodir pontes quando o exército vermelho invadir Manhattan?".

Winkler aproveita o instante no qual Ruth chora ao perceber a situação aflitiva de ambos, para enquadrar o momento da reconciliação, com planos aproximados de imagens silenciosas de um abraço demorado, e os dois acordando juntos no corte seguinte. Não há necessidade de detalhar qualquer intimidade óbvia.

As cenas do tribunal inquisitorial nos aproximam de um final lógico. Nele a câmara ágil, o corte e o *timing* precisos, a utilização do desenquadramento e das elipses, cujos elos em falta devem ser preenchidos mentalmente pelo espectador, transmitem o clima de opressão naquela mistura de vozes, quase uma algaravia e de discussões acaloradas, quando acusado e acusadores parecem ensaiar um duelo de interpretação. Nele é surpreendente o índice de verossimilhança, como se estivéssemos, por um passe de mágica, assistindo às inquirições daqueles anos 50 de caça às bruxas. A ambiência física do tribunal é reconstruída de forma modelar e faz jus ao trabalho de pré-preparação do filme, dentro do qual até a expressão patibular de um dos inquiridores e a fumaça de um charuto ameaçador parecem dar ao obeso congressista (Gailard Sartain), do alto de sua mesa, o caráter de senhor do baraço e do cutelo.



Para o êxito do filme contribui sem dúvida a fotografia em cores não-saturadas de Michael Ballhaus, *cinernatographer* alemão dos melhores da atualidade, e laborando nos EUA desde os anos 80. Preferido do saudoso Werner Fassbinder, indicado algumas vezes para o Oscar, numa delas para *The Fabulous Baker Boys*, Ballhaus foi o mestre da fotografia de *Depois das Horas*, *A Última Tentação de Cristo* e *A Idade da Inocência*, todos de Martin Scorsese, e do *Drácula, de Bram Stoker*, de Francis Coppola. Em *Culpado por Suspeita* atinge seu zênite na breve cena do cemitério, onde se vêem ao fundo dos jazigos e das pessoas, todas em silêncio, fontes d'água irrigando o verde dos jardins, como se fossem as únicas coisas a refletirem o movimento. *Ecce digito gigas*, diria um cinéfilo latinista.

Vale encômios mil a atuação dos intérpretes, a começar por De Niro, considerado já por duas vezes

o melhor ator do século (da primeira vez esteve empatado com Pacino). Não há cena alguma na qual deixe de transmitir uma espontaneidade natural, a máscara exata, os diálogos brotando dele como se dele fossem. Chris Cooper e Patrícia Wetting demonstram ser atores de mão-cheia, enquanto Annette Benning não dá um passo em falso. Sam Wanamaker (o advogado Felix Graff), George Wendt (como Bunny) e Ben Piazza (Zanuck), embora menos solicitados, cumprem à altura seus papéis. Os inquisidores Gailard Sartain e Robin Garnmell valorizam sobremaneira a parte final.

A música incidental de James Newton Howard, em alguns instantes lembrando um réquiem distante, é o contraponto para os pequenos solos de *cool jazz*, de melodias como *Easy Come Easy Go* e *They Can't Take That Awlay From Me*. Os efeitos sonoros têm consistência dentro do contexto das imagens, bastando registrar aqui as ressonâncias do automóvel caindo ladeira abaixo.

Winkler encerra sua pequena obra-prima com o casal Merrill saindo do tribunal enquadrado de costas e caminhando em meio à multidão de jornalistas e curiosos, seguidos de legendas explicativas sobre tudo quanto ocorreu com quem ousou enfrentar a fúria do Comitê, enquanto a imagem congelada de uma foto antiga, de outros tempos felizes (quando reconhecemos os dois casais e o amigo Bunny no meio deles) torna-se um fecho digno de uma antologia do cinema.

## Nova transgressão de Bertolucci

*The Dreamers* é antes de tudo um preito de amor ao cinema por quem traz, em sua bagagem filmográfica, realizações como *Antes da Revolução* (1964), *A Estratégia da Aranha* e *O Conformista* (ambos de 1970), *O Último Tango em Paris* (1972), *1900* (1976), *La Luna* (1979), *O Último Imperador* (1987), *O Céu que nos Protege* (1990), *Beleza Roubada* (1996) e *Assédio* (1998), afora episódios de filmes-mosaico e co-direção em documentários importantes, como *L'Addio a Enrico Berlinguer* (1984).



O título *Os Sonhadores* é ao mesmo tempo irônico e metafórico; irônico porque não há ninguém sonhando, todos estão acordados e bem acordados; metafórico porque o trio central está como num sonho, fora da realidade a sua volta, a ponto de um colega reclamar da longa ausência dos gêmeos nas manifestações de rua. Filme transgressor, como o foram alguns dos citados acima, traz cenas de intimidade sexual suscetíveis de causar forte impacto no espectador, pois o *ménage à trois* envolve relação incestuosa, patológica, entre os gêmeos Isabelle (Eva Green) e Theo (Louis Garrel) e Matthew (Michael Pitt), estudante americano em Paris. O trio tem em comum a cinefilia, melhor dizendo, uma cinemania neurótica. Lá fora fluem os acontecimentos resultantes da demissão de Henri Langlois, corpo e alma da *Cinémathèque Française*, e conducentes às revoltas de maio de 1968, de início em Paris, depois se espalhando pelo país todo.

Alienados em apartamento espaçoso mas labiríntico (fazendo-nos lembrar, *mutatis mutandis*, os corredores marienbadianos de Resnais e Robbe-Grillet ou certos contos kafkianos), os três brincam a partir da "representação" de cenas ao vivo de filmes clássicos e daí praticam estranhos jogos sexuais. Quem não adivinhar a qual filme pertence determinada cena (como quando Theo cai ao chão simulando asfixia), terá de cumprir uma pena; uma delas leva Theo a masturbar-se diante da irmã. Depois, sem motivo aparente, Isa se oferece para ser desvirginada pelo amigo de dois dias. Quando ele hesita, diz ela: "Sou tão detestável assim que você não queira fazer amor comigo?". A intimidade plena acaba levando-os a tomar banho juntos e a dormir como vieram ao mundo.



Bertolucci não aprofunda o debate político da época, e nem deveria fazê-lo. Outro é o intento do roteiro calcado no romance de Gilbert Adair. Os conflitos políticos de então (v. Box com breve depoimento de Truffaut) são apenas o *background* do comportamento dos três jovens. São interessantes e não chegam a ser tediosos, embora desnorteiem o cinéfilo menos atento, as inserções em p&b de fragmentos de *Acossado*, de Godard (1959), *Rainha Cristina*, de Mamoulian (1933), *Picolino*, de Sandrich (1935), *Bande à Part*, também de Godard (1964), *Monstros*, de Browning (1932), *Scarface*, de Hawks, *A Vênus Loura*, de Sternberg (todos de 1932), *Paixões que Alucinam/Shock Corridor*, de Fuller, (1963), *Mouchette, a Virgem Proibida*, de Bresson (1967). Afigurou-se-nos desnecessário mostrar o suicídio de Mouchette. Também foram incluídas cenas de discussões sobre quem era melhor, Chaplin ou Keaton, Clapton ou Hendrix.



Bertolucci se apóia no original de Adair, mas com freqüência é co-roteirista de seus filmes e sempre intervém para buscar a condensação adequada e preparar o espectador para concentrá-lo no essencial, "libertando-o do supérfluo ou secundário". Igualmente, para não deixar o falatório literário predominar em detrimento das imagens motovisuais, muitas vezes reescrevendo os diálogos, à moda Truffaut. Os personagens, é claro, precisam falar e neste ponto nos lembramos de uma das lições deixadas pelo gênio de Orson Welles: "Não faço filmes mudos. Devo começar com tudo quanto os personagens dizem. Devo saber o que dizem antes de vê-los fazer o que fazem". E, mais adiante: "Os grandes cineastas primam pela enunciação de problemas e não por sua resolução. Um filme é um objeto de 120 min de duração média, limitado e relativo. Não consegue abranger em absoluto os homens e seus dilemas interiores, isto é, não consegue conhecê-los. No máximo apreende alguns aspectos unilaterais e falsamente objetivos". Tal como Welles e Paul Schrader (realizador de *Mishima*, *Gigolô Americano*, *Estranha Passagem em Veneza*), Bertolucci vê os filmes como metáfora de problemas.

Recorde-se, a propósito, a espécie de cabana com velas acesas em frente e para a qual Isa convida os dois rapazes para passarem a noite juntos, evitando fazê-lo no seu quarto, signo de algum segredo íntimo capaz de mascarar a sua fragilidade e dependência do irmão "siamês", o qual "sempre esteve dentro dela"... Os pais, omissos ou impotentes para reeducar seus gêmeos, parecem aceitar aquela estranha cumplicidade. Quando retornam de viagem e vêem o caos no apartamento e se deparam com os três nus, dormindo a sono solto, só lhes resta ir embora, estupefactos, não sem antes deixar-lhes um cheque para despesas.



Ao acordar e perceber ter sido vista assim pelos genitores, Isa tenta o suicídio aspirando o tubo de gás da cozinha. Logo se dá o impacto da pedra arremessada no vidro da janela do apartamento, despertando-os do "sono" com o qual se mantêm longe das passeatas e da participação violenta nos confrontos das ruas, de resto mostradas com invulgar maestria técnica e realismo cinematográfico, com "*prise de vues*" tão expressivas quanto as de *1900* e *O Último Imperador*.

Se a sublimação é o processo inconsciente através do qual a energia da libido (ou outro impulso biológico) é desviada para novos objetos ou, como estabeleceu Freud, "um tipo particular de atividade humana sem relação aparente com a sexualidade, mas da qual extrai sua pulsão na medida do seu deslocamento para um novo alvo não-sexual" (no caso, acrescentamos, a cinemania dos três personagens, pois chegam a ver um filme dezenas de vezes, quase em frente à tela, para serem os primeiros a contemplar as imagens), – então Bertolucci parece querer chegar ao processo contrário: a dessublimação do trio de jovens, de modo possam canalizar suas energias para algo mais produtivo ou para a resolução dos seus problemas de realização sexual e afetiva.

Filme rico de significantes, *Os Sonhadores* poderia ser visto até mesmo como alerta para as gerações jovens em relação às contradições inerentes ao ser humano e às utopias buscadas pelos movimentos ditos revolucionários (e não reformistas) e também para não esquecerem o subtema shakespeariano segundo o qual o tempo passa célere, inexorável, as pessoas se modificam necessariamente com o passar dos anos e nada, no fim de contas, é tão importante durante muito tempo.

O trio se aparta no final ambíguo (Matthew passou a amar Isa, apesar de tudo?), moralizante para outros, com a ruptura do amigo não-adepto da violência, pois não compartilha da visão e das ações de Theo e Isa. Antes se recusara a permitir a depilação dos seus pelos pubianos e instara Isa a desligar-se da dependência psicopatológica do irmão e ser ela mesmo, ter vontade própria.



Na *mise-en-scène*, Bertolucci não hesita em retomar raízes clássicas: delas também se valeram Truffaut, Godard e outros para redimensionar os efeitos visuais: lá está o emprego da íris (o "*íris out*"), quando Isa e Matthew sorvem a mesma bebida, cada qual com um canudo, e o recurso serve para fechar o círculo e encerrar a cena criativamente. Na esteira de Truffaut, Bertolucci tampouco hesita em acelerar esta e outras cenas ou ir mais devagar, pois sabe como manejar os tempos velozes e curtos, a ação e o repouso. Os diálogos do trio nas cenas iniciais de rua são captados enquanto andam de costas para a câmera e esta os acompanha. Louve-se a captação das imagens refletidas nos espelhos ("alçapões lúdicos da vertigem", como os definiu o poeta Walmir Ayalla) e a imagem tripartite no surgimento insólito de Isa como a Vênus de Milo, de corpo inteiro, mas simulando ausência dos antebraços.

Nos planos móveis a câmara flui suavemente pelos corredores ou então ziguezagueia lento pelos espaços do apartamento, como se tentasse mergulhar no íntimo de cada um dos personagens. Nunca sabemos em cada penetração da objetiva onde é a entrada ou a saída ou com qual objeto ou cena nos depararemos. Duma feita, com plenitude cística, Matthew procura angustiado o banheiro, acaba encontrando-o, mas, pela pressa ou desejo inconsciente de transgressão, urina na pia do lavatório. Nos planos fixos há composições ousadas, como quando Matthew passeia, rosto e mãos, sobre o baixo-ventre de Isabelle. Há precisão no corte seco e também no *raccord* (termo usado pelo diretor numa de suas entrevistas), ou seja, simplificadamente, a forma pela qual dois planos de um filme se encadeiam de tal modo possamos concentrar nossa atenção na continuidade da narrativa visual.



Bertolucci encontrou em Fabio Cianchetti o fotógrafo à altura de substituir o grande Vittório Storaro, com o qual o cineasta contou em vários filmes. Cianchetti é bastante eficaz no manejo da intensidade da luz e na adequação das cores dessaturadas, seja nos *close-ups* do trio, quando os tempos mortos nos transmitem algo mais, ou nas sombras das noites de pancadaria, captadas em meio à fumaça dos petardos arremessados pelos revoltosos e às labaredas dos coquetéis molotov, enquanto o lixo se acumula em razão de greves e paralisações de toda ordem.

Surpreende positivamente a interpretação do talentoso trio conduzido por Bertolucci, mormente nos momentos de intimidade sexual, como se realmente estivessem sozinhos em cena. A espontaneidade de suas falas e das reações fisionômicas, pelas quais se percebe a timidez de um, a dominação de outro e a aparente força da jovem mulher. Mereciam eles muito mais, além do simples elogio dos críticos europeus. Bem válida é a inserção do tema musical de Jean Constantin para *Os Incompreendidos*, de Truffaut, e dos belos acordes melódicos de Marcial Solad, quando surge o p&b do *Acossado*, com a encantadora Jean Seberg vendendo jornais em pleno Champs-Elysées. O *contraponto final* com *je ne regrette rien*, cantado por Edith Piaff, tem duplo sentido para tudo quanto acabamos de ver, enquanto lá fora, se vêem ao longe as imagens congeladas dos carros de polícia com faróis acesos.

Bertolucci considera seus filmes como se fossem crimes e o inconsciente freudiano como a trama de suas películas. Assim, *Os Sonhadores* pode não ser o melhor nem o mais importante dos seus filmes, mas subsiste pela ousadia, proficiência técnica e senso de como a arte cinematográfica pode expressar e transcender os dilemas interiores e as limitações de um espaço confinado.

## A Tragicomédia da vida recriada em dois tempos

Para o crítico Robert Cottingham, *Melinda & Melinda* assinala o renascimento criativo de Woody Allen, um dos *filmmakers* mais proeminentes e mais bem considerados nos EUA. Antes de ver o filme, quem pensou estar ultrapassado o cineasta, autor, grande comediante e clarinetista de primeiro time, errou redondamente, diz ele, pois *Melinda & Melinda* é tão bom quanto os melhores de Allen até hoje, apesar do seu desvio temático-estilístico. De fato, basta revermos alguns títulos para nós memoráveis: 
*Noivo Neurótico, Noiva Nervosa* (*Annie Hall*, 1977), Oscar de Melhor Filme, Melhor Direção e Melhor Atriz, *Interiores* (tributo a Ingmar Bergman, 1978), *Manhattan* (canto de amor à cidade de Nova Iorque, 1979), *Memórias* (1980), *Zelig* (1983), *Hannah e Suas Irmãs* (1986), *Setembro* (1987), *Crimes e Pecados* (1989), e *Desconstruindo Harry* (1997).

Woody Allen (ou Allen Stuart Konigsberg, com pseudônimo adotado por ele em 1952, quando começou a escrever piadas para uma agência e depois o manteve como humorista da cadeia de TV da NBC) assina sozinho o roteiro deste *Melinda...* e se supera, seja como diretor cinematográfico seja pelos diálogos inteligentes perpassados por fina ironia (recorde-se quando o personagem de Will Ferrell esfrega uma velha lâmpada de Aladin, desejando poder amar Melinda sem ferir os sentimentos da sua mulher, e depois entra em casa para surpreendê-la na cama com outro...) e seja, ainda, pela crítica à sociedade humana dentro do qual convivemos na psicopatologia do nosso cotidiano.

Além do humor intelectualizado dos seus filmes, onde as uniões são frágeis, amor e sexo se distinguem, Allen tem fustigado os costumes *ridendo castigat mores*, as instituições ultrapassadas, o misticismo, os dogmas, a intolerância, o racismo, a burocracia, as ditaduras disfarçadas ou não, a corrupção, os políticos, os imperialismos, etc. Subjazem em seus filmes a angústia existencial do homem e o sentido trágico da fugacidade da vida, da transitoriedade das coisas, tudo revestido pelo humor inteligente. Nem por isso, afirmou numa entrevista, devemos cair no desânimo e no pessimismo, "mas, sim, afugentar os espantalhos matutinos e tentar melhorar o mundo porque nele vivemos".



*Melinda & Melinda* se inicia num bistrô, onde escritores discutem a linha tênue existente entre a tragédia e a comédia, um deles defendendo a idéia segundo a qual uma tragédia deve ser tratada com a maior seriedade; fazê-la de outro modo será reduzir seu impacto e sua força. O outro pensa o contrário e explica: qualquer história, não importa quão trágica, pode ser tratada com humor. A tragédia é o confronto; o humor, a fuga. A tragédia do existir é a estrutura mais abrangente dentro da qual o humor é apenas o escape. Viver a vida então porque só temos uma. "V. pode morrer de infarto logo após um eletrocardiograma perfeito. Morreu acaba tudo".

O primeiro autor exemplifica sua visão com uma cena na qual tinha pensado há tempos. Um grupo de pessoas está jantando quando a chegada de Melinda, ainda amiga da anfitriã, interrompe o programa e conta aos presentes sua história infeliz. Mas a mesma história contada como comédia para outro grupo pode resultar noutro final. Vistas assim, as narrativas parecem pertencer a dois filmes diferentes – e isso de certa forma é verdade. A criatividade de Allen reside, porém, no fato de misturar as cenas de comédia e tragédia, a ponto de não percebermos o artifício da arquitetura do filme. Num caso ou noutro, podemos rir ou chorar. Não se trata, em rigor, de metacinema, mas da recriação inteligente de duas histórias a partir de como dois autores vêem a tragicomédia da vida.

Na *mise-en-scène* Allen mostra como acelerar ou desacelerar o ritmo, intuir o tempo de permanência da imagem na tela, ou seja, o momento exato do movimento e do repouso, como nos dramas românticos de Truffaut. As elipses trabalham para a economia de planos: personagens com certas roupas em determinada cena, não as têm no corte para o mesmo espaço; os trajes já não são os mesmos, o tempo já passou. Destaquem-se a funcionalidade dos primeiros planos e o uso avaro da *zoom*, bem assim a profundidade de foco, quando um personagem em segundo plano é visto com a mesma nitidez de quem está à sua frente. Aqui não há como não lembrar o Welles de pelo menos dois dos seus primeiros grandes filmes: *Kane* e *Soberba*. Sob comando firme de Allen a câmara não treme, tampouco caminha mecanicamente, antes parece deslizar suavemente tanto nos exteriores como nos corredores, salas e quartos dos apartamentos.



Dos atores Allen extrai o máximo de espontaneidade nos diálogos como canais de informação ou na revelação de conflitos, aspirações e frustrações amorosas. Radha Mitchell, verdadeiro achado do diretor, é toda um show de interpretação, seja fumando como uma chaminé e quase alcoólatra, ora dopada por pílulas ou desalinhada para a ocasião ou, ainda, quando ameaça suicidar-se.

Dois dos seus monólogos feitos diretamente para a câmara, plenos de sutilezas e emoção, devem ter exigido muito esforço da atriz. Wallace Shawn como o escritor calvo (recorde-se sua atuação em *The Moderns*, de Alan Rudolph, na Paris dos anos 20) está magistral, igualmente Will Ferrell, e não falta no conjunto a beleza de Amanda Peet para cativar a atenção do cinéfilo. Nenhum reparo aos demais intérpretes.

A fotografia desta feita não é de Gordon Willis, um dos técnicos preferidos de Allen. Assina-a o mestre húngaro Vilmos Zsigmond (1930), o qual emigrou para os EUA em 1956, depois da intervenção da Rússia Soviética em seu país. Zsigmond ilumina com refinamento as cenas com luz ambiente e nos interiores à luz das velas dos bistrôs. Os contrapontos sonoros operam à perfeição, enquanto a trilha musical eclética inclui Bach, Stravinsky, Bartok e o *jazz* de Duke Ellington e o romantismo de Victor Young.



Em suma, um retorno triunfal de Woody Allen como escritor e diretor. A ver, decididamente.

## *Num Céu Azul Escuro:* Obra-mestra do Cinema da República Checa

*Num Céu Azul Escuro* (*Dark Blue World*), de Jan Sverák, é sem dúvida um dos melhores filmes desta temporada de 2003, infelizmente pouco prestigiado pelo grande público. Ao recomendá-lo para alguns amigos, quando de suas primeiras exibições, chegamos a ouvir bobagens como "não vou a filme checo" ou "não aprecio o cinema europeu"... Uma lástima tudo isso, pois o bom filme, como qualquer bom produto, tem seu peso qualitativo, seu valor intrínseco, não importa a procedência nem a época de sua realização. Como lembram os exegetas, obra de arte não tem idade nem pátria.



Jan Sverák, para quem não sabe, é cineasta de muito prestígio na Europa pela sua maestria no manejo dos recursos técnicos com os quais o cinema conta para narrar uma história. Em 1996, recorde-se, Sverák já fizera jus ao Oscar de Melhor Filme Estrangeiro, com *Kolya, Uma Lição de Amor*, no qual o próprio pai, Zdenek Sverák, cenarista e ator de renome, foi o intérprete central. Dele Jan herdou por certo suas primeiras afinidades com a arte do espetáculo cinematográfico.

Temos assim, diante dos olhos (é preciso assistir ao filme mais de uma vez), não só um trabalho de direção tecnicamente impecável nos seus 114 min. de projeção, como rico no seu conjunto de significantes motovisuais, dos quais se podem ler significados claros ou subjacentes, consubstanciadores do libelo de Sverák e de seu pai, autor do *screenplay*. De um lado, contra a estupidez humana, traduzida no inferno da guerra – sorvedouro de vidas humanas, destruidora de cidades e de monumentos histórico-culturais, dissolutora de famílias e de perspectivas alentadoras para o futuro; de outro, contra a intolerância, a ignorância, o machismo (em sentido amplo) e os preconceitos dos quais se alimenta a barbárie, emergindo também desse libelo a descrença no bicho-homem, único animal capaz de torturar e assassinar seu semelhante. Estamos ainda no *homo homini lupus*, conceito já (in)formador do pensamento de Plautus (224-184 a.C.) e retomado por Bacon e Hobbes no século XVII.



*Num Céu Azul Escuro* se passa no período conturbado de 1939-45. Como se recordará o leitor, foi fácil para Hitler, depois de obrigar a então Checoslováquia a ceder-lhe a conflituosa região dos Sudetos ("Sudetendeutsch", ou alemães do Sul, por estes colonizada), invadir o país, ocupar militarmente as regiões da Boêmia e Morávia e tomar sob sua "proteção" a Eslováquia... A fraqueza dos aliados e a pressão contínua, política e militar dos nazistas, provocaram o esfacelamento daquela nação e desmembraram o exército checoslovaco, um dos melhores da Europa naquela época.

A reconstituição cinematográfica de períodos distintos – antes da 2ª Guerra, durante e anos depois, com sua atmosfera de sombras preocupantes da Guerra Fria – está na esteira do realismo cinematográfico defendido por muitos teóricos e para o qual contribuíram os diálogos em três idiomas (o checo, o alemão e o inglês, pois o francês só é ouvido rapidamente quando um aviador cai no interior da França ocupada), a realização cinegráfica, a utilização de réplicas dos Spitfires, Messerschmitts e Heinkels, e os efeitos especiais (com maquetes e miniaturas perfeitas), tanto melhores quanto menos percebidos pelos espectadores. A produção contou com muitos recursos financeiros, pois dela participaram capitais checos, alemães, italianos, dinamarqueses e ingleses. A distribuição ficou com a Portobello Pictures, de Londres, e a Europa Films.

As ações paralelas, em sua maioria desenvolvidas na Inglaterra e nos combates aéreos, estão interligadas aqui e ali pela ruptura na unidade espácio-temporal. Ou seja, enquanto se vê a rotina dos aviadores checos em treinamento no interior da Grã-Bretanha, em 1940, com elipses plenamente justificadas pelo cinema como arte de síntese, e se ouve o matraquear das metralhadoras dos caças em luta, vêem-se também os ases sobreviventes tratados por um médico alemão prisioneiro de guerra num arremedo de enfermaria, ou sofrendo horrores a partir de 1945, quando – ironia trágica – são colocados num presídio de trabalhos forçados, sob a acusação de terem idéias anticomunistas. Assim como lutaram ao lado dos ingleses contra os nazistas, também poderiam voltar-se contra o novo regime implantado no país... Os aviadores sobreviventes foram libertados em 1951, mas somente reconhecidos como heróis 40 anos depois...



O filme de Sverák se enquadra, portanto, no denominado documentário-ficção: os fatos essenciais ocorreram mesmo, ou seja, toda a base da história é verídica. Exaustiva foi a pesquisa de Zdenek em relação aos eventos, tais como realmente ocorreram. O prólogo, quando o aviador ensina a sua namorada a "guiar" o monoplano, é criação de Zdenek, sugestivo do relacionamento íntimo entre o casal, com a imagem poética dos braços abertos da jovem, como se voasse feliz, segura de si. O idílio é perturbado pela chegada das tropas invasoras, daí se iniciando o primeiro conflito da narrativa. Já o triângulo amoroso principal bem poderia ter acontecido, não exatamente assim, conforme imaginado pelo cenarista checo; no filme, é o núcleo do qual partem e para onde convergem os vários focos de tensão – as ações do tenente Franta e do sargento Karel, ambos amando a mesma mulher carente, cujo marido é dado como desaparecido.

Após o término da guerra, quem conseguiu sobreviver vê frustrada sua paixão inglesa e, no retorno à pátria, a namorada de quem se separou não está mais livre... Nem mesmo a sua inteligente cadela Baicha, afeto de tantos anos, o acompanha. Só a prisão absurda o aguarda. O tempo passou, ninguém controla os acontecimentos do imprevisível quotidiano, a vida semelha uma caixa de surpresas chinesa, as coisas nunca são as mesmas – elas simplesmente se tornam, como ensinava Heráclito de Éfeso, pensador grego dos mais eminentes. Por associação de idéias com a frustração dos personagens do filme, lembramo-nos de aula de Dale S. Bailey em seminário realizado no Ibeu em 1961, quando aquele mestre discorreu sobre a tese segundo a qual somos todos seres malogrados, frustros, irrealizados. Ninguém se iluda, dizia ele, todos morreremos frustrados, basicamente por tudo quanto fizemos ou deixamos de fazer, pelas escolhas equivocadas, porque seguimos este caminho e não aquele... O destino dos personagens recriados pelo pai do diretor e por este trabalhado parece representar uma metonímia da encruzilhada do homem como um ser para a morte. Sverák expressa bem essa condição humana nas entrelinhas do seu filme.

A direção cinematográfica revela competente planificação medular das cenas tornadas seqüências verossímeis, as composições estão funcionalmente ajustadas ao retângulo da tela, locações parecem transportar o espectador atento àqueles tempos, o poder imagético-sugestivo dos primeiros planos cresce com Sverák, pois foram selecionados não para "encher" o quadro, mas com função expressiva, como no rosto ensangüentado de um dos aviadores agredidos brutalmente pelo seu carcereiro, enquanto o médico alemão lhe faz a sutura no supercílio. Não é sem motivo o plano de detalhe do manete a mover-se no prólogo dentro da cabine do piloto ou o da chave na mão da moça para facilitar a entrada do namorado em casa. O elemento erótico, parte integrante da vida de todos nós – Eros & Tânatos – é colocado sem apelações ou exageros, com cena marcante de exclusão sexual, quando um dos personagens vê a paixão de sua vida nos braços do melhor amigo e protetor. As lentes de Sverák nos remetem necessariamente a um momento semelhante àquele admirável *O Jardim dos Finzi-Contini* (1971), de Vittorio de Sica, a nosso ver um dos 40 melhores do século XX.

Há rimas visuais ricas, como na referência à pequena carreta improvisada para levar os "prisioneiros" ao cemitério (daquela prisão checa mantida pela ditadura só se saía assim), enquanto na Inglaterra se vê o enterro formal do piloto checo ferido gravemente em combate. Há um corte preciso e eficaz para um *plongée*, depois da cena tensa de desculpas pedidas pelo oficial superior: enquadra-se a ampla sala do cassino dos oficiais, quase vazia, dois homens ao piano,  ouvindo-se à distância a melodia tantas vezes repetida; as desculpas não foram aceitas, o terceiro sai apressado, quebrara-se a amizade de tantos verões. Os laços foram depois reatados simbolicamente em cena de invulgar heroísmo em mar alto, pois quem agora aceita as desculpas não voltará mais... Estamos diante de um cineasta com pleno domínio do seu *métier*.

A fotografia em cores traz a assinatura de Vladimir Smutn, um dos *cinematographers* da hierarquia de um Vittorio Storaro ou Sven Nykvist, responsável em parte pelo êxito de *Tio Cyrillo Invisível*, de Jiri Svoboda. Em comentário neste DN (2/dez/89), consideramo-lo o melhor filme do FestRio de Fortaleza naquele ano, opinião compartilhada por Walter Hugo Khouri em conversa com Ricardo Cravo Albim e o cineasta colombiano Jorge Triana (membro do júri), para quem o universo dos loucos é mais coerente em relação ao dos chamados "normais"... É de incrível precisão o trabalho de Smutn na captação do azul do céu e dos caças em formação de combate, na oposição da cor branca do pára-quedas do piloto ejetado com as águas escuras do Canal da Mancha, as nuvens algodoadas parecendo assumir formas estranhas com o pôr-do-sol no *background*, tudo em harmoniosa combinação, e de repente o contraste com os interiores do cárcere imundo e malfazejo. Sua iluminação dos interiores pinta forte a intimidade dos amantes, assim como o fogo dos bombardeios ou o amarelo do bote inflável estourando em pleno mar agitado.



Os efeitos sonoros não poderiam estar mais bem ajustados aos lances das imagens em movimento, ao barulho das hélices, ao ronco dos motores, às balas das metralhadoras captadas pelo visor do piloto. Tanto a música incidental como a melodia constitutiva de um *leitmotif* para o jovem Karel – pois ele a quer repetida *ad nauseum* – têm conjugação digna de nota.

A interpretação de todo o elenco, e não somente dos dois protagonistas Odrej Vetch (Franta Stama) e Krystol Hádek (Karel Vojtisek), denota a maturidade dos atores checos e a competência de quem soube conduzi-los ao porto seguro da credibilidade. Não lhes ficam atrás, mesmo em papéis menores, os ingleses Tara Fitzgerald (Susan) e Charles Dance (o coronel instrutor), este o intérprete seguro de quem nos recordamos em *Incontrolável Paixão* (*White Mischief*), de Michael Radford (1987), para ficarmos só num título. O médico alemão e o oficial invasor da base aérea militar checoslovaca, a quem não conseguimos identificar nos créditos, marcam presença em momentos significativos.

Por tudo isto, e mais alguma coisa deixada para o cinéfilo admirar, *Num Céu Azul Escuro* merece ser visto e revisto.

## Eastwood disseca a onipresença do mal

*Mystic River / Sobre Meninos e Lobos* (títulos original e adaptado, sugestivos do sentido metafórico mais profundo da tragédia), 24° filme de Clint Eastwood como diretor cinematográfico, confirma sua condição de cineasta de primeira plana na constelação de realizadores contemporâneos. Como bem escreveu Jorge Colli, historiador de arte, Eastwood nos lega com este filme uma poesia sombria, portadora de meditações sem saída. Para ele, existe realmente um rio com este nome "pelo qual tudo passa e se esvai, a sugerir transcendência e mistérios metafísicos". Para A.O. Scott, crítico do *New York Times*, esta realização de Eastwood é um raro filme americano a desejar e atingir o peso e o tom sombrio da verdadeira tragédia.



Em entrevista relativamente recente, Eastwood ressaltou ter aprendido a fazer cinema diante das câmaras e por trás delas com dois mestres de peso: Don Siegel (com quem fez vários filmes, um deles o ótimo *The Beguiled/O Estranho que Nós Amamos*) e Sérgio Leone (a quem deve sua projeção como ator em filmes de faroeste do cineasta italiano, depreciativa e equivocadamente chamados de "Western spaghetti").

Sucesso de vendas nos EUA, o livro de Dennis Lehane, *Mystic River,* pelo qual se interessou Eastwood, foi levado ao *écran* com a maior fidelidade possível ao texto, subordinado, naturalmente, ao poder das imagens em movimento. Estas falam por si sós e são capazes de causar forte impacto no espectador pelo seu realismo intrínseco, enriquecido pelas sugestões de caráter shakespeariano e freudiano contidas na história de três garotos (um dos quais vítima de estupro), os quais se reencontram como adultos em razão do assassinato da filha de um deles. Eastwood parte da trama cediça de mistério e identificação do assassino para redimensionar o tema recorrente em seus filmes: a legitimidade ou não da violência num mundo terrivelmente injusto, na esteira do pensamento de Ortega y Gasset, do "eu-sou-eu-e-minhas-circunstâncias", bem como o subtema da persistência do mal e da impunidade. Recorde-se quando, numa das imagens finais mais significativas, o policial vivido por Kevin Bacon faz um gesto com a mão, semelhando uma arma apontada para o assassino: morre um inocente mas aquele sairá impune. Basta esse signo para mostrar como ambos – tema e subtema – têm em *Mystic River* enfoque cinematográfico contundente.



Não cabe, é claro, ao analista desnudar o enredo de um filme, mas atuar como mediador entre a realização e o espectador, indicando-lhe o quanto o realizador pretendeu dizer e a forma como o fez através do seu veículo específico. Na transposição do original para o cinema, Eastwood se mostra senhor não só do suporte técnico à sua disposição, mas dos significantes inseridos ao longo do filme, a começar pela minisseqüência antológica dos três jovens a praticarem o *hockey* em plena rua, quase deserta, com as bolas caindo no bueiro, de resto todas as bolas do jogo da vida... É a metáfora da inutilidade dos valores e/ou dos empreendimentos humanos, tudo acabará mesmo desaparecendo num bueiro, dele emergirão apenas os medos, as frustrações, os traumas e a dinâmica do recalque. O seqüestro de um dos garotos por pedófilos (veja-se o detalhe do anel no dedo de um deles, com o crucifixo de padre), após a travessura de escreverem seus nomes no cimento fresco, se transforma num evento de horror inesquecível para o qual contribui o desespero de uma súplica.



Do salto para a vida adulta dos três amigos, passa-se para o desaparecimento da jovem, daí para a suspeita de crime e as ações no bosque (vistas em parte pela câmara panorâmica ultra-rápida e giratória, o chamado chicote) até a descoberta do cadáver e o jogo de sombras nos interiores mal iluminados, onde tudo parece desenrolar-se no entardecer e na noite espectral. Há personagens enquadrados pelas costas, *close-ups* reveladores, hábeis composições de silhuetas no retângulo, utilização de planos brancos para assinalar a mudança de tempo. A simultaneidade dos cortes interrompe os diálogos entre personagens em espaços diferenciados, os deslocamentos da *steadicam* em compartimentos exíguos nos remetem às lições de Kubrick com esse recurso técnico, enquanto pequenos insertos servem para conectar detalhes relevantes entre cenas. E para maior percepção do real via imagens em movimento, Eastwood não usa efeitos especiais, tampouco o computador, a linguagem de videoclipe ou a trepidação de câmara. Os primeiros planos também não são escolhidos apenas para preencher os enquadramentos mas, sim, para atender a critérios de ordem dramática. Tudo isso e algo mais a ser percebido pelo cinéfilo atento demonstram de forma cabal a maturidade técnico-artística à qual chegou Eastwood. Afinal são 32 anos dirigindo filmes, de 1971 a esta parte, deles excluída sua experiência prévia como ator e produtor.



A ironia trágica do desfecho, culminando com a parada militar (nada a ver com os eventos narrados pelo filme), contém a sugestão segundo a qual tudo prossegue no mesmo diapasão, como numa marcha: o mundo continuará como é e não como desejaríamos fosse, mas profundamente injusto e sem sentido: o mal é inerente à natureza do homem.

Trabalhada por filtros especiais, as cores de Tom Stern (consultor de iluminação da *Malpaso* desde 1968, técnico, eletricista-chefe e depois diretor de fotografia em filmes de Eastwood, como *Divida de Sangue / Blood Work*) semelham um p&b enriquecido e contribuem para criar uma atmosfera quase sempre noturnal, às vezes a confundir-se com a própria treva. Tal como Bruce Surtees, outro dos *cinematographers* preferidos do cineasta, Stem soube iluminar criativamente os ambientes fechados e as cenas em campo aberto, algumas delas sugestivas dos quadros de uma exposição em trânsito.



A trilha sonora traz, surpreendentemente, a assinatura de Eastwood, ele mesmo cultor de *jazz* (traçou no piano alguns acordes *jazzísticos* em *In the Line of Fire/Na Linha de Fogo*, de Wolfgang Petersen, em 1993) e de clássicos da música dos séculos XIX e XX. No filme sob comentário, Eastwood se mostra bem atento à funcionalidade dos ruídos e do contraponto de choros, exaltações, silêncios e tempos mortos.

O trio de intérpretes centrais – Sean Penn, Tim Robbins e Kevin Bacon – parece travar um duelo de interpretações quando contracena entre si ou interage com outros personagens. A representação realística é encomiável e nela os diálogos fluem com rara espontaneidade. Difícil verificar como reagiria na realidade um pai diante da filha morta – e nisso Penn tem seus melhores momentos. Bacon, mais discreto, compõe bem o policial investigador, enquanto Robbins consegue transmitir o tom exato de estranhamento e/ou alienação do personagem – espécie de *underacting* ou "sub-atuação", como se seu rosto, falas e expressões fisionômicas não conseguissem esconder a tragédia de sua pré-adolescência: fui marcado para sempre, não vivo, simplesmente vegeto. Sua máscara diante da morte, com iluminação em *low key*, causa um pavor difícil de esquecer. Igualmente convincente está o elenco de apoio, particularmente Laura Linney (a mulher de Penn) e Marcia Gay Gardner (a mulher de Robbins), bem como os anônimos meninos partícipes das cenas iniciais.



Em sua cosmovisão, Eastwood quis ressaltar a incompreensível presença do mal (para ele não há explicação plausível para o massacre de inocentes) e seu posicionamento ante à injustiça e à falta de sentido da vida. Em dado instante de sua diegese, como terá percebido o cinéfilo atento, Eastwood desloca a câmara fazendo-a girar para o alto, simbolicamente, como se em busca de uma resposta. Esta não virá, simplesmente porque não há resposta para a angústia existencial da qual nos fala Franz Kafka – esse profeta do desespero, como o denominou duma feita, diante do seu túmulo em Praga, o poeta Augusto Frederico Schmidt. Não percebemos nenhum moralismo em Eastwood. O cineasta simplesmente não perdeu sua capacidade de refletir e de indignar-se com a realidade do nosso dia-a-dia cada vez mais inseguro, assustador e violento. Tal como no pronunciamento de desespero feito por *Macbeth* (ato V, cena V) na peça homônima de Shakespeare, Eastwood bem poderia estar dizendo a mesma coisa: "A vida não é senão uma sombra que passa, um pobre intérprete que sofre sua hora no palco e depois não é mais ouvido: é um conto narrado por um idiota, pleno de som e fúria, significando nada".



Para concluir, fazemos nossas as palavras do crítico da *Época*, o qual, num primor de síntese, vê o ceticismo de Eastwood como "a consciência da inutilidade dos seus valores. Não há sentido em nada. O mal está à espreita e é de difícil identificação. O indesejável não é enfrentado mas deixado no fundo do rio, como se não fosse ressuscitar. Eastwood mostra como a incapacidade de lidar com as sombras alimenta o ciclo da violência".

Em suma, consideramos *Mystic River* um dos melhores do ano (ao lado de *O Pianista*, *Invasões Bárbaras*, *Num Céu Azul Escuro*, *A Última Noite*, *As Horas*, *Domingo Sangrento*, *O Homem que Copiava* e *Tiros em Columbine*), senão o melhor. Recomendamo-lo, decididamente.

## *Capote*: zonas de sombra rondam assassinos

Truman *Capote* (1924-84), jornalista e escritor de boa cepa, nasceu em Nova Orleãs e não em Nova Iorque, como por *lapsus memoriae* afirmou o cinéfilo carioca Manuel Villela. Em verdade, Capote só foi para Manhattan em 1942, aos 18 anos, quando conseguiu seu primeiro emprego como redator da The *New Yorker*. Embora tenha submetido ao editor várias histórias suas, nenhuma delas foi aceita para publicação na prestigiosa revista. Furão, cavador, boa conversa, Capote acabou conseguindo publicar *Miriam*, conto com o qual ganhou em 1946 o cobiçado Prêmio O. Henry. Tal distinção levou-o a um contrato com a editora e em 1948 veio a lume sua primeira novela, *Outra Vozes, Outros Quartos*, seguindo-se-lhe *Árvore da Noite e Outras Histórias* (1949) e *A Harpa da Grama* (1951). *Ouvem-se as Musas* (1956) relata sua turnê pela Rússia Soviética, patrocinada pela companhia americana responsável pela encenação de *Porgy & Bess*.



Parágrafo à parte, *Bonequinha de Luxo* (*Breakfast at Tiffany's*, 1958), marca o retorno auspicioso de *Capote* a Manhattan, comédia da vida levada ao cinema por Blake Edwards (1962) com Audrey Hepburn no papel de Holly Golightly, volúvel garota de programa, ligeiramente excêntrica, mas capaz de ocultar da família e dos amigos como se mantinha. A versão assexuada na qual se tornou o filme de Edwards se deveu à míope autocensura. Henry Mancini ganhou um Oscar com *Moonriver*, cantada de improviso pela sedutora Audrey. Mas as raízes de Holly estão em *Am a Câmera*, de Christopher Wood, dirigida por Henry Cornelius (1955), com Julie Harris no papel central. A história se passa em Berlim nos anos 30 e enfoca a relação platônica de um escritor com jovem inglesa amoral e inconseqüente. Daí nasceu *Cabaret*, de Bob Fosse (1972), com Liza Minelli em grande forma. *Música para Camaleões* (1981) foi o último trabalho de *Capote*, recentemente traduzido, no qual analisa seu processo de criação como escritor. Faleceu vítima de cirrose hepática, três anos depois, a tanto o levou o alcoolismo crônico.



*Capote* consagrou-se, contudo, com *A Sangue Frio* (*In Cold Blood*, 1967), quando praticamente criou o romance de não-ficção, no qual estuda as motivações de dois assassinos jovens. Ou seja, o escritor parte de uma história real e lhe dá a forma de um romance policial. A esta altura cabe breve comparação com *A Sangue Frio*, de Richard Brooks (1967), com o qual o filme de Bennet Miller tem afinidades. É como se Brooks tivesse inspirado o diretor estreante e lhe houvesse indicado o caminho das águas. *A Sangue Frio* é inegavelmente superior a Capote, apesar de sua narrativa um tanto complicada e da violência intrínseca. Não só pela direção firme de Brooks ou porque rodado nas locações dos eventos, mas devido à abrangência do seu roteiro, enquanto o de Dan Futterman para Capote sofre de laconismo. Brooks incluiu cenas anteriores ao crime, a fuga dos assassinos para o México, o retorno imprudente para os EUA, quando são presos e condenados à pena capital, e o enfoque acentuadamente freudiano, sugestivo da atração homoerótica de Perry (Robert Blake) por Dick (Scott Wilson). Brooks, recorde-se, foi indicado para o Oscar de Melhor Roteiro e Direção.



Homossexual assumido, *Capote* se envolveu de tal maneira com os dois a ponto de acompanhar todo o processo e os adiamentos da execução. Tornou-se amigo de ambos mas deixa entrever uma paixão recôndita por Perry. Quando sua amiga Nelle Harper Lee pergunta se ele está realmente apaixonado por Perry, a resposta "Ele é uma mina de ouro" dissipa qualquer dúvida do espectador. Nessa contenção dos sentimentos ou na impossibilidade de concretizá-los, o ator Hoffman vivencia as máscaras do próprio *Capote*. Houve quem criticasse sua voz melíflua e gestos repetidos e exagerados (duma feita conta piadas e aponta para seu traseiro), pois Capote não era bem assim, como alguns depreenderam da leitura de depoimentos de quem conheceu Capote em sua época áurea. Ora, o cinema é uma reinterpretação da realidade: Hoffman não é Capote, foi a forma escolhida por ele, ou pelo diretor, para encarnar o personagem.

Como cinema, cabe destacar a recriação do ambiente sombrio da prisão, o espaço restrito das celas, o lento caminhar das visitas pelos corredores frios, a iluminação dos interiores a cargo de Alan Kimmel, aos quais se soma a música de Mychael Dana, o corte seco para o apartamento luxuoso em Manhattan, onde a verve de Capote e o senso de humor carregado de ironia têm sempre ouvintes cativos. O homicídio da família é mostrado de início enquanto se ouvem os estampidos dos tiros na noite, mas só se vêem os mortos pelos *flashes* fotográficos do passado. Próximo ao final, as cenas chocantes do massacre de inocentes surgem, tal como ocorreram, mediante o salto-para-trás (ou analepse, inserto ou breve *flashforward*), vendo-se logo o impacto da brusca queda do corpo com a corda no pescoço, morte violenta (terá o Estado o direito de matar?) à qual Capote não quis assistir, *et pour cause*...

Apesar dos senões, Miller não se sai mal, até mesmo porque o foco é Capote e não os criminosos. Bruce Greenwood faz o amante de Capote e Catherine Keener é Nelle Harper Lee, sua amiga e secretária. A ver, principalmente por Hoffman.

## *Lolita* segundo Kubrick

A literatura é mensagem verbal e, ou, obra de arte. A palavra é o elemento fundamental dessa forma de arte. Se o veículo da literatura é a palavra, o do cinema é o complexo imagem + som + movimento. Já se tentou até mesmo estabelecer uma estrutura de correspondências para melhor entendimento das diferenças. Assim, a palavra teria equivalente no plano (*shot*, em inglês), ou seja, uma tomada única e contínua feita pela câmara cinematográfica sem qualquer interrupção, falha ou desvio. Chamado de "unidade básica da linguagem do filme", o plano pode variar de um único fotograma tirado de uma posição fixa a um cenário envolvendo complexo movimento de câmara para captar um ou mais personagens ou objetos de um *décor*. A frase equivaleria à cena, as orações e períodos às cenas interligadas, o parágrafo ao plano seqüência, o capítulo à seqüência. Uma imagem vale mil palavras, diz uma velha máxima. No filme *Lolita*, bastou uma cena inicial para trazer todo o significado das relações entre dois personagens: o professor pinta as unhas do pé da ninfeta. Quantas palavras seriam necessárias para dizer tudo quanto a imagem sugere? Foram feitas aliás várias tomadas dessa cena (concepção visual do seu diretor, o saudoso mestre Stanley Kubrick, e louvada pelo próprio

Nabokov), mas na projeção do filme só vimos o plano julgado perfeito pelo cineasta, acrescido de leve movimento da câmara para identificar de quem é aquele pé. Quem viu o filme e conhece o livro deve ter percebido quantas soluções com a imagem foram dadas ao longo dos seus 150 minutos de projeção.

Bons livros muitas vezes dão maus filmes e maus livros às vezes resultam em filmes de primeira linha. De qualquer modo, antes de julgar um filme ou roteiro adaptado o espectador de cinema deve fazer comparações (caso tenha lido o livro) e examinar o grau de dificuldades encontrado por quem transpôs a obra literária para o *écran*. 
Seria equívoco querer minimizar o valor de um bom texto porque o filme pareceu melhor ou, o contrário, criticar a obra cinematográfica porque o livro tem qualidades não-absorvidas pela versão fílmica. Como tantas vezes dito e repetido, os veículos transmissores do pensamento do autor ou das idéias contidas em cada uma dessas duas manifestações artísticas são diferentes e o modo de mensurá-los também.

Se os diálogos no cinema provêm da literatura, a interpretação, do teatro, a música, das composições criadas por artistas e instrumentos, os efeitos sonoros, das técnicas e aparelhos para captação e reprodução, "onde está o cinema?", perguntou um entrevistador ao cineasta de *2001, Uma Odisséia no Espaço*. Respondeu-lhe Kubrick: "Na montagem, cinema é fundamentalmente montagem, edição, corte ou como você quiser chamá-la. E guarde para você esta definição bem simples ouvida do amigo e cineasta Alexander Singer, e da qual não me esqueci desde quando me iniciei nos curtas-metragens: é a operação técnico-estética capaz de conferir ritmo e continuidade à narrativa cinematográfica". Podemos acrescentar o conceito de Orson Welles: "A montagem constitui o instrumento privilegiado da força criadora do autor – o infalível detentor do seu pensamento e de sua personalidade".



## Quem escreveu Lolita para o cinema?

O primeiro *script* foi elaborado por Kubrick e remetido a Nabokov para apreciação. O autor do romance não concordou com o *approach* e decidiu ele mesmo fazer a adaptação de sua obra para o cinema. Quando o roteiro foi devolvido, tanto o produtor James Harris como Kubrick verificaram a impossibilidade de levá-lo à tela: havia texto para sete horas de filme! O roteiro voltou às mãos de Nabokov com uma série de recomendações, pois os créditos do roteiro adaptado iriam todos para ele. Não havia interesse em impor nada a Nabokov e à sua vaidade.

Quando o trabalho foi devolvido, Kubrick ainda fez uns ajustes e eliminou algumas cenas supérfluas para tornar a transposição mais cinemática. O roteiro técnico (*shooting script*), com indicações de planos fixos e móveis, movimentos de câmara, transições, *raccords*, iluminação (o fotógrafo foi o experimentado Oswald Morris, mas Kubrick, também *cinematographer* de peso, fez algumas alterações no jogo de luzes e nos tipos de lentes usadas, motivo pelo qual Morris disse não mais trabalhar com Kubrick daí em diante) e trilha sonora.

Capítulo à parte mereceriam as dificuldades de adaptação, mormente em relação às imposições da censura e das ligas da decência nos EUA. Basta lembrar este fato: o processo para tirar *Lolita* das garras da censura começou em 1958, quando Harris e Kubrick pensaram em comprar os direitos autorais do romance proibido. O filme só se tornou realidade em 1962. Não admira ter Kubrick se decidido a mudar-se para a Inglaterra para preservar sua liberdade criativa e o controle essencial de seus métodos de trabalho.



Seus confrontos com o sistema dos estúdios provaram ser desastrosos desde *Spartacus*. Muito mais poderíamos acrescentar sobre o filme baseado na obra do autor russo. Cremos suficientes estas notas redigidas para informação dos leitores.

## Intolerância e estupidez da guerra em *O Pianista*, de Roman Polanski

O renomado *cinematographer* William Fraker, diretor fotográfico de filmes como *O Bebê de Rosemary*, de R. Polanski (1968), *1941*, de S. Spielberg (1979), *Jogos de Guerra*, de J. Badham (1983), com indicação para o Oscar por *A Procura de Mr. Goodbar*, de R. Brooks (1977), também realizador bissexto de *Um Homem Difícil de Matar* (1972) e *A Imagem do Medo* (1981), em entrevista recente à TV Classics afirmou ser Roman Polanski o maior cineasta vivo. Produtores como Robert Evans e Alain Sarde também o consideram assim. É bem possível, estejam certos, embora não pareça fácil apontar o melhor entre os melhores, quando nos lembramos de Ingmar Bergman e Alain Resnais, ainda vivos e aptos, e de outros bons cineastas de vários países, em plena atividade.



De qualquer modo, sirvam estas palavras iniciais para situar o espectador frente ao responsável direto por este filme exponencial. Financiado em parte pelo próprio Polanski e pelos franceses Alain Sarde (v. *Cidade dos Sonhos*) e Robert Benmussa, com o apoio do Canal + e do Studio Canal, bem assim por poloneses, ingleses e alemães (custo total de 35 milhões de dólares, segundo os boletins de divulgação), *O Pianista* não é apenas uma aula de cinema em pouco mais de duas horas, mas um compêndio sobre a arte da montagem, capaz de fazer inveja a Karel Reisz, também cineasta e autor de livro sobre o assunto. Assim como o genial Orson Welles, Polanski não reconhece um filme como seu, se não puder influir diretamente na montagem. *O Pianista* não foge à regra, como disse em debate recente em Cannes.

Não admira seja este o melhor semidocumentário sobre o holocausto feito até hoje. Seu ponto de apoio é o livro de memórias de Wladyslaw Szpilman (1911-2000), artista judeu, virtuose do piano em Varsóvia, o qual consegue sobreviver graças a alguns acasos ou coincidências favoráveis, acrescido de pequenos enxertos da terrível experiência vivida por Polanski, então com seis anos em 1939.



Ao ver e rever *O Pianista* e ler sobre as dificuldades técnicas e de produção para concretizar um filme desse quilate, cresce nossa admiração pelo cineasta. Reunir dezenas de técnicos e artistas, uns 2 mil figurantes, fazendo-os atuar como peças de equipe plenamente integrada, com várias semanas de filmagem em Varsóvia (mas não no antigo local do gueto, pois Polanski não queria reviver eventos já sepultados de sua vida, cf. entrevista à revista *Bravo*, de fev., nº 65) e em Babelsberg, na Alemanha – é tarefa para um grande maestro.

A reconstrução cinematográfica dos locais por onde passou Szpilman levou alguns cinéfilos a indagar do realismo no cinema. Em verdade, como nos lembra o autor espanhol Luis Espinal, a realidade não é igual às imagens visualizadas e estas, por sua vez, não são iguais às imagens da percepção. Assistindo a um filme, não temos a totalidade perceptiva, pois as imagens da tela não coincidem com a imagem da nossa percepção fisiológica. Ou seja, entre as imagens do *écran* e a realidade estão todos os truques, todas as falsificações do veículo cinematográfico, o qual nos dá somente uma imagem da realidade. E de acordo com as lições de V. Pudovkin e R. May, quem faz do cinema uma forma de arte é a maneira pela qual os eventos da realidade são mostrados na tela. Pois os eventos de uma narrativa cinematográfica, literária ou teatral, são apenas representações de eventos e não os próprios eventos. Posto isto, pode-se entender melhor o sentido de "realismo cinematográfico".



O *screenplay* é de Ronald Harwood, sul-africano treinado na Real Academia de Arte de Londres. Como trabalhou anteriormente na função de camareiro do ator shakespeareano Donald Wolfit, Harwood transformou essa experiência numa peça de sucesso, levada depois ao cinema como *O Fiel Camareiro* (*The Dresser*), de Peter Yates, em 1983.

Polanski diz ter trabalhado intensamente com Harwood no roteiro, numa casa próximo de Paris, para ele uma temporada enriquecedora, pois era antigo sonho seu filmar o holocausto polonês. Como sabemos, embora nascido em Paris e com dupla nacionalidade, a tragédia de sua mãe (o pai conseguiu salvar-se milagrosamente) e irmãs era um pesadelo constante e as memórias de Szpilman vieram ao encontro dessa aspiração.

O personagem central, esclareça-se, não é um covarde incapaz de pegar em armas para unir-se à resistência inútil do gueto em 1943, como afirmaram erroneamente críticos apressados. Szpilman queria ajudar e arriscou-se a jogar pistolas contrabandeadas para dentro do gueto, depois de ocultá-las. Mas ele é, antes de tudo, o artista em meio a uma guerra estúpida, como todas o são, e ao massacre do seu povo pelos nazistas, os quais contaram com policiais judeus e a colaboração de poloneses anti-semitas. Sem vocação guerreira e sob condições adversas, após perder toda a família, sem recursos, faminto, Szpilman viu na fuga o único caminho para a sobrevivência, mesmo vivendo como um rato acossado em exíguos espaços de prédios semidestruídos.

Polanski decidiu narrar essa tragédia seguindo os elementos essenciais da narrativa cinematográfica, o chamado *pentad* de Alton C. Morris *et al.*: ordem, foco, tensão, movimento e coerência interna. Ordem porque toda narrativa se desenvolve numa seqüência de tempo; foco (ou ponto de concentração) porque um personagem ou evento a ele ligado deve sobressair para a atenção do espectador ("A câmara guia o teu olho", B. Balacz); o foco governa a seleção dos eventos; na maior parte das narrativas o ponto-de-vista determina o foco; tensão é o grau de envolvimento do espectador, estabelecido de início via situação conflitiva entre forças antagônicas e mantido até o clímax; movimento se refere ao ritmo com o qual a seqüência de incidentes conectados abre caminho rumo ao seu fim predeterminado; e coerência interna (ou credibilidade), a "suspensão da descrença" ou a ilusão da realidade – uma verdade "artística" de alguma intensidade.



Quanto à ordem, Polanski preferiu a linear, direta, sem retrospecto total ou interrompido, sem narrador em *off* e sem ruptura da unidade espácio-temporal. Evitou a forma de inversão total dos eventos levada a efeito no confuso *Amnésia*, de Christopher Nolan , ou o quebra-cabeças de David Lynch (*Cidade dos Sonhos*) e Brian de Palma (*Femme Fatale*), a exigir do espectador pelo menos duas visões e muita atenção nas pistas deixadas ao longo do filme, com inserções aparentemente sem sentido e uma lógica onírica. Polanski não foi esquemático: apenas optou por uma linha de comunicação direta, convicto de ser essa a forma mais adequada para narrar a tragédia de Szpilman.

Tampouco RP buscou virtuosismos, abuso de *zooms* ou de primeiros planos, fusões e excesso de cortes. Preferiu as elipses justificadas pela necessidade de sintetizar a invasão da Polônia em 1939, a criação do gueto e a revolta em 1943, com o conseqüente massacre dos judeus e até a derrocada do nazismo em 1945.



RP também fugiu de qualquer maniqueísmo. Há nazistas bárbaros como há poloneses colaboracionistas, judeus integrantes da polícia e algozes de seus irmãos de crença, mas há igualmente o oficial alemão, capitão do exército, homem de sensibilidade (recorde-se a foto familiar com a mulher e os três filhos sobre sua mesa de despachos) e sentido humanitário.

Quanto ao levante do gueto, RP não entra na polêmica sobre a omissão dos aliados em ajudar militarmente os revoltosos: esquadrões baseados na Inglaterra com pilotos poloneses bem poderiam ter levantado vôo para bombardear as tropas alemãs incumbidas de arrasar o gueto e não fazer prisioneiros. Ignora-se até hoje o motivo pelo qual ingleses e americanos não ajudaram os judeus. No tocante a poder cortar 10 ou 20 min do filme para reduzir o tempo de projeção, Polanski respondeu: "Também poderia ter acrescentado mais 10, 15 ou 100 min... Trabalhei com elipses, planos negros e recursos gráficos para marcar a marcha inexorável do tempo. Não preciso mostrar os campos de extermínio e os fornos crematórios. Entendi suficiente a duração do filme, tal como está".



A direção cinematográfica de Polanski é impecável de ponta a ponta, de resto como em todos os seus filmes, mesmo quando sobreveio insucesso financeiro, em razão de alterações impostas por produtores vesgos ou sabichões, caso de *Os Piratas*, *Busca Frenética* e *O Último Portal*.

Há momentos contundentes e significativos: o encontro de Szpilman com a jovem Dorota em plena rua, pois não podem entrar num restaurante nem sentar nos bancos da praça; a dramática venda do piano por uma bagatela; a imagem claustrofóbica do extenso muro de tijolos para fechar o gueto; o judeu paralítico sendo arremessado com sua cadeira do alto do 5º andar; a dança ordenada por mentes doentias, reunindo "casais" dessemelhantes e tragicômicos;

a marcha pela ponte de madeira captada pela câmara baixa, logo retomada pela "*steadicam*", enquanto cresce a tensão com o reencontro da família de Szpilman e se ouve o lamento de uma mãe arrependida de haver sufocado o filho para ocultar-se da polícia; o menino tentando pela pequena abertura do muro, para logo desfalecer; a matança estúpida dos oito judeus deitados no chão com um tiro de *Luger* na cabeça, vendo-se a angústia estampada no rosto de quem sobreviveu momentaneamente, enquanto o verdugo nazista recarrega a pistola para o derradeiro tiro e se vê no chão, a cápsula recém-deflagrada; a travessia para os trens da morte; o calvário de Szpilman pelas ruas mal iluminadas ou quando bebe a água podre de um recipiente do hospital abandonado.



O encontro de Szpilman com o capitão alemão, aquele executando uma peça antológica de Chopin (a Balada Nº 1, Opus 23) e este a ouvi-la, propicia um dos momentos mais belos de toda a cinematografia, não só pelo valor intrínseco da composição e do "*timing*", como pela tensão subjacente (dadas as circunstâncias, não sabemos como iria terminar a cena). Assim, música, tensão e expectativa se combinam de forma magistral para o efeito pretendido. Como bem disse Arnaldo Jabor no *Manhattan Connection*, Polanski parece ter feito o filme só para chegar àquele momento de suprema e estranha beleza.

A direção fotográfica a cargo de Pawel Edelman merece todos os louvores, como se tivesse encontrado, a exemplo do *Aimée & Jaguar*, de Max Farberbock, a fórmula ideal de combinar o p&b com cores de azul-cinza e matizes discretos, com contrastes do fogo dos lança-chamas e dos lança-rojões e das nuvens brancas de fumaça resultantes dos disparos de blindados em plena rua. Poucas vezes se viu tão perfeita reconstituição de parte da cidade de Varsóvia em tempos da ocupação nazista, com o gueto dentro do qual



milhares de judeus iam morrendo por inanição e doenças, quando não fuzilados, enquanto outros tentavam sobreviver à custa de qualquer coisa ou de um misto de passividade e conformismo, como se aceitassem estar pagando por algum crime do qual não têm a menor culpa. Diante de tanta barbárie um dos condenados chega a dizer: "Não acredito mais em Deus".

A paisagem estéril captada por Edelman não enseja meios-tons e os prédios na noite invernosa, dentro da qual caem incansáveis flocos de neve, quando por ela caminha Szpilman, próximo ao final, parecem cobrir-se de um azul-cinza fosco, úmido e grávido de maus presságios. O efeito fotográfico é simplesmente irretocável. Entrosamento perfeito entre cineasta e *cinematographer* pode ser visto tanto quando o velho judeu toma o prato de outra faminta e a comida cai no chão e ele vai degluti-la assim mesmo, como nos dois tiros com os quais morrem duas mulheres, uma porque pergunta para onde estavam sendo levados os judeus, a outra é baleada ao fugir, cai de bruços e assim permanece. Como denúncia da abominação nazista bastam estas duas mortes. *O Pianista* parece conter a advertência de William L. Shirer em seu "Ascensão e Queda do 3º Reich", citando George Santayana: "Aqueles que esquecem o passado estão condenados a revivê-lo". É como se alertasse os leitores: o nazismo não morreu, subsiste através de outras formas.



Irrepreensível também a condução dos atores e de todo o elenco de apoio, com destaque especial para Adrian Brody (como Szpilman), Frank Finlay (o pai), Maureen Lipman (a mãe), Camilla Fox (Dorota) e principalmente para Thomas Kretschmann (no capitão Wilm Hosenfeld), o qual em poucos minutos rouba as cenas falando o mínimo.

A música incidental de Wojcieh Kilar, acrescida dos efeitos sonoros pertinentes, se enriquece com as composições imortais de Chopin, Beethoven e Bach, notadamente no *grand finale* com a orquestra sinfônica em pleno teatro reaberto a uma platéia já distanciada daqueles tempos ominosos da 2ª Guerra.

Em suma, filme ganhador da Palma de Ouro em Cannes, do César na França, do Bafta na Inglaterra e do Goya na Espanha, bem mereceria o Oscar de melhor filme estrangeiro em Hollywood. Provavelmente não receberá, tantas as injustiças da Academia (bastando citar o caso de *Kane*, em 1941), mas *O Pianista* continuará sendo um dos grandes filmes sobre a estupidez da guerra e a desumanidade do homem, esse ser inviável em quem Freud viu conviverem ao mesmo tempo um anjo e um demônio ("Engel und Teufel").



A ver e rever, decididamente.

## O futuro sombrio do *Rollerball* de Jewison & Harrisone

*Rollerball, Os Gladiadores do Futuro*, de Norman Jewison, é presente régio para os cultores de cinema: encabeçou a nossa lista dos melhores de 1976. Nem poderia deixar de sê-lo. Revendo-o agora pela enésima vez, ainda o consideramos um dos filmes mais incisivos e perturbadores dos últimos anos, mormente se meditarmos mais um pouco em sua antevisão do futuro e na sua teia de significantes. *Rollerball* projetou o canadense Norman Jewison como diretor cinematográfico e revelou o talento de William Harrison, Professor de Literatura Americana na Universidade de Arkansas, a quem se deve o conto homônimo publicado em Esquire e o premiado *screenplay*, o qual viria consubstanciar visualmente *Rollerball*. A segunda versão de *Rollerball*, esclareça-se de pronto, é uma contrafação do original. Esqueçamo-la e não mais a mencionemos.



*Não há nenhum mundo novo e nobre pela frente* (*There is no brave new world ahead*), predisse Shakespeare pela boca de um dos seus personagens em *A Tempestade*. Quem observa com atenção o panorama político caótico do mundo de hoje, no qual sobressaem guerras fratricidas alimentadas pelo fanatismo religioso, guerras estúpidas com a matança de inocentes e destruição de monumentos históricos, o terrorismo, a fome, o darwinismo social, o horror econômico do qual nos fala a jornalista francesa Viviane Forrester em seu livro, e as nações poderosas subjugando as mais fracas pela força ou pelo poder financeiro – não pode mesmo esperar nenhum mundo nobre no futuro. Tudo pensado, impossível não dar razão a Millor Fernandes em sua Bíblia do Caos: "O homem é mesmo inviável".

*Rollerball* nos mostra a pseudo-utopia do futuro, sinistra, funesta: os problemas psicossociais estão praticamente resolvidos, não há fome nem miséria, mas o mundo é dominado por uma corporação, já não existem nações, as liberdades são consentidas ou vigiadas, nenhuma liderança individual pode sobressair. Nesse mundo sombrio, os senhores do baraço e do cutelo podem até tirar a mulher ou a amante de alguém e dá-la a um executivo da alta hierarquia dominante, trocando-a por outra, à escolha deles, como compensação. Não há, pelo menos aparentemente, conflitos de caráter sexual, o amor é livre, as pílulas estimulantes, tranqüilizantes, drogas leves, etc., estão à disposição de todos. Não existe oposição de nenhuma espécie e tudo é feito para aliviar as tensões das massas. Aí entra o *Rollerball* – esporte ultra violento, quase mortal, no qual as regras do jogo podem ser mudadas de acordo com as conveniências do sistema dominante – uma metáfora apavorante, de inegável atualidade, se conseguirmos ver os desdobramentos do futuro.

*Rollerball* – "O circo do futuro" ou "o jogo criado para demonstrar a inutilidade de qualquer esforço individual" ou "a resultante de um processo de alienação", como lembrou Harrison – comportaria comentário mais extenso, dada a abrangência dos temas e subtemas. Limitados ao espaço jornalístico, firmamos apenas isto: o filme de Jewison-Harrison – além da condenação explícita da violência e dos privilégios do aparelho burocrático totalitário do qual nos fala Kafka – corporifica "uma denúncia da tragédia capaz de reduzir o ser humano a um mero objeto – um número sem passado e sem futuro", fazendo nossas as palavras do crítico Valério Andrade.



Escusado discorrer sobre a proficiência do cineasta canadense na direção cinematográfica, seja na criação de um ritmo consentâneo com o *timing* de cada cena, seja nos deslocamentos de câmara e nas transições pelo corte seco. Do conflito inicial, pois o Sistema não vê com bons olhos o crescimento de uma liderança internacional e quer Jonathan E. fora do jogo (não há sobrenomes na utopia e não sem motivo), ao crescimento da tensão até o clímax no círculo da morte, Jewison conduz seu filme de forma exemplar. Basta lembrar toda a seqüência na festa noturna com a troca de olhares entre os casais daquela estranha fauna, onde a classe alta se diverte destruindo árvores com pistolas de fogo ou praticando o sexo sem compromisso. O encontro com Daphne, a substituta da cortesã com quem Jonathan E. já se entrosava, e o reencontro com a ex-mulher, permitido pelo sistema como "um toma- lá-dá-cá", tem uma marca cinematográfica digna de encômios, notadamente quando o personagem central apaga no circuito de TV toda a memória de tempos felizes com a companheira levada para os braços de outro. A mulher é vista como mero objeto.



A cinegrafia em cores do mestre Douglas Slocombe dispensa adjetivos, assim como a partitura musical com a qual Jewison abre e termina o filme – a Tocata e Fuga em Ré Menor de Bach. Valoriza-o também a inserção de trechos de Shostakovitch e do adágio de Albinoni – estes belíssimos nos encontros álgidos entre Jonathan e Ella (Maud Adams), reveladores de como até a chama do amor e do sexo pode extinguir-se pelo simples toque no controle remoto, nessa projeção pessimista, amarga e sombria do amanhã.

No elenco, John Houseman, ex-produtor de dias de glória da MGM (*Um Homem e Dez Destinos*, *Julius Caesar*, etc.), "a sombra por trás de Orson

Welles desde o Teatro Mercury", confirma suas qualidades de também ator consumado, já evidenciadas nos poucos minutos de sua presença em *3 Dias do Condor*, de Sydney Pollack. James Caan nos surpreende positivamente, Ralph Richardson é um show à parte nos poucos minutos de conversa sobre o megacomputador, Maud Evans compõe bem as cenas do reencontro com o marido, e o restante da troupe de apoio, com Alfred Thomas à frente, só merece elogios.

Um filme raro.

## Woody Allen deita cátedra em seu 35º filme

Co-produção Dreamworks/BBC/Thelma Productions, *Ponto Final* (*Match Point*, 2005) mereceu do cineasta estas palavras: "*Ponto Final* é o melhor dos meus filmes, pois creio terem sido certas todas as decisões tomadas por mim. Pude fazer tudo quanto precisava". Não é preciso assistir a ele três vezes para confirmarmos o alto nível qualitativo com o qual Woody cimenta o seu nome no panteão dos grandes artistas do cinema.



De resto, louvado no Internacional de Cannes e visto pela crítica estrangeira como obra-prima, *Ponto Final* bem poderia estar concorrendo ao Oscar de Melhor Filme, ao invés de sê-lo apenas ao de Melhor Roteiro Original, embora discordemos do critério de justapor categorias diferentes em julgamento. Quanto aos pontos de semelhança com a obra de Theodore Dreiser (1871-1945), levada à tela por George Stevens sob o título de *Um Lugar ao Sol* (1951), e com o seu *Crimes & Pecados* (1989), convém ouvir Woody: "O livro de Dreiser tem proposta diferente pois se baseia em fato real ocorrido nos EUA. Há semelhanças em nossas histórias porque ambos trabalhamos com uma idéia de mobilidade social e ambição. *Ponto Final* nasceu de uma idéia dramática. Não que eu tivesse um pensamento triste. Pensei em algo humano, como uma história sobre paixão e sorte. Em *Crimes & Pecados* escrevi duas histórias interligadas, uma cômica, outra trágica".

Woody desta feita abandonou Manhattan (cidade dos seus amores) para filmar em Londres com técnicos e atores ingleses (excluída apenas a americana Scarlet Johansson, para ele "grande atriz", também indicada ao Oscar) e não atua como intérprete nem incorpora suas idiossincrasias no protagonista. Também o faz em relação ao *cool jazz* das melodias dos seus filmes para valer-se agora de árias de óperas como *La Traviatta*, de Verdi, uma das quais semelha um réquiem.



Escrito e dirigido por Woody, *Ponto Final* segue a linha neoclássica, pois os filmes são rodados assim, em sua grande maioria. Em verdade, para o êxito artístico de um filme não é preciso suspender a continuidade da narrativa mediante a ruptura da unidade espácio-temporal e intermitentes avanços e recuos. Assim o fizeram magistralmente Welles em *Kane*, Sautet em *Les Choses de la Vie*, Kubrick em *O Grande Golpe* e Resnais em *Marienbad*, para citar apenas alguns. Pode-se também, é claro, e como tem ocorrido, obter ótimos resultados trabalhando com competência, como o faz Woody, as qualidades essenciais da narrativa: ordem (não importa qual, se direta, interrompida ou em retrospecto), foco, tensão (resultante do conflito), ritmo em direção ao clímax e coerência interna, como já lembramos aqui.

*Ponto Final* abre com voz *over*, enquanto se ouvem palavras sobre a sorte como elemento-chave nos imponderáveis da vida, tal como a bola de tênis arremessada para o campo adversário: se bate na rede e cai para o lado de lá, é vitória nossa; se cai para cá, nossa derrota. Não foi à toa a escolha do sintagma *Match Point* para dar nome ao filme. Chris Wilton (Jonathan Rhys-Meyers), jovem ambicioso, professor de tênis, torna-se amigo de aluno seu (Matthew Goode) e conhece Chloe (Emily Mortimer), irmã deste, mulher sem atrativos, mas de quem ele se aproxima para casar-se e trabalhar com executivo na empresa do sogro milionário (Brian Cox). Antes disso, Chris conhece Nola (Scarlet Johansson), a noiva do seu cunhado, e por ela se apaixona. Prestes a transformar-se em obsessão, a paixão fica contida, mas quando Nola e o namorado rompem os laços afetivos e ele se casa com outra, Chris reata o caso com ela. O reencontro dos amantes na galeria de arte enseja expressivos enquadramentos. A gravidez não desejada é o grande complicador e o filme caminha para a solução extrema.



O espaço não nos permite dar maior dimensão técnico-artística ao filme. Registramos apenas as mudanças via corte, quando a câmara baixa capta, no céu de verão, o "vôo" do prato utilizado no tiro ao galo silvestre; as cenas de sexo em plena chuva com os corpos se buscando num jardim florido e o encontro frenético dos dois no apartamento de Nola; a utilização do campo/contracampo (quem vê e quem é visto, quem fala e quem ouve), quando a sua relevância cresce pelo uso do espelho: enquanto Nola discute com Chris, vemo-la de costas para ele; na realidade eles estão de frente um para o outro. Também há inserção do patético-ridículo quando, na hora do café, Chloe põe o termômetro na boca e insiste com o marido para uma cópula matinal, época fértil para a gravidez por ela tão desejada e buscada, enquanto o pensamento de Chris está longe. A queda brusca da garrafa de vinho sobre a mesa intensifica a tensão subjacente e a imagem do livro de Dostoievski (*Crime e Castigo*) sugere a solução drástica encontrada por Chris. A ironia dramática se insinua quando o bebê finalmente nascido é apresentado aos tios e avós e todos se confraternizam. Enquanto isso, Chris remói sua dor íntima e conversa depois com seus fantasmas – ambas mortas, a amante e a vizinha – signo do remorso profundo a marcá-la por toda vida. Fique o espectador atento aos detalhes. Tudo isso é Cinema.

Muito mais em relação a alguns dos seus filmes, Woody não deixa os diálogos predominarem sobre as imagens, preferindo enriquecê-las com silêncios, gestos, olhares e ações, como nas cenas de voltagem erótica (Chris massageia calado as costas de Nola) e da devolução da arma para livrar-se dos cartuchos e das jóias comprometedoras, lançando-as ao rio. Louvem-se as belas imagens de Londres, as passagens de tempo marcadas pela neve e as flores desabrochando na primavera, bem assim a iluminação de interiores a cargo do *cinematographer* Remi Adefarasin. A construção fílmica de Woody é enriquecida por desempenhos de primeira ordem, máxime do duo principal. Basta lembrar o choro convulso de Chris no táxi e o show de Scarlet quando agride verbalmente o amante mentiroso. Palmas também para Emily Mortimer como Chloe e James Nesbitt como o detetive Banner, intérprete excepcional em *Domingo Sangrento*, de Peter Greengrass (2002).

Um filme para ver, rever e refletir. Decididamente.

## Denúncia contra as megacorporações e em favor da África

John Le Carré (1931), pseudônimo do inglês David John Moore Cornwell, tornou-se *best-seller* em razão de suas novelas de espionagem, bem escritas e plenas de suspense e realismo, inspiradas nos seus anos como funcionário do *Foreign Office* e no seu amplo conhecimento da engrenagem dos serviços de inteligência e da contra-espionagem internacional. Ex-aluno das universidades de Berne e Oxford, ex-instrutor, no Eton College, de Francês e Latim, idiomas nos quais é fluente, Le Carré decidiu largar o serviço público e devotar tempo integral para escrever, depois do sucesso de *O Espião que Veio do Frio* (*The Spy who Came In from the Cold,* 1963), levado ao cinema com título homônimo por Martin Ritt (1965). Publicou vários livros, como *The Looking-Glass of War* (1965), *A Small Town in Germany* (1968) e até algo diferente como *The Naive and Sentimental Lover* (1972). Seus romances sobre o submundo cinzento e dúplice dos serviços secretos, segundo lemos, têm sido considerados menos como "*thrillers*" e mais como documentação perceptiva e original do clima da Guerra Fria. Esfriada esta, Le Carré não perdeu a verve criadora: O Jardineiro Fiel (*The Constant Gardener*) é dessa nova vertente e visa a outros alvos.

Coube ao cineasta brasileiro Fernando Meirelles a direção da versão cinematográfica do livro de Carré. Formado em Arquitetura pela USP e com atuação na TV e no filme publicitário com o qual ganhou vários prêmios, Meirelles estreou no longa com *O Menino Maluquinho 2* (1999), seguindo-se-lhe *Domésticas*, do qual foi um dos três diretores (2001), e *Cidade de Deus* (2002). Embora superestimado, este filme já demonstrava a competência técnica de Meirelles no trato das escolhas necessárias para expressar-se e comunicar-se com o espectador. Aprimora-se agora ao trabalhar com tema caro ao mestre inglês, tendo como roteirista Jeffrey Caine e filmagens em Londres, Berlim, Winnipeg, Nairobi, no Quênia, e no Sudão.



A narrativa não-linear se faz em volta de uma investigação levada a cabo por funcionário do governo britânico, depois da morte brutal de sua mulher na África. Suas buscas levam-no aos meandros escabrosos dos grandes laboratórios, às cobaias humanas e aos assassinos profissionais. Estes parecem seguir um organograma: no fim de contas não se sabe quem deu a ordem fatal. De sua palestra feita no início do filme, quando conhece Tessa, ativista radical, já passamos para uma cena de sexo entre ela e o palestrante, logo a vemos na banheira, casada e grávida na

África. A compressão natural dos eventos envolve analepses e prolepses (insertos de *flashbacks* e *flashforwards*) e até voz *off* para antecipar a morte do personagem central, embora depois o vejamos vivo. Há recuos, avanços e repetições como nas idas à morgue, quebra-se a unidade espácio-temporal e se incluem recordações tornadas realidades em relação à mulher infiel. Em rigor, nada temos contra esses recursos, exceto quando deles se abusa, mormente de uns tempos para cá. Na realidade, não são indispensáveis nem originais; podem-se fazer filmes de alta qualidade sem eles. Muitos cineastas o conseguiram.



O personagem central é ético, não-violento, recusa a arma dada para proteger-se. O jardim por ele cultivado e a arte de fazê-lo parecem o signo de uma alienação do burocrata cumpridor de ordens e incapaz de perceber com quem anda sua mulher. Custa também a ver a conexão Threebees-Dypraxa-TB e AIDS, a distribuição do medicamento capaz de curar mas também de matar pelos efeitos colaterais. O êxito ou fracasso da droga pode render ou custar milhões de dólares. No contexto, o maior drama do nosso tempo: a África espoliada, faminta e explorada pelos megalaboratórios, vítima de sangrentos conflitos internos, como se viu em "*Hotel Ruanda*". Como o poder do dinheiro é avassalador, não vemos como possa haver solução humanitária para os deserdados da Terra, como bem denunciou Frantz Fanon, autor citado em nossa crítica sobre "*Hotel Ruanda*". Os laboratórios tentaculares retratados por Le Carré equivalem aos armamentistas e traficantes de drogas, pois a denúncia é tão mais contundente quando afeta diretamente a vida humana. O Ocidente rico caminha paralelo a um continente miserável, doente, faminto. Numa cena significativa, no campo de golfe, a câmara gira e faz um movimento para o alto (o *tilt*) para mostrar o contraste entre aquele ambiente e as favelas africanas. O mesmo ocorre quando a câmara corta para os trens luxuosos e velocíssimos de Londres, enquanto na África morrem milhares de fome, da barbárie ou do efeito colateral de drogas experimentais. Tudo é tão verossímil a ponto de pensarmos na existência mesma de comprimidos como o Dypraxa e na morte de cobaias humanas. Vivemos num mundo à deriva.



Meirelles sai-se bem em relação à manutenção do ritmo, como na caminhada do "jardineiro" para seu fim trágico sugerido pelas microcâmaras ocultas, avisos, telefones grampeados, invasão domiciliar, e pela rede de mentiras, tudo isso nos lembrando *A Trama* (*The Parallax View*), de Alan J. Pakula (1966), um dos melhores do gênero, indicativo de como qualquer máfia pode liquidar quem criar obstáculos aos seus interesses. L'argent toujours l'argent, como repetia Jean-Pierre Melville. Há critério na planificação, como na perseguição na estrada sob sol inclemente e poeira, nos planos de conjunto, na parada dos carros na ponta de um precipício, no raid de bandidos, na luta desesperada para levar a criança órfã no avião. Entendemos desnecessário o excesso de cortes, o uso do *chicote* e da câmara de mão trepidante, hábito do qual os cineastas de hoje não podem ou não querem livrar-se. Depois da *steadicam* de Garret Brown, desde os anos 70, nada justifica o treme-treme, mesmo se o diretor quiser dar idéia de estar filmando um documentário de guerra.



Cesar Charlone é fotógrafo capaz de criar preciosos efeitos de luz em cenas externas (recordem-se pássaros brancos e negros em inusitadas configurações de vôo) ou nos interiores, quando o marido vem a saber de pelo menos um caso de sua mulher. Igualmente, quando da utilização das telas de computadores como espelhos de cenas vistas antes. A música de Alberto Iglesias sugere às vezes um réquiem, enquanto a trilha sonora tem adequado somatório de ruídos, gritos, explosões e baques surdos. Os atores estão bem conduzidos, apenas Rachel Weisz nos pareceu menos à vontade e Ralph Fiennes bem melhor como o capitão nazista em *A Lista de Schindler* ou o misterioso homem desfigurado em *O Paciente Inglês*.

Como bem declarou Meirelles, "são as grandes corporações e os governos que determinam como serão nossas vidas ou que fazem as coisas acontecerem". Por isso mesmo, não custa repetir Aldous Huxley na esteira de Shakespeare: "Não há mundo novo e nobre pela frente".

Um filme para ver, rever e refletir.

## *Dogville*, de von Trier, e alguns reparos

Cinéfilos amigos têm-me solicitado um comentário sobre *Dogville*, de Lars von Trier. Tenho-me furtado a fazê-lo até agora, pois desde quando analiso filmes – e já se vão lá muitas décadas – prefiro ater-me somente àqueles pelos quais me entusiasmei ou, embora não os apreciando pelo tratamento, tema ou desfecho, àqueles nos quais enxerguei lições de cinema e sobre estas não poderia ficar indiferente.

Agora, após entrevista concedida à imprensa cearense em abril/2005 pela roteirista Elena Soarez, responsável pela boa adaptação de uma situação da vida real para o cinema, caso de *Eu, Tu, Eles*, de Andrucha Waddington (jovem cineasta admirador de Stanley Kubrick), sinto-me quase obrigado a atender àqueles leitores. Primeiro porque estranhei as afirmações segundo as quais *Menina de Ouro* é o menos ruim (?) dos filmes candidatos ao Oscar, por isso mesmo não foi ao *O Aviador*. Ambos, no entanto, seja o de Eastwood e o de Scorsese, foram louvados por muitos críticos e fizeram jus aos *Golden Awards* de 2004.



Também não vejo complacência (?) nas atuações de Eastwood e Freeman e, sim, correção plena e espontaneidade nas reações fisionômicas e nas falas, respectivamente de um treinador envelhecido, com dúvidas metafísicas e cordas vocais desgastadas, e um "*boxeur*" negro aposentado, cego de um olho, e desencantado com suas opções. Hilary Swank tem talento oceânico, tanto neste filme como em *Meninos não Choram* (*Boys Don't Cry*), de Kimberley Pearce (1999). Poucas atrizes poderiam viver tão bem como Hilary as cenas de violência sexual seguidas de morte estúpida. Foram dois Oscar. Quanto ao mais, com tantos elogios de críticos e prêmios recebidos em toda parte, tanto por Eastwood como por Scorsese, seria o caso de perguntar: teriam sido imerecidos esses elogios e troféus, estarão errados todos esses analistas e votantes?



Eastwood, como se sabe, ganhou o Oscar de Melhor Filme e Melhor Diretor, Scorsese o de Melhor Atriz Coadjuvante, Melhor Montagem (Edição), Melhor Fotografia, Melhor Direção de Arte e Melhor Figurino. Mesmo discordando dos votantes do Oscar ou detestando os filmes hollywoodianos, indicações assim positivas devem levar o cinéfilo, necessariamente, a vê-los e a repensá-los, ainda quando queira desancá-los depois. Mas é preciso assistir a eles, pelo menos duas vezes, pois as imagens passam rápido, são efêmeras, cabe ler os signos e o subtexto. *Meni-*

*na de Ouro* e *O Aviador* são exemplares do bom ou ótimo cinema. Não são grandes filmes, pois todos esses já foram feitos, como bem disse e escreveu Peter Bogdanovich (diretor daquele excelente *A Última Sessão de Cinema*), secundado nesse juízo de valor por cineastas como Truffaut, Rouse, Vadim, Khoury, Fellini e Bergman ("Hoje só podemos aspirar a fazer filmes bons ou de alguma forma inesquecíveis").

As divergências, é claro, são salutares, louvável é a existência do dissenso. Mas há limites. Indagar, por exemplo, se *Menina de Ouro* é um drama médico(?) não faz jus à inteligência da roteirista. Talvez por cansaço de sua atividade profissional não tenha ela percebido o alcance do filme de Eastwood, rico também de subtexto. Não ter ido ver *O Aviador* é de espantar, pois Scorsese é considerado, tanto na Europa como nos EUA, um dos grandes cineastas contemporâneos. Quanto ao "certinho" filme de Walter Salles, *Central do Brasil*, deve muito, é certo, ao desempenho de Fernanda Montenegro, mas deve muito mais a seu diretor e ao modo como conduziu os intérpretes e a outras opções de caráter técnico feitas por ele. Não se deve esquecer também o nível qualitativo de *Abril Despedaçado* e do premiado semidocumentário *Diários de Motocicleta*, todos ilustrativos da competência de Salles.

Quanto à crítica feita à hegemonia do cinema americano, entendido o termo como supremacia, superioridade, fico meio confuso. Afinal, o cinema dos EUA pode não ser o melhor do mundo, tem defeitos e contrafações, muitas vezes produz celulóides pífios e descartáveis. Mas quando seus cineastas de peso querem realizar o melhor, saiamos da frente, pois eles o fazem e ninguém os supera. Apesar dos seus detratores, uma coisa é certa sobre o sistema hollywoodiano: funciona. Com freqüência arte, técnica, indústria e comércio se combinam para fazer filmes de categoria e estes acabam tornando-se marcos culturais e artísticos.



Feito este preâmbulo, reencontro os motivos pelos quais considero *Dogville* um filme menor. Jamais o colocaria numa lista de melhores ou de menções honrosas. É realmente uma metáfora visual e hiperbólica da própria América. Mesmo sabendo-se do anti-americanismo radical de von Trier, provavelmente em razão das grandes distorções da chamada civilização americana ou dos tentáculos do capitalismo selvagem, essa metáfora até poderia ser válida, fosse outra a sua sabedoria no trato com os recursos da arte cinematográfica.

Todas as sociedades, sabemos, podem ter o melhor e o pior no seu bojo. Aí estão documentários do mundo cão, os crimes de guerra, as torturas, os *serial killers*, os assassinatos hediondos, o holocausto, os menores escravizados e seviciados, os seqüestros, o desaparecimento de crianças, a prostituição infanto-juvenil, o massacre de inocentes, etc. Em *O Senhor das Moscas* (*Lord of the Flies*), de William Goulding, Nobel de Literatura, levado à tela em duas versões, o autor fundamenta bem a sua descrença (e de milhares de outras pessoas) no ser humano. Para ilustrar a maldade, não é preciso chegar a extremos surrealistas como o faz von Trier.

Tudo isso nada tem de novo, pois a onipresença do mal inerente ao homem tem sido projetada no cinema de forma bem melhor em termos qualitativos. Nesse sentido, von Trier não criou nada de original quando em *Dogville* um garoto daquela cidadezinha imaginária vem pedir a Gracie para ela lhe bater; quando a jovem mulher prisioneira se recusa, ele ameaça dizer o contrário à mãe; quando ela lhe bate, a pedido insistente dele, aí o menino vai delatá-la... Eastwood, por exemplo mostrou esse mal com categoria de mestre em vários dos seus filmes, ultimamente em *Sobre Meninos e Lobos*, reinterpretando-o em nível cinematográfico de primeira ordem, bem à frente do von Trier.



Dessa maldade intrínseca do *homo sapiens*, aliás, já trataram pensadores de outros séculos (Plautus,

Epicuro, Hobbes, Shakespeare) e de tempos mais recentes (Darwin, Stekel, Freud e tantos outros), bem como das relações de poder exercidas por quem dele dispõe e da dificílima convivência humana. Aí estão os horrores do nazismo, do estalinismo, o maoísmo e de outros ismos infames, sem esquecer a Inquisição, a Ku-Klux-Klan, o racismo e o anti-semitismo, a comprovarem a inviabilidade do ser humano, como o demonstrou Millôr Fernandes, na sua Bíblia do Caos.

Discordo, portanto, e critico a forma usada por von Trier em *Dogville* (o chamado "específico fílmico") para narrar cinematograficamente o



enredo: a câmara móvel trepidante, o campo e o contracampo utilizados à saciedade, o preenchimento do retângulo da tela com excesso de primeiros planos dificilmente justificados de um ponto de vista técnico (a não ser tenha ele dificuldades em criar composições em planos aproximados ou em enquadrar outros personagens ou objetos em cada tomada), a falta de concisão nos diálogos enfadonhos (donde as três horas de duração do filme) e a interrupção da progressão dramática com letreiros do cinema mudo...

Tampouco apreciei sua concepção visual da cidade com espaços delimitados pelas marcas de giz no chão, ausentes portas e janelas (aliás ricos significantes, quando existem). É uma tentativa de parecer original e enfatizar (?) sua metáfora, embora esse recurso já tenha sido usado em espetáculos teatrais encenados na Europa e em peça brasileira levada à cena pelo saudoso ator-produtor Jaime Barcellos.

No cinema, mesmo quando o filme não se quer realista, esse recurso parece artificial ou *far-fetched*, como dizem os encenadores ingleses. Outro realizador teria preferido criar cinematograficamente uma vila miserável habitada pelo *lumpen*, casas caindo aos pedaços, banheiros primitivos, cozinhas com baratas, ratos a fugirem de gatos magros, escassez de água, promiscuidade. Mas aí entramos no subjetivo. O cinema não é uma ciência exata e todos podem ter suas preferências temático-estilísticas e cineastas preferidos. Como von Trier quis assim, seja então visto (ou apreciado) assim por seus admiradores.



A afirmação da roteirista segundo a qual tudo quanto se produziu por último está aquém do filme de von Trier me deixou estupefacto. Terá ela visto pouquíssimos filmes, por falta de tempo, e os descarta sem vê-los, revê-los? Haverá mesmo, afora os efeitos digitais e as técnicas de videoclipagem na TV, com o retângulo da tela ocupado por rostos, alguma linguagem nova para o cinema? Qual é afinal essa linguagem procurada por von Trier? Se foram os princípios do seu Dogma (comentá-los-ei a seguir), nem ele os segue. Quanto a ter assinatura própria, qual dos bons cineastas independentes não a tem? Colocar *Dogville* no topo me parece juízo bastante equivocado.

Reveja-se, a propósito, o artigo publicado no suplemento *Mais*, da FSP, 19 dez 2004, no qual von Trier diz ser primordial fazer um filme para si mesmo e não para o público e, mais adiante, textualmente: "Não faço filmes para exprimir idéias"... Sobre ser péssimo diretor de atores, respondeu: "Como todo mundo sabe que faço coisas meio loucas, os atores que aceitam trabalhar comigo o fazem com conhecimento de causa. Estão dispostos a tudo". Depois de *Dogville*, Nicole Kidman declarou jamais voltar a trabalhar com von Trier...



Em 1995, o polêmico e excêntrico diretor dinamarquês quis chocar de alguma maneira o mundo cinematográfico e aparecer, tornando-se "líder" de um movimento chamado Dogma(?), o qual defende (ou defendia) um retorno do cinema aos seus (dele) princípios básicos, muitos dos quais ele mesmo quebrou em seus filmes... À época tive oportunidade de criticar em debate, em São Paulo, com Wálter Hugo Khoury, Rogério Sganzerla e outros a estreiteza de tais princípios e lamentar houvesse alguém capaz de defender essa camisa-de-força da criatividade dos cineastas. Nenhum dos presentes deixou de considerar von Trier um novo sandeu. De volta, pensei até em escrever sobre isso, malhando aqueles "princípios" do Dogma. Depois raciocinei: outros já criticaram e ao fazê-lo lhe deram importância imerecida. Não tenho a pretensão de pensar em qualquer repercussão de minhas críticas junto a esse "cavaleiro de triste figura"... De qualquer maneira, transcrevo as regras do Dogma para quem não as conhece:

**As regras do Dogma**

1) Filmar sempre em locação, sem cenários; 2) Usar sempre o som ambiente, sem inserção de trilha sonora nem pós-produção; 3) A câmara deve estar sempre na mão, sem tripé; 4) O filme deve ser colorido e em 35 mm; 5) Não é permitida a utilização de iluminação artificial nem de filtros ou efeitos ópticos; 6) Não são permitidas cenas de ação superficial, como violência gratuita, armas, etc.; 7) O filme não deve ter corte de tempo, "*flashbacks*" ou qualquer sugestão de subversão temporal. Ou seja, é tudo aqui e agora; e 8) O diretor não deve ser creditado.



Como se vê, idéias mal digeridas são colocadas como meio de chamar atenção sobre si e a pequena Dinamarca, a qual já nos deu cineastas de peso como Karl Dreyer, realizador de *A Paixão de Joana D'Arc* (1928), *Vampiro* (1932) e *Dias de Ira* (1943). Por qual motivo se deve filmar sempre em locação? Por qual razão o filme deve ser colorido? Estão condenadas as obras-primas em p&b? Por qual decreto a câmara deve estar sempre na mão? Por qual razão um filme não pode fragmentar a narrativa? Ou não pode romper a unidade espácio-temporal? Qual a vantagem de se abandonarem os movimentos deslizantes de câmaras, o uso dos tripés, das gruas, das dollies e dos *travelings*, das panorâmicas, da *steadicam* e dos movimentos verticais para o alto e para baixo (as chamadas *tilts*)? Se não creditarmos o realizador, como se saberá quem é o responsável pela obra cinematográfica? Deixamos de comentar as outras bobagens contidas no dogma de von Trier por desnecessário.



Em seu filme *Ondas do Destino* (*Breaking the Waves*, 1996), louvado por seus "fãs", von Trier usou e abusou da câmara na mão, fazendo movimentos de provocar enjôo; em *Dançando no Escuro* (*Dancing in the Dark*), de 2000 (para o qual usou dez câmaras digitais e quase enlouquece a atriz-cantora Bjork), criou uma espécie de opereta anticinematográfica, às vezes ridícula ou patética, a qual, pasme o leitor, fez jus ao prêmio maior em Cannes... Acresça-se ter sido ele mesmo o primeiro a contrariar o seu próprio Dogma e criar o mais anti-realista dos seus filmes, contradizendo até o distanciamento brechtiano.... Fui criticado por leitores apressados porque não incluí *Dançando no Escuro* entre os melhores daquele ano. Entretanto, não estive só: alguns críticos estrangeiros fizeram restrições ao filme; outros sequer o apreciaram.

Indagaram-me alguns cinéfilos se os *jump cuts* (ou cortes de saltos, numa tradução não-técnica, aproximada) percebidos por eles em filmes de von Trier são recurso original do diretor dinamarquês. Em verdade, filmólogos e cineastas têm de modo geral criticado tanto os *jump cuts* como o excesso de giros ultra-rápidos das panorâmicas (o chamado "chicote"). O *jump cut* se deve fundamentalmente a Jean-Luc Godard em *Acossado* (*A Bout de Souffle*, 1959), um dos nomes mais representativos da *nouvelle vague*, e não a von Trier, como alguns pensam equivocadamente.



O *jump cut* foi apenas um dos experimentalismos de JLG, um dos autores de maior influência no mundo do cinema, a partir dos anos 1960. Outros foram a ruptura da continuidade das ações, a fragmentação do ritmo, enquadramentos incomuns, planos mais longos, eliminação do fundo de cena para destacar a imagem principal e emprego do som nem sempre sincronizado com a imagem. Alain Resnais, no entanto, aperfeiçoou esses recursos e foi além de JLG em *Hiroshima* (1959) e *Marienbad* (1961).

O *jump cut* consiste num movimento abrupto de alguém (ou de algum objeto), do qual resulta o corte de um trecho do filme, a partir do meio da tomada, e da junção das pontas remanescentes; o mesmo efeito pode ser conseguido ao desligar-se a câmara, mover o equipamento para perto do personagem e religar a objetiva para filmá-lo sem mudar o ângulo. De um modo ou de outro, um homem visto andando de um canto a outro de uma sala parecerá saltar abruptamente de

uma posição para outra, ao invés de caminhar suavemente até lá.

**O *jump cut* pode ser facilmente ilustrado desta forma:**

Ou seja, filma-se a cena de um homem andando de A a C; corta-se de a" a b" e se juntam, na moviola ou na *editola* da sala de montagem, os fotogramas filmados de A a a" com os de b" a C. A impressão passada ao espectador, quando se vê a imagem projetada, é a de um salto do personagem, como referido acima. Tradicionalmente, tais interrupções na continuidade do movimento da imagem têm sido consideradas intoleráveis pelos estudiosos de cinema, mas alguns cineastas têm empregado os jump cuts deliberadamente, mas sem nenhum salto qualitativo nisso.

Quando à trepidação da câmara ou à câmara cambaleante, a condenação é quase unânime. Não admira ter Gary Harwood acabado por inventar a *steadicam* pela qual recebeu um Oscar Especial em 1997. Trata-se de complexo equipamento capaz de evitar essas trepidações e criar suavidade de movimentos. Stanley Kubrick foi um dos primeiros cineastas a perceber o alcance e a importância da *steadicam* e a usá-la com proficiência e, certamente, a apontar os rumos de como o equipamento poderia ser não só uma nova ferramenta de trabalho, mas também um novo estilo visual.



Em *O Iluminado* (*The Shining*, 1980), como escreveu Rick Heyman no *New York Times*, Kubrick transformou em movimentos suaves, relativamente desconhecidos pela maioria dos espectadores, os elementos dramáticos inquietantes do filme. O deslocamento da *steadicam*, combinado com o enredo, produziu uma constante tensão de terror subjacente, especialmente quando associado às falas sempre frias e aos silêncios e tempos mortos, perdidos nos vastos espaços vazios de um hotel visitado por fantasmas, vistos aqui e ali pelo garoto enquanto pedalava seu velocípede.

Se os Dogmas de von Trier fossem seguidos, não teríamos obras-mestras como *Cidadão Kane* (1941), *Soberba* (*The Magnificent Ambersons*, 1942), *Grilhões do Passado* (*Mr. Arkadin*, 1955), *A Marca da Maldade* (*Touch of Evil*, 1958) e *O Processo* (*The Trial*, 1962), todos de Welles, nem os já citados filmes-revolução, *Hiroshima Mon Amour* e *Marienbad*; Kubrick não teria levado à tela *O Grande Golpe* (*The Killing*, 1956), *Glória Feita de Sangue* (*Paths of Glory*, 1957) e o *Dr. Fantástico*, (*Dr. Strangelove*, 1964); tampouco teríamos visto outros prodígios como o já referido *Acossado*, *Os Incompreendidos* (*Les 400 Coups*), de Truffaut (1959); *Oito e Meio* (*Otto e Mezzo*,

1963), de Fellini, *Persona* (1966) e *A Hora do Lobo* (*Vartimmen*, 1968), de Bergman, *O Segundo Rosto* (*Seconds*), de Frankenheimer (1964), e *30 Anos Esta Noite* (*Feu Follet*), de Malle (1963). Escusado citar centenas de outros conhecidos e louvados.

Fico por aqui, pois creio haver atendido aos leitores no tocante a *Dogville* e defendido objetivamente pontos de vista opostos àqueles esposados pela entrevistada, os quais em nada diminuem seu valor como roteirista profissional. Louvo-a por ter afirmado (v. *Revista Globo*, 05 Set. 2004) preferir dos grandes diretores Ingmar Bergman e Stanley Kubrick. Ainda bem.

## Capítulo 2

## Grandes Diretores

## Um registro necessário: Orson Welles 90 anos

Diretor, produtor, roteirista, ator, pintor, escritor, prestidigitador, George Orson Welles nasceu em 6 de maio de 1915, em Kenosha, Wisconsin. Há relatos de ter sido registrado somente em princípios de junho. Passaram-se já 90 anos! Welles era o segundo filho de Richard Head Welles, engenheiro e rico inventor, homem de visão, e de Beatrice Ives Welles, pianista de concertos e respeitada musicista. Para alguns biógrafos (Peter Bogdanovich, Maurice Bessy, André Bazin, Barbara Lemming, Ephraim Katz) e outras fontes disponíveis (o próprio Welles, amigos e técnicos ainda vivos), a existência profissional de Welles começou aos 5 anos, pois o menino já demonstrava notáveis aptidões como criança, distinguindo-se em poesia, pintura, desenhos, interpretações em teatrinho de marionetes, piano e até em mágicas de salão. Numa idade na qual muitos garotos ainda não lêem, Welles já recitava versos de Shakespeare e encenava pequenas produções do grande bardo em seu espaçoso *playroom*, com a presença de amiguinhos e às vezes até de familiares.

Welles fez seus primeiros estudos na Washington School de Madison, em Wisconsin, dirigido pelo psicopedagogo Hans Mueller, o qual encontrou naquele aluno um extraordinário menino de elite através dos múltiplos testes confirmadores de uma idade mental incrivelmente avançada. Quando sua mãe morreu, em 1923, Welles seguiu seu pai numa *tournée* mundial, visitando vários países e passando boa parte da temporada em Shangai. Em 1926, entrou na Todd School em Woodstock, Illinois, onde estimulou o programa teatral da escola e motivou colegas com suas interpretações de Shak, Marlowe e Jonson, bem como de modernos dramaturgos. Sobre seus pais, dirá depois: "Meu pai era um homem extremamente agradável, generoso e tolerante, adorado por todos os amigos. Devo-lhe uma infância privilegiada e o amor pelas viagens. Da minha mãe tenho o amor pela música e pela eloqüência, sem as quais nenhum ser humano é completo".



Em 1927, com a morte do pai, o garoto de 12 anos tornou-se tutelado do Dr. Maurice Bernstein, prestigioso médico de Chicago e amigo da família. O Dr. Bernstein, mágico amador nas horas vagas, foi quem desenvolveu o talento de Welles para a prestidigitação. O nome Bernstein, aliás, figuraria em destaque como administrador dos jornais do personagem Charles Foster Kane na obra-prima de Welles, assim como nos incidentes da pré-adolescência do futuro cineasta. George Coulouris interpretava o Dr. Bernstein. *Verdades e Mentiras* (*F for Fake*) dá bem idéia da competência de Welles como mágico.

Welles permaneceu na Todd School até 1930, quando concluiu com brilhantismo o secundário. Nos anos seguintes estudou desenho e pintura com o artista russo Boris Anisfield e depois no Chicago Art Institute. Desistiu, porém, de cursar a universidade, recusando várias bolsas de estudo, e decidiu dedicar-se ao teatro, uma das suas paixões. Viajou para Dublin, onde, apesar da idade, conseguiu contrato no Gate Theatre. Ganhou o papel principal na produção *Jew Suss* e depois atuou em várias peças. Começou, para alguns analistas, a aventura de sua vida. Para segui-la, segundo Bessy, "é preciso ziguezaguear entre sua atuação no palco, no rádio, no cinema e até na literatura", como se poderá ver mais adiante.



Encorajado pelo seu sucesso na Irlanda, Welles tentou o teatro londrino, mas não conseguiu trabalho devido às restrições de ordem trabalhista para estrangeiros. De volta aos EUA, e para sua surpresa mal acolhido na Broadway, reiniciou suas viagens, indo primeiro estudar pintura no Marrocos e depois na Espanha, onde chegou a arriscar-se numa praça de touros. De volta aos Estados Unidos, conseguiu assegurar finalmente um papel na Companhia de Katherine Cornell, graças a recomendações de Thornton Wilder e Alexander Woollcott, conhecedores do talento invulgar de Welles. Em 1934 fez seu *début* na peça *Romeu & Julieta*, quando se apaixonou pela atriz e *socialite* de Chicago, Virginia Nicholson, e com ela se casou aos 19 anos... Naquele mesmo ano começou a interessar-se por cinema e co-dirigiu *Hearts of Age*, curta de 5 min, no qual apareceu com sua jovem mulher. Fez em seguida sua primeira apresentação no rádio.



Por essa época, Welles conheceu John Houseman, de quem se tornaria grande amigo, e os dois começaram a colaborar para o Phoenix Theatre Group, produzindo e dirigindo peças para o projeto do Federal Theatre, logo tornado famoso por suas produções ousadas e originais. Welles já acumulara alguns prêmios, como o da Associação Dramática de Chicago, quando ainda não era profissional. Agora se sentia à cavaleiro para outros vôos na arte cênica. No *Negro Theatre* de Nova Iorque, atendendo a pedido do amigo Houseman, Welles encenou *Macbeth* com atores negros, transpondo a ação da Escócia para o Taiti, e dando a esses artistas a oportunidade de atuarem em papéis verdadeiros e não como amas, cozinheiras, escravos ou tios Tom... Um lance arrojado de Welles, êxito junto à crítica e ao público. No ano seguinte Welles-Houseman entraram no rádio com o *Mercury Theatre on the Air*, um programa de qualidade prestes a ganhar destaque por sua inventividade experimental.

O programa se tornou famoso pela dramatização da obra de H.G.Wells intitulada *A Guerra dos Mundos*. Projetado como um logro do Halloween, focalizava a invasão da cidadezinha de Grover Mills, em Nova Jérsei, por criaturas alienígenas. Tão realística e tecnicamente impecável, segundo fontes jornalísticas da época, foi a irradiação a ponto de milhares de ouvintes entrarem em pânico, tendo havido suicídios, surtos de embriaguez, saques nas lojas, abortos, busca de padres para confissões de última hora, muitos evacuaram suas casas e foram para as montanhas, apesar dos avisos segundo os quais a transmissão era ficcional. Com sua voz de ouro, com a qual fez depois *O Sombra*, Welles foi o narrador e diretor da irradiação a partir de um *script* de Howard Koch, ao qual o *wonder boy* de Wisconsin daria o seu *touch*, um deles a introdução de pausas e silêncios entre as notícias aterradoras, e esse detalhe conferiu mais veracidade aos relatos. Ninguém tentou ouvir outra estação para confirmar se estava havendo mesmo uma invasão de marcianos...

Em 1938, cada vez mais interessado na arte fílmica, Welles fez um média-metragem de 42 min de uma adaptação da farsa de William Gillette, *Too Much Johnson*, destinada a ser usada em conjunto com a produção do *Mercury Theatre*. O elenco tinha Joseph Cotten, Virginia Nicholson, Edgar Barrier, Alene Francis, John Berry (depois cineasta denunciado como comunista por Edward Dmytryk e perseguido pelo macarthysmo, exilado na França e depois na Inglaterra, onde dirigiu vários filmes) e o compositor Marc Blitzstein, entre outros. A peça, assinale-se, jamais chegou à Broadway, e como resultado o filme nunca foi exibido publicamente. Os originais foram depois destruídos num incêndio na vila de Welles em Madri. Contudo, a experiência veio a ser útil, quando ele se aventurou numa carreira cinematográfica brilhante e errática como realizador.



A entrada de Welles no cinema se deu parcialmente como resultado da necessidade de o *Mercury Theatre* obter recursos financeiros para encenar *Five Kings*, ambiciosa antologia de cenas das peças de Shak. Por outro lado, a RKO (Radio-Keith-Orpheum), filial da RCA, tal como a cadeia NBC, queria atrair Welles para Hollywood, pois estava sofrendo severa crise financeira e apostava na crescente reputação do ator e radialista como o homem-chave para levar qualquer produção de sua lavra a um sucesso estrondoso de bilheteria.

O projeto inicial de Welles era uma adaptação da obra de Joseph Conrad, *Heart of Darkness* (muitos anos depois levada ao *écran*, com alterações de ordem vária, por Francis Ford Coppola, sob o título de *Apocalypse Now*), mas a idéia se revelou de alto custo e tecnicamente complexa para ser levada a cabo. Dois outros filmes projetados, *The Smiler with a Knife* e *Mexican Melodrama*, também não passaram da fase de pré-produção. Entrementes, Welles trabalhava para a RKO como narrador em *off* do filme *The Swiss Family Robinson*.



Enquanto os advogados de Welles discutiam na RKO os termos do contrato, ele voava para Nova Iorque a fim de conhecer melhor a linguagem do veículo e estudar os clássicos do cinema mudo na *Film Art Library* do Museu de Arte Moderna, bem assim para assistir a clássicos do sonoro, como *Nada de Novo no Front*, de Lewis Milestone, *Anjo Azul*, de Joseph Sternberg (ambos de 1930), *A Luz Azul*, de Leni Riefenstahl, *Gli Uomini, Che Mascalzoni!*, de Vittorio De Sica e *Cavalcade*, de Frank Lloyd (todos de 1932), *The Who Knew Too Much*, de Alfred Hitchcock (1934), *Pepe le Moko*, de Julien Duvivier, e *La Grande Illusion*, de Jean Renoir (os dois de 1937), *La Bête Humaine*, também de Renoir (1938). Quanto aos filmes de 1939, Welles os viu mesmo em Los Angeles, repetidas vezes: *La Regle de Jeu*, de Renoir, *La Charrette Fantôme*, de Duvivier, e *Stagecoach*, de John Ford. Esses títulos foram colhidos, com muita dificuldade, pelos cineastas Maurício Gomes Leite e Rogério Sganzerla, saudosos fãs incondicionais de Welles.

Em agosto de 1939, Welles assinou com George Schaefer, então presidente da RKO, um contrato sem dúvida único na história do cinema americano: obrigação de um filme por ano, no qual ele poderia ser realizador, produtor, roteirista, intérprete ou tudo ao mesmo tempo; teria 25% dos benefícios brutos de cada filme, US$ 150 mil adiantados e o selo da Mercury Productions, e ainda indicar o elenco do filme. A primeira rodagem de *Kane* se deu em 30 de julho de 1940. Welles acabara de completar 25 anos.



Daqui em diante os cinéfilos estudiosos de cinema conhecem a controvérsia sobre quem realmente escreveu o roteiro de *Kane*, se Welles ou Herman J. Mankiewicz. Há um filme, aliás, intitulado *RKO 281: The Making of the Making-of of 'Citizen Kane'*, de Benjamin Ross, produzido pelos irmãos Ridley & Tony Scott, de 1999, no qual se procura esclarecer a questão da autoria do argumento original, enquanto se reconstrói a convivência entre Welles (interpretado por Liev Schreiber) e Mankiewicz (John Malkovitch). Pelo visto, não se consegue saber bem onde começa a participação de um e termina a do outro...

O roteiro ganhou o Oscar da Academia, mas a crítica Pauline Kael (admirava Welles lá no íntimo, mas externamente revelava antipatia gratuita ao cineasta) resolveu muitos anos depois escrever o *Citizen Kane Book* (1971) para provar ter sido Mankiewicz e não Welles o autor do *screenplay*, e isso desde o nascimento da idéia ao roteiro técnico. Bogdanovich e outros afirmam ser de Welles o *shooting script* e o argumento, dos dois. "Ubi veritas?". Para a filmóloga Laura Culvey, isso pouco importa, daí o motivo pelo qual faz em seu livro (1992) uma das melhores análises críticas de *Kane*, sem entrar nessa questão para ela irrelevante. Para F.Klein e R.D. Nolan, *Kane* é acima de tudo um trabalho de direção audaz e inspirada e, pelo menos nesse aspecto, da maior importância, o filme pertence inquestionavelmente a Welles e somente a ele.



Talvez nenhum outro filme de diretor cinematográfico tenha causado tanta celeuma ou criado maior impacto em relação a *Kane*. Mesmo quando estava sendo rodado e montado já abundavam rumores e especulações sobre o assunto e o conteúdo da obra em andamento, assinada pelo menino maravilha do Leste. *Kane* estreou finalmente em 1941, e a liberdade conseguida por Welles no contrato citado acima permitiu-lhe criar "um filme de poder cataclísmico, um trabalho diretorial cuja construção e técnicas inovadoras influenciaram cineastas da América e de outros países" (Ephraim Katz).

Chamado de "A primeira revolução na história da sétima arte", *Kane* permanece memorável pelo uso criativo de recursos expressivos: grande-angular, fotografia em foco profundo (de Gregg Toland), composições com ângulo baixo (o *contre-plongée*), o centro deixando de ser a parte mais importante do retângulo, desenquadramento e sobreenquadramento (*o surcadrage*), plano-seqüência, utilização de tetos baixos no *décor*, introdução do *flashback* na linguagem corrente e multiplicidade de pontos de vista. É o pensamento de críticos e filmólogos de toda parte ao qual naturalmente nos incorporamos com entusiasmo. Não admira *Kane* liderar há muitos anos as listas dos melhores de todos os tempos. Apesar de indicado para o Oscar de Melhor Filme, Melhor Diretor, Melhor Fotografia, Melhor Ator, Melhor Música, *Kane*, ironicamente, só levou o de Melhor Roteiro.



Mas não só *Kane* merece tanta distinção no conjunto do legado de Welles, mesmo sem sua presença como ator: *Soberba* (*The Magnificent Ambersons*), ao qual estamos devendo análise crítica, seria tão grande quanto *Kane*, quiçá até um pouco melhor, segundo alguns, não fossem as mutilações absurdas sofridas pela fita: foram cortados nada menos de 60 min do original de 148 min, reduzindo-se a metragem a 88 min para sua apresentação em programas duplos, como nossas antigas sessões colosso. Várias cenas-chaves foram eliminadas e dois ou três carretéis completamente recolocados na "ordem" por chefes de estúdio e produtores incompetentes e invejosos (Welles não os poupou em entrevistas e artigos, pois se aproveitaram da vinda dele ao Brasil para filmar *It's All True* e não aceitaram sequer esperá-lo ou ouvi-lo em relação aos cortes). Somente anos depois *Soberba* foi avaliado como "uma conquista superior do cinema americano, mesmo em sua forma mutilada", escrevem F. Klein & R. D. Nolan. Embora indicado para o Oscar de Melhor Filme, Melhor Fotografia, Melhor Atriz, não levou prêmio algum... Coisas da Academia de Hollywood, simplesmente injustas, incompreensíveis, injustificáveis, nos dois casos.



"É até permitido preferi-lo a *Kane*", afirma André Bazin em seu livro. Opinião do próprio Welles, anos depois, após ouvir críticos amigos oporem a unidade e simplicidade de estilo de *Soberba* à obra complexa de *Kane*, rica em signos psicanalíticos e quase uma espécie de bricabraque. Alterando a ordem tradicional e incluindo técnicas inovadoras, Welles fez o seu filme extravagante antes de sua obra neoclássica. Para Bazin, as invenções estilísticas de *Kane* se encontram, em sua essência, mais bem dominadas e mais inteligentemente utilizadas em *Soberba*, com freqüência até levadas mais além, pois a força socioeconômica do tema se encontra, talvez com mais sutileza e profundidade, nessa evocação ao mesmo tempo realista e crítica dos EUA do final do século XIX e princípios do XX.



No prefácio da última edição do livro de André Bazin (1918-58) sobre Welles, há uma referência do filmólogo francês às declarações de Nicolas Ray (1911-79) incluídas na obra de Peter Nobel intitulada *Orson Welles, o magnífico*. Vale a pena transcrevê-la: "Welles é um grande homem de teatro e um grande cineasta, um dos maiores, senão o maior, da história do cinema. Nós, os principiantes, nunca lhe estaremos suficientemente reconhecidos por ter explorado tantos novos caminhos. E que ninguém se atreva a vir dizer o contrário".

A crítica francesa dos anos 40-50 confirma: "*Kane* e *Soberba* devem sua importância histórica à influência decisiva por eles exercidas no cinema do mundo inteiro, mas, mais ainda, ao gênio formal de Welles, a sua espantosa originalidade de expressão". Há dez anos de distância, escreveu Bazin, o julgamento de Ray sobre Welles, como um dos mais autênticos componentes de uma vanguarda cinematográfica, reafirma o dos artistas franceses. Mesmo se tivesse realizado apenas dois filmes, *Kane* e *Soberba*, Welles mereceria figurar em bom lugar num dos grandes medalhões do Arco do Triunfo ideal da História do Cinema.

## Raízes e dimensões do cinema de Welles

Em texto dos mais elucidativos do filmólogo Don Allen, autor de *The World of Films and Filmmakers* (1980), obra prefaciada por François Truffaut, o cinéfilo interessado em conhecer algo mais sobre Orson Welles encontrará o ponto de partida para suas investigações. A tradição neoclássica do criador de *Kane*, como tantas vezes já repetido, deriva do expressionismo alemão – estilo de arte desenvolvido em princípios do século XX e cuja influência se fez sentir na pintura, na escultura, na literatura, no drama (saudemos de passagem Auguste Strindberg) e, finalmente, no cinema. Segundo seus expoentes, e dentre eles se destaca o escritor Carl Mayer, "o expressionismo busca apresentar a vida interior do homem ao invés de fazê-lo em relação à sua aparência exterior". Outra definição corrente à época, segundo Allen, definiu o estilo expressionista como "a realidade intensificada, com freqüência através do uso não-objetivo de signos, personagens estereotipados e estilização a fim de dar expressão objetiva à experiência interior".



No cinema alemão, nos anos seguintes à Grande Guerra, o expressionismo se caracterizou pela extrema estilização dos sets (construções feitas para representar o local, ou locais, das ações de um filme) e do *décor*, bem como pela interpretação dos atores, iluminação e ângulos de câmara. Os sets distorcidos de forma grosseira e grandemente abstratos eram tão expressivos quanto os personagens, senão mais. Para assegurar controle completo e livre manipulação do *décor*, iluminação e trabalho de câmara, lembra-nos Ephraim Katz, os filmes expressionistas eram sempre rodados em estúdio, até mesmo quando as cenas exigiam filmagens fora. A operação com as luzes era deliberadamente artificial, com ênfase em sombras profundas e contrastes bem definidos; os ângulos de câmara eram escolhidos para enfatizar o fantástico e o grotesco, e os atores externalizavam suas emoções ao extremo. Alguns dos melhores e mais intrigantes filmes de todo cinema mudo, seja-nos permitido este breve parêntese, vieram do movimento expressionista alemão, cujo primeiro exemplo é *O Gabinete do Dr. Caligari*, de Robert Wiene (1919), seguindo-se-lhe, entre outros, *O Golem*, de Paul Wegener e Carl Boese, *Destino* (1921) e *Dr. Mabuse, o Jogador* (1922), ambos de Fritz Lang, *Nosferatu*, de Friedrich Wilhelm Murnau (também de 1922), *As Mãos de Horlac*, de Wiene, e *Waxworks*, de Paul Leni, ambos de 1924.



Além desses diretores, artistas criativos associados ao expressionismo foram o já citado Carl Mayer,

Karl Freund, diretor de fotografia (iluminou o *Dracula*, de Tod Browning, em 1931), e os planejadores de sets Herman Warm, Walter Rohrig, Robert Herlth e Otto Hunte. Para Katz, Allen e outros autores, a influência do expressionismo germânico foi global e duradoura. Traços seus são reconhecidos em filmes de Orson Welles e Alfred Hitchcock, entre outros, naturalmente com modificações, substituições, supressões ou acréscimos de elementos visando a efeitos estéticos. Noutras palavras, estilização. O cinema de Murnau influenciou Welles no uso da câmara, quase sempre em movimento, assim como há similaridades de *Kane* com o Hitchcock de sua fase inglesa – por exemplo, por sua paixão por ângulos excêntricos (incluída a utilização dos tetos removíveis, causadores de tantas referências) e o emprego repetido de planos de detalhe significativos. Recordem-se a mão de Kane segurando o peso de vidro, enquanto se vêem os lábios do moribundo murmurar a palavra-chave *rosebud* (nome do trenó, metáfora dos paraísos perdidos da infância), os rostos expressivos de *Soberba*, o lenço de Desdêmona em *Othello*, a loja de bricabraque de Michael Redgrave em *Grilhões do Passado*, os monstros marinhos no aquário de *A Dama de Xangai*, o relógio da torre em *O Estranho*, a pele entre os dedos de Romy Schneider em *O Processo*, a caixa com as bananas de dinamite em *A Marca da Maldade*...

Para Allen, *Soberba* faz-nos relembrar o mundo de John Ford, pois remonta nostalgicamente a uma era de vida amena, tranqüila, morrendo pouco a pouco sob as investidas do progresso industrial. Os ângulos, *close-ups* e a fotografia em foco profundo não mais sugerem complôs sinistros tramados em becos escuros, mas antes memórias longínquas removidas de recantos esquecidos. Em verdade, o estilo de Welles era inegavelmente seu mesmo, desde o princípio. Era uma combinação de extravagância expressionista, intuição criadora para o poder da imagem em movimento e pureza poética. A tônica do seu estilo, segundo Allen, é sugerida pela seqüência de abertura verdadeiramente mágica de *Kane*: a câmara desliza lateralmente pelo sinal de *Proibido Entrada* (*No trespassing*) e pelos portões ornados até o palácio Xanadu de Kane, antes um castelo mal-assombrado, aparentemente congelado no tempo e guardando, de forma inflexível, os seus mistérios de olhos perscrutadores. "Que memórias podem ser tão dolorosas a ponto de melhor seria deixá-las morrer, ao invés de arriscar sua revelação? Que monstro pode tê-las criado de modo a ter sofrido por isso?" De maneira quase obsessiva, Welles retorna repetidas vezes ao tema do tempo e do mistério do passado. Charles Foster Kane acumulou poder, riquezas e os tesouros do mundo apenas para descobrir uma verdade cruel: eles não preencherão a imensa solidão de viver em Xanadu. Ele só pode fechar-se em si mesmo para meditar, com persistência mórbida, sobre *rosebud*. George Minafer busca inutilmente o poder perdido pelos Ambersons, como perdera a mansão e a mãe a quem proibia, como viúva, o amor de Eugene Morgan. E aquele momento mágico de inocência perdida de sua infância, quando perde o trenó e os pais e vai ficar com tutores. De resto, o poder do dinheiro nos filmes de Welles é pintado com precisão só não invejada por Balzac, escreveu André Bazin.



No rastro de Kane e George, quem é Gregory Arkadin, o grande magnata de *Grilhões do Passado*? O policial Hank Quinlan de *A Marca da Maldade*, o Falstaff de *Badaladas à Meia Noite*, o Sr. Clay de *A História Imortal*? Todos olham do dédalo da corrupção na qual todos se perderam em sua busca pelo poder. Os personagens de *Kane* estão procurando em vão o fio de Ariadne capaz de levá-los de volta ao ponto de partida. Welles está novamente preocupado com as máscaras. Não é coincidência o fato de ele ter descrito o arqui intrigante Sir John Falstaff "como o melhor homem em todo o drama". Seus personagens devotam a vida toda para criar mitos dos quais eles mesmos se tornam lendas. Eles são revelados como uma série de imagens de espelhos, tal como as vê Allen, "as quais se espatifam uma a uma, deixando-nos não com a verdade, mas com uma verdade".

## Homenagem aos 85 anos de Ingmar Bergman

Poucos cineastas tiveram impacto tão grande sobre a cultura contemporânea como o sueco Ingmar Bergman. Palavras judiciosas do filmólogo espanhol Román Gubern, por ocasião dos 60 anos (1978) deste mestre do cinema. De fato, unindo a angústia existencial implícita notadamente em Kierkegaard, Heidegger, Sartre e Camus a um puro estilo neo-expressionista, Bergman trouxe ao cinema uma dimensão filosófica como nenhum outro cineasta o fez. Seu legado



cinematográfico até hoje é realmente, segundo ainda a visão de Gubern, "uma profunda meditação de caráter metafísico sobre a solidão e a angústia do ser alimentada por uma sede do absoluto". Outros nomes de peso, vale acrescentar, foram suas leituras preferenciais pré-universitárias: Epicuro, Heráclito, Shakespeare, Darwin, Spencer, Kafka, Proust, Joyce e dois compatriotas seus da península escandinava: os dramaturgos Strindberg (*A Dança Macabra*, *Senhorita Júlia*) e Ibsen (*Casa de Bonecas*, *Hedda Gabler*, *O Inimigo do Povo*).

Não admira o comentário do crítico Paulo Perdigão, em percuciente ensaio, segundo o qual "a obra de Bergman são os gritos e sussurros de um cineasta revoltado com o silêncio de Deus". Na esteira do pensamento de Epicuro, por exemplo, Bergman vê o mal como algo inerente ao ser humano e o mundo terrivelmente injusto, onde Deus sabe da existência do mal mas não pode eliminá-lo, ou não quer fazê-lo, ou então o desconhece... Em pronunciamento sobre seus temas e subtemas, Bergman chegou a lembrar o paradoxo de Norbert Wiener (um dos grandes matemáticos centrados na noção de infinito) em suas múltiplas formas: "Poderá Deus fazer uma pedra tão pesada que ele mesmo não consiga erguê-la? Se não o consegue, existe um limite para seu poder ou, pelo menos, assim parece; e, se consegue, isso também parece constituir uma limitação para seu poder"... Todas essas noções devem ter causado uma "tempestade sobre o crânio" do jovem adulto, educado na rígida teologia ortodoxa, imposta por seu pai, um pastor protestante, e, de certa forma, aberto o caminho para o seu então mal disfarçado agnosticismo.



Num dos seus primeiros trabalhos como cenarista e *metteur-en-scène*, *Prisão* (*Fangelse*, 1947), vários analistas já observavam a influência de Sartre, embora Bergman deixasse entrever a hipótese da felicidade humana e sua realização concreta sob a forma do erotismo e da liberdade, principalmente em dois outros filmes com personagens adolescentes, *Juventude* (*Sommarlek*,1949) e *Mônica e o Desejo* (*Sommaren und Monika*,1951). Mas essas propostas hedônicas, provenientes de Epicuro, tal como as vêem seus críticos, não passam, porém, de um esboço: "O erotismo se revela como fonte de efêmera felicidade, incapaz de libertar o homem de sua alienação fundamental". Essa contestação pessimista também está em *Noites de Circo* (*Gyklarnas Afton*,1952), no qual é nítida a influência de Freud, segundo Gubern, assim como em *Morangos Silvestres* (*Smultronstallet*,1957). O filme enfoca a covardia sob suas várias formas, os fracassos e frustrações da vida diária e é obra decisiva no desenvolvimento da reflexão de Bergman sobre a fatalidade humana, o isolamento, a fugacidade do tempo, o envelhecimento, a incomunicabilidade entre as pessoas ou a difícil convivência do quotidiano.



Estamos aqui também em Shakespeare ("A vida não é senão uma sombra que passa / um pobre intérprete que se empavona / e sofre sua hora no palco / e depois não é mais ouvido / É um conto narrado por um idiota / pleno de som e fúria / significando nada") e novamente em Kafka, Freud e talvez Stekel, quando Bergman vai substituindo suas interrogações metafísicas anteriores por questões de ordem psíquica e psicológica: interrogação cruel sobre a solidão a dois, a humilhação, o egoísmo ou a covardia dos homens, a memória rediviva, a irreversibilidade do passado. Nada é permanente, tudo é transitório... Ecos do pensamento de Truffaut em *O Quarto Verde* (*La Chambre Verte*, 1978).

Resume-se, assim, a formação literária e filosófica de Bergman, bem como a sua fascinação pelo teatro de Ibsen e Strindberg. Mas quando entra o interesse e depois a paixão pelo cinema? Sua autobiografia fala de como pôde harmonizar as duas tendências e nelas encontrar pontos de contato entre essas duas formas de arte. Não só amava a encenação teatral como as possibilidades ensejadas pela montagem no cinema, a expressividade do primeiro plano e do detalhe, elementos não possibilitados pelo teatro. Entusiasmou-se quando assistiu aos filmes de Victor Sjostrom (seu ator principal em *Morangos Silvestres*) e de Alf Sjoberg na década de 30 e princípios dos anos 40, daquele principalmente *Vento e Areia* (*The Wind*), rodado nos EUA, para onde Sjostrom fora, sob contrato, *Máscaras da Alma* (*Masks of the Devil*), ambos de 1928, e *O Poder de Richelieu* (*Under the Red Robe*,1937); e de Sjoberg, *Arriscaram suas Vidas* (*Med Livet Som Insats*, 1941) e *Desejos Ardentes* (*Hem from Babylon*,1942).

A essa altura Bergman já havia escrito seis roteiros, os quais foram dirigidos por outros e trabalhado em outros de vários escritores. Suas produções teatrais foram numerosas, mas ele se incumbiu de três ou quatro produções de 1944 a 1956. Também escreveu 23 peças teatrais e dezenas de dramas veiculados pelo rádio. Seu gênio foi reconhecido por Stina Bergman, viúva do dramaturgo Hjalmar Bergman (não era seu parente), e mulher muito influente na *Svensk Filmindustri*. Ao ler uma resenha entusiástica sobre *A Morte do Polichinelo*, de autoria do jovem Bergman (na qual se lia, textualmente: "Nenhuma estréia na Suécia constituiu uma promessa tão inequívoca para o futuro"), Stina foi prestigiar a peça e conhecer o autor. Contratou-o de imediato e o colocou na divisão de documentários. Foi o primeiro acaso favorável a Bergman no tocante à sua entrada no cinema. Tinha então 22 anos. O segundo acaso se deveu a Sjoberg, pois foi o veterano diretor de *Senhorita Julie* (*Froken Julie*,1951) quem deu a Bergman a oportunidade de escrever o roteiro de *Tortura de um Desejo* (*Hets*) em 1944. Daí em diante estava lançada a carreira profissional do nosso homenageado: não só se firmara ele como diretor teatral, mas também como autor e diretor cinematográfico, criador de tantas obras imperecíveis, enquanto as leis do cinema continuarem as mesmas de hoje. Deixemos de lado os *videoclipes*, os efeitos de computador, a câmara cambaleante e o excesso de primeiros planos.

José Lino Grunewald (leia-se seu livro *Um Filme É um Filme*, com artigos reunidos por Ruy Castro) costumava colocar Bergman no topo da cinematografia mundial, ao lado de outros nomes como Welles, Kubrick, Resnais, Godard, Truffaut, Fellini, Antonioni, para ficarmos só nestes. E o fazia não só pela originalidade dos roteiros de Bergman e pelo tratamento cinematográfico dado a eles, mas igualmente pelo movimento interior das cenas, pela criação de uma tensão subjacente e pela coerência interna do seu contexto visual, dentro do qual JLG destacava a condução dos intérpretes, os efeitos de iluminação, a trilha sonora e a música incidental, assim como a harmonia com a qual todos esses elementos se encaixavam.



Por isso, sem dúvida, ao analisar os dez melhores filmes das décadas de 50 e 60, Grunewald tinha sempre pelo menos três películas de Bergman entre eles. Mas o analista só gostava de recomendar certos filmes do cineasta escandinavo a adultos pouco impressionáveis, capazes de reagir bem ao impacto de angústia e desespero contingentes neles contidos e nos quais "ainda se indaga por Deus, enquanto Resnais e Godard já o esqueceram".

Em seminário realizado pelo MAM do Rio de Janeiro em 1970, sob o título *Quatro Momentos de Cinema*, o crítico Ronald Monteiro discorreu sobre a necessidade de os bons filmes serem vistos pelo menos duas ou três vezes, notadamente os de Bergman, para melhor apreensão do significado intrínseco de suas imagens, pois estas são fugazes, efêmeras, movimentam-se rápido, vêem-se fragmentos, cenas, seqüências, o olho não consegue captar tudo da primeira vez. Subscrevemos essa recomendação, de resto já defendida há tempos em nossos artigos.

Este o registro sucinto com o qual um veterano cultor de cinema e admirador do cineasta lhe presta homenagem pelos seus 85 anos bem vividos. Imperdoável seria deixar passar despercebidos, às vésperas de sua data aniversária, a contribuição do gênio de Bergman para o engrandecimento e permanência da sétima arte.

## Truffaut, o poeta do cinema

Há 20 anos, precisamente em 21 de outubro de 1984, às 14h30 de um domingo frio, triste, outonal, no American Hospital de Neuilly sur-Seine, em Paris, desaparecia um dos cineastas mais importantes do século, vítima de tumor maligno. Dele já suspeitava, em agosto de 1983, o Dr. Camille Malo, renomado oftalmologista, após acurado exame de fundo de olho, motivo pelo qual o mandou imediatamente ao Hospital Regional de Caen "para exames complementares". Como relatam seus biógrafos, Antoine de Baecque e Serge Toubiana, constatada a presença de um glioma, Truffaut foi operado com êxito pelo Dr. Bernard Pertuisé, neurocirurgião de renome internacional, mas os amigos íntimos vêm a saber depois o prognóstico negativo: contra esse tipo de tumor, a radioterapia permite ganhar tempo, mas não há esperança de cura...



Poucas semanas antes de expirar, contam-nos ainda aqueles autores, Truffaut foi visitado por um cinéfilo amigo, o padre Jean Mambrino. Apesar de sabê-lo sem fé religiosa, sua primeira mulher, Madeleine Morgenstein, presente na mesma ocasião, pensou vê-lo confessar-se. Mas lembra-se de tê-los ouvido rir. Truffaut sai conversando com Mambrino e diz a Madeleine: "Fomos conversar sobre o além. Mas ele sabe menos do que nós!" Depois ele lhe diria as palavras de Omar Khayyam: "Ignoro se existe uma justiça e uma misericórdia. Mas nada temo, porque sempre fui sincero".

Um mês depois da morte do cineasta, por iniciativa de amigos e admiradores, houve cerimônia religiosa em sua memória e, tal como em *O Quarto Verde* – quando o personagem Julien Davenne (interpretado pelo próprio Truffaut) celebrava o culto aos mortos -, "centenas de velas iluminavam nesse dia a nave da igreja de Saint Roch, formando uma autêntica floresta de luz". Mero acaso, coincidência ou a sincronicidade da qual nos fala C. G. Jung?



Aliás, quando começou a filmar *Le Chambre Verte*, Truffaut fez esta declaração a Catherine Laporte e Danièle Heymann, jornalistas do *L'Express*: "Acabo de completar 46 anos e já começo a ficar cercado de desaparecidos. Um filme como *Atirem no Pianista*... metade dos atores deles participantes já se foi. De tempos em tempos, as pessoas que perdi me dão saudade, como se acabassem de morrer. Jean Cocteau, por exemplo". Seis anos depois seria a vez de Truffaut.

Truffaut já foi homenageado várias vezes em comentários deste redator, desde quando o enfant gatê da *nouvelle vague* se projetou internacionalmente com filmes de alta hierarquia. Mas quem foi afinal este François Truffaut, cujas maiores influências foram Hitchcock, Welles, Renoir e Rossellini? Truffaut, sabemos, apreciava também diretores hollywoodianos como Hawks, Ray, Brooks, Peckinpah, Aldrich, Scorsese, Wilder, Frankenheimer, Wellmann, Lewis e, naturalmente, os não-hollywoodianos como Bergman, Ophuls, Lang, Kubrick, Polanski, Buñuel, von Sternberg, Fellini e Losey.

Foi ele um dos grandes mestres do cinema, criador de conhecimentos válidos até hoje e enquanto as leis da arte fílmica continuarem as mesmas. Críticos de vários países apontaram como um dos seus pontos altos, na difícil e complexa tarefa diretorial, a sensibilidade no tratamento dos diversos temas sobre os quais construiu seu legado, bem assim o quanto pretendeu dizer com imagens de rara plasticidade e as sugestões do subtexto.



Os realizadores Bertrand Bonello e Noémie Lvovsky, no número de jul/ago de 2005 dos *Cahiers du Cinéma*, prestaram lisonjeiro tributo a Truffaut, mormente Desplesquin, quando afirma serem ricos os seus filmes devido ao perfeito domínio da escritura cinematográfica, a sua sabedoria instintiva de perceber quais cenas deveriam ser curtas e quais longas, quais as seqüências de ação e quais as de informação.

Ou seja, como lembra Luiz Zanin Oricchio, "os textos velozes e curtos, a ação e o repouso". Daí talvez, dessa facilidade no trato do ritmo cinematográfico, acrescenta Oricchio, "tenha nascido a aceitação popular de um cinema fácil apenas em aparência, no qual Truffaut trata dos grandes temas mas não transige quanto à profundidade e, no entanto, seus filmes parecem sempre endereçados a quem possa ser tocado pela emoção, pelos sentimentos".

Muito se poderia acrescentar sobre Truffaut nesta homenagem póstuma a quem causou furor em Cannes com seu longa de estréia em 1959, Os Incompreendidos, ganhando o prêmio maior de direção e lançando a *nouvelle vague* – vista por Peter Graham não como uma escola, tendência, movimento ou manifesto, mas antes como uma revolução na produção, na atitude do público e, em particular, dos produtores. Ou um grito sincero por uma revolução no cinema, cujo ponto em comum, segundo Truffaut, é uma soma de recusas: recusa da figuração, recusa da intriga teatral, recusa dos cenários caros, recusa dos estúdios, recusa de cenas óbvias. Para ele "um filme não inovar em todos os sentidos e a NV foi apenas um esforço de largar o estúdio e recuperar a realidade das aparências".

A *nouvelle vague* significou uma ruptura com a tradição clássica do filme francês e a ela se juntaram nomes como Claude Chabrol, Erich Rohmer, Jean-Luc Godard, Jacques Rivette, Jacques-Doniol Valcroze, Claude Miller, Edouard Molinaro, Chris Marker e Pierre Kast, e até quem não era ligado à atividade crítica, como Alain Resnais e Marcel Camus. Cada um permaneceu fiel a si mesmo, mas, assim fazendo, acabou por afastar-se dos outros.

Indagado duma feita sobre qual o julgamento crítico dos seus filmes, respondeu: "Penso sempre que eles poderiam ter sido melhores, que eu poderia ter cortado certas cenas, que a montagem poderia ter sido diferente... A liberdade é o único ponto que une os nouvelle vagueurs, não há linhas estéticas comuns, o que há são pontos de interação devidos ao acaso". De Truffaut, como já dito tantas vezes, nasceu a *politique des auteurs*, a teoria pela qual se postula ser o diretor o verdadeiro e único autor de um filme.



Truffaut realizaria outros filmes exponenciais como *Uma Mulher para Dois*, *A Noite Americana*, *O Último Metrô*, *A Mulher do Lado*, *De Repente num Domingo*, além de outros não tanto de primeira, mas ainda assim trazendo o sinete da sua competência, sempre uma aula de "texto" fílmico, como *Amor em Fuga*, *Duas Inglesas e o Amor*, *O Garoto Selvagem*, *Fahrenheit 451*, *O Quarto Verde*.

Como bem expressou a Dominique Maillet, em 1981: "Não tenho a pretensão de haver feito sempre o melhor. Fiz o melhor que pude. O resultado de um filme – e, aliás, é bom que seja assim – não é proporcional ao esforço empregado em sua realização, nem ao dinheiro gasto, nem ao labor intelectual. Não é proporcional a nada. É uma espécie de mágica que ocorre ou não. Na maior parte das vezes, empenhei-me feito um louco na realização de filmes que não deram certo".



A morte de Truffaut há 20 anos nos fez lembrar o soneto antológico do escritor americano William Dean Howells (1837-1920), às vezes poeta bissexto, intitulado *The Bewildered Guest* (*O Hóspede Atônito*), ao tratar do nosso choque quando morre um ente querido ou alguém ligado a nós ou com quem temos um *rapport*. Entendemos válido traduzi-lo antes de concluir estas notas: "Não me perguntaram se eu gostaria de vir / Não vi meu anfitrião desde que cheguei aqui / Nem tivemos uma palavra de boas-vindas em seu nome / Dizem que nunca mais veremos quem desapareceu / Outros dizem que o veremos em algum lugar e então saberemos / Por que fomos chamados. Quanto tempo devo permanecer/ Não tenho a menor idéia. / Ninguém, dizem, / Jamais soube quando deveria vir ou ir / Mas de vez em quando explode de repente, / Sobre nossa música e nossa alegria, um clamor lamentável / Gritos de dor, choros e soluços que destroem nossa alegria / E emudecem nossos corações, porque alguém nos deixou / Dizem que o veremos algum dia. Ninguém sabe onde nem quando / Só sabemos que não o veremos aqui novamente".

Valham, para terminar, estas palavras sábias de Truffaut: "A beleza e a permanência da arte cinematográfica nascem da sua capacidade de expressar, por meio de imagens em movimento e dos signos nelas contidos, bem assim de diálogos pertinentes, todo o complexo de emoções, sentimentos e paixões da alma humana".



Estas as reflexões vindas à mente do analista, quando recorda o homem e o cineasta, a quem admiradores e cinéfilos devem umas duas mil horas de inesquecíveis lições de cinema.

## 5 anos sem Stanley Kubrick

A notícia veio como o impacto de uma pedra atirada contra a vidraça: 7 de março de 1999. Faleceu de morte súbita (provavelmente síncope cardíaca) em Heretsford, Inglaterra, o diretor cinematográfico Stanley Kubrick, um dos grandes mestres de quantos se revelaram por trás das câmaras e um dos mais importantes cineastas do século XX. O pranteado clínico Waldemar Berardinelli dizia não haver morte súbita. Morremos, sim, todo dia um pouco. Algo insidioso – o desgaste contínuo das células – nos vai consumindo de forma imperceptível até derrubar-nos de vez... Há sempre uma justificativa para a morte, fruto de nossa não-aceitação dessa fatalidade, a única banalidade renovável, como dizia Mário da Silva Brito: ocorre todo dia e sempre surpreende. A estafa e o estresse provocados pela longa preparação de *Eyes Wide Shut*, último filme de Kubrick, devem ter contribuído para o indesejável desfecho.



Stanley Kubrick se projetou como diretor de primeira linha devido a filmes como *O Grande Golpe*, *Glória Feita de Sangue*, *Spartacus* e *Lolita*, mas só se tornou conhecido dos amantes de cinema de toda parte após a exibição de *2001 – Uma Odisséia no Espaço*, filme ao qual ninguém pode ficar indiferente: revolução no cinema como forma de cultura, teoria do conhecimento. "Obra genial", diria depois Woody Allen, admirador incondicional do filme.

Realmente, como escreveu José Lino Grunewald, "tudo em *2001* é precisão e cuidado nos menores detalhes, desde os aparatos, a arquitetura dos *sets* e as vestimentas dos seres em situação extraterrena – tecnicamente nenhum filme o iguala em função do espetáculo estético".

*2001*, esclareça-se, leva a assinatura de um digno representante da elite intelectual do leste americano, conforme palavras de Román Gubern, pois o filme iria dar um novo passo ao debruçar-se sobre o problema do futuro da humanidade através da sua peça magistral de ficção científica. Estamos sós no universo? Ou apenas habitamos um planeta insignificante a girar em torno de um sol de quinta grandeza, enquanto noutras galáxias distantes anos-luz há milhões de mundos habitados por inteligências superiores ou inferiores, mas com as quais jamais entraremos em contacto, e nossa angústia continuará a mesma, quer estejamos sós ou cercados por mundos habitados? Estamos presos neste universo infinito ou haverá outros universos? Onde estará Deus?

"Kubrick provê o espetáculo com o equivalente mais próximo da experiência psicodélica", afirmaria o crítico da "Time à época de suas primeiras exibições. Não admira, pois, o impacto causado nas platéias do mundo pelo 9º filme de SK. "Diga-me, por favor, quem é Kubrick" foi o título de matéria da revista *Look* sobre o realizador de *Paths of Glory* e de *2001*. Apesar de tantos livros sobre SK e seus filmes e da alentada biografia de Vincent Lobrutto, poucos ajudam a explicar a gênese de sua genialidade.

Aluno medíocre, o pequeno Stan faltava geralmente às aulas no curso primário; no secundário, continuava medíocre (embora com QI muito acima da média), nenhuma matéria lhe interessava. O pai, médico de certo renome, homem inteligente, preocupa-se com o fraco desempenho do filho na escola. Diz-lhe: "Stan, para triunfar na vida é preciso primeiro saber. Para saber é preciso ler, reler, buscar as fontes de conhecimento". Procura daí em diante incutir-lhe o hábito da leitura, "para você não ficar para trás". Ensina-lhe o xadrez e aproveita o ensejo da vitória de Capablanca, ex-campeão mundial, na Olimpíada de Buenos Aires, 1939, para mostrar ao garoto como o xadrez representa ordem, lógica, perseverança e autodisciplina. O menino se motiva porque o jogo abarcava o seu fascínio pela guerra e as ações militares. Começa a estudar Napoleão, leu centenas de livros sobre o grande militar.

O Dr. Kubrick decide mandar o filho para uma temporada na Califórnia junto aos tios Martin e Marion, de outubro de 1940 à primavera de 1941. No retorno, o pai lhe presenteia com uma Graflex, câmara de alta velocidade, com lente singular reflexa, a primeira ser usada por jornalistas, portátil, com obturador de plano focal, podendo congelar a ação de movimento rápido. Essa Graflex, como se vê, não era um brinquedo de criança e, sim, um convite para o operador entrar no mundo das imagens e reproduzi-las bem. O menino se entusiasmou, pois fotografar se tornara um "hobby" bem comum à época. Todos queriam bater retratos de alguém, fotografar as charretes do Central Park, o Rio Hudson, as pontes ligando Manhattan ao continente. O pai lhe ensina a manejar bem a máquina, compra-lhe rolos de filmes e com o interesse despertado lhe dá depois um minilaboratório e material químico e papel especial para revelação. O Dr. Kubrick insiste na leitura, põe a biblioteca à disposição do adolescente. O hábito de ler e perscrutar as coisas vai acompanhar o jovem Kubrick por toda a vida.



SK começa a trabalhar com o veterano fotojornalista Arthur Fellig e aprender todos os segredos das câmaras fotográficas – emulsão, exposição, granulação, produtos químicos, etc. Tornou-se um fotógrafo amador de primeira e começa a freqüentar as aulas da Art Students League e estudar pintura com a professora Ann Goldthwaite. Tornou-se também membro do Photo Club da Taft *High School* e depois percussionista da mesma escola. Quando se concentrava, tocava muito bem, mas duma feita chegou com uma câmara de 35 mm em volta do pescoço, algo incomum naqueles tempos. SK estava longe; a fotografia era a sua paixão consumidora. As sementes da arte começavam a crescer dentro do jovem Kubrick...

Enquanto isso ia passando de ano até conseguir graduar-se, pois outros interesses havia lá fora e não no colégio. Aulas monótonas, livros chatos, matérias das quais jamais precisará na vida prática, dados históricos irrelevantes, deveres de casa quase sem sentido... Estudava xadrez e foi ficando cada vez mais forte. Chegou depois a ter força de mestre estadual e a ganhar dinheiro com disputas rápidas no Central Park. Faltava às aulas insossas, mas freqüentava assiduamente os cinemas e fazia anotações essenciais sobre cada filme. Adquiriu alguns livros sobre a sétima arte, estudava-os com interesse.



De fotografia já sabia tudo, daí o motivo pelo qual, já de posse de uma câmara profissional, foi procurar a revista *Look* para empregar-se. Em lá chegando, ouviu do gerente a indagação:

"E você sabe fotografar?" "Sei e bem", respondeu. "Estas fotos são suas?", indagou o gerente quando ele lhe mostrou algumas delas e estudos em p&b. "Foi v. mesmo quem fez estas fotos?" "Foi, quem poderia ter sido?" O homem olhou-o, pensou e disse: "Está empregado". E lá ficou SK uns quatro anos, dos 17 aos 21... Fez fotos antológicas como *O Pugilista* (1949), mostrando Walter Cartier na tensão da espera do início da luta e uma outra captando o próprio combate entre dois boxeurs. Sua foto do dia da morte de Roosevelt, mostrando a tristeza estampada no rosto de um jornaleiro, teve grande repercussão. Duma feita a *Look* lhe deu a capa da revista para a foto de um garoto tomando uma ducha em verão senegalesco (5 ago 1947). Esta revista chegou as mãos deste redator naquele mesmo mês, adquirida pelo Dr. Miranda Leão no velho Edésio da Rua Guilherme Rocha. O nome do fotógrafo aparecia na capa. Nunca conseguimos esquecer o nome Stanley Kubrick.



*Habitué* de filmes, SK via e revia tudo quanto era exibido nos circuitos da Broadway. Duma feita, disse numa entrevista: "Uma das coisas que mais me deram confiança para tentar fazer um filme foi ver todos estes maus filmes. Porque ficava ali sentado e pensava: Bem, ainda não sei nada de filmes mas sei que consigo fazer algo melhor que aquilo". Conhecemos hoje as duas forças motivadoras da ida de SK para o cinema: seu amor pelas imagens em movimento e pelo seu trabalho como profissional de imagens paradas. Faltava a gota d'água para levá-lo até lá. E lá vem o acaso favorável: sua amizade com Alexander Singer (1932), bom diretor de dramas para a TV e depois de filmes de ficção da categoria de *Rajadas da Paixão* (*A Cold Wind in August*, 1961) e *Cega de Amor* (*Psyche 59*, 1964). Singer tinha formação mais cinematográfica e menos fotográfica, exatamente o contrário de SK. O encontro dos dois foi frutífero para ambos.



Para concluir esta minibiofilmografia, uma informação pouco conhecida: Kubrick fez curso de pilotagem de 150 horas e ganhou o seu brevê pela "Federal Aviation Administration" em 15 ago 47, aos 19 anos. Era um bom piloto até ocorrer um acaso desfavorável: uma pane imprevista derrubou o monomotor. Kubrick escapou ileso (mas viu a morte de perto) e desistiu desse "hobby". Atribui-se a essa quase tragédia o seu medo de avião; daí em diante sua preferência é por trens e navios.

Os filmes de Kubrick são todos conhecidos dos cinéfilos e admiradores: *Medo e Desejo* (*Fear and Desire,* 1953) (retirado pelo diretor por considerá-lo um filme amadorístico), *A Morte Passou por*

*Perto* (*Killer's Kiss,* 1955), *O Grande Golpe* (*The Killing,* 1956), *Glória Feita de Sangue* (*Paths of Glory,* 1957), *Spartacus* (1960), *Lolita* (1962), *Dr. Fantástico* (*Dr. Strangelove,* 1964), *2001, A Space Odyssey* (1968), *Laranja Mecânica* (*A Clockwork Orange,* 1971), *Barry Lyndon* (1975), *O Iluminado* (*The Shining,* 1980), *Nascido para Matar* (*Full Metal Jacket,* 1987) e *De Olhos Bem Fechados* (*Eyes Wide Shut,* 1999).

Pelo conjunto de sua obra, SK ganhou troféus importantes na França, Itália, Alemanha, Inglaterra, Suécia, Espanha, EUA, prêmios da Associação de Críticos de Nova Iorque, o "Griffith Award for Lifetimeachievenent (transcrevem-se noutra página trechos do discurso dele naquela ocasião), o Prêmio Luchino Visconti, recebido em 1998 pela sua contribuição ao cinema durante a cerimônia de entrega dos Prêmios David Donatello e o Oscar pelos efeitos especiais em *2001*, SK nunca fez jus a um Oscar como diretor, se bem merecesse vários, a nosso ver. Como bem disse um crítico, SK jamais estendeu tapete para ninguém nem se curvou a exigências descabidas de produtores incompetentes ou desonestos. Por isso, tal como o rebelde Orson Welles, jamais ganhou um Oscar. E daí?

Por tudo isso, talvez não esteja adequado o título desta matéria redigida em homenagem ao excepcional cineasta. A rigor, não estamos há 5 anos sem Kubrick – pelo menos 12 dos seus longas-metragens, de *A Morte Passou por perto* a *De Olhos Bem Fechados*, estão aí em DVD ou VHS. Temos todos e não nos cansamos de vê-los e revê-los e estudá-los. Só lamentamos não dispormos dos curtas e médias-metragens e desse experimento amadorístico (?) *Fear and Desire* por ele retirado de circulação.

Estas as reflexões julgadas relevantes para o devido registro de uma sentida ausência.

## Adeus ao mestre do *Thriller*: Jacques Deray

Conforme noticiado, faleceu em agosto último, em sua residência de Boulogne-Billancourt, arredores de Paris, aos 74 anos, o *metteur-en-scène* francês Jacques Deray, vítima de insidiosa doença. Como bem disse o saudoso Drummond, numa de suas crônicas domingueiras, quando morre um astro ou um cineasta de nossa admiração, mesmo sem conhecê-los pessoalmente, morremos também um pouco, como a lembrar-nos da certeza do nosso desaparecimento, mais cedo ou mais tarde. Por um momento, em tais ocasiões, sentimo-nos estranhamente mais próximos da "carcereira amigável, a qual nos vem libertar desta prisão que é a vida". A irônica afirmação é de um mestre do macabro: Edgar Allan Poe.



Comentando a perda de Deray, disse o presidente Jacques Chirac: "Com sua morte a França perde um dos seus mais talentosos cineastas. Com seu modo natural de narrar uma história via imagens e seu senso de ação contínua, Deray dirigiu nossos maiores atores – Belmondo, Delon, Ronet, Serrault, Rich, Vanel, Ventura, Brialy, Trintignant – e construiu um portfólio cuja qualidade foi digna do merecimento do público". Especializado em *thrillers* policiais (o termo vem do inglês *thrill*, emoção, e passou no jargão cinematográfico a significar um filme de suspense e/ou mistério capaz de provocar reações de caráter emocional no espectador), Deray ficou mais conhecido pelas lições de direção cinematográfica dadas por ele em filmes como *Le Gigolo* (1961), *La Piscine* (1968) ou *Le Marginal* (1983). E também pelo êxito de *Borsalino* (1969), o qual impôs a continuação em *Borsalino et Co.* (1974), ambos valiosa evocação fílmica dos delinqüentes Carbone e Spirito da Marselha dos anos 30, onde se revela primorosa reconstituição de época. Deray, chamado de "o Hitchcock francês" por alguns críticos, preferia considerar-se um discípulo da vertente *noir* – termo nascido da expressão roman *noir*, usada por críticos literários franceses dos séculos XVIII e XIX para descrever a novela gótica inglesa e posteriormente absorvida pelo cinema. No dizer do próprio Deray, o filme *noir* começou em rigor com *Cais das Sombras* (*Quay des Brumes*), com Jean Gabin e Michèle Morgan, dirigido por seu compatriota Marcel Carné em 1938, mas se enriqueceu sobremaneira com o cinema americano dos anos 40 e 50. Outros mestres europeus e principalmente franceses (Melville, Becker e o próprio Deray) também contribuíram para projetar o gênero, ciclo, movimento ou tendência – termos citados indistintamente para definir o *noir*, segundo explicita A.C. Gomes de Matos em seu valioso livro. Deray, cujo nome verdadeiro era Jacques Desrayaud, nasceu em Lyon, em 1929, de acordo com as referências biográficas disponíveis. Em Paris, aos 12 anos, já ledor de peças teatrais e sentindo inclinação para o palco, decidiu estudar arte dramática com o renomado encenador René Simon. Inclinou-se para a carreira de ator ao desempenhar com segurança pequenos papéis em peças de sucesso junto ao público. Daí apenas um passo para atuar no cinema, máxime quando viu descer de um dispositivo retrátil uma tela para exibição de um filme em pleno espaço teatral. Encantou-se com o veículo e em 1952, aos 23 anos, foi trabalhar atrás das câmaras e logo depois guindado a assistente de direção de mestres como Jules Dassin e Luis Buñuel e de bons artesãos como Henri Verneuil, Marcel Camus, Jean Boyer e Gilles Grangier.



Deray atuou nessa função em muitas produções, tempo durante o qual aprimorou conhecimentos de montagem e assimilou a importância dos efeitos sonoros e dos primeiros planos, bem assim dos silêncios expressivos, objetivando a criação de uma tensão subjacente para envolver o espectador. Sentiu-se à vontade para aceitar o chamado dos produtores e dirigir o já citado *Le Gigolo* (*Um Homem de Certa Profissão*), do qual foi também co-roteirista. Depois dirigiu *Rififi em*

*Tóquio* (*Rififi à Tokyo*, 1961), logo estabelecendo reputação de regisseur competente, "dono de vigoroso estilo visual" (F. Klein & R.D. Nolan). *Filme & Cultura* (nº. 23, fev. 1973) considerou Deray "um cineasta lúcido, inteligente, e excelente profissional".

O já referido *A Piscina*, drama psicológico passado num paradisíaco "*resort*" de St. Tropez, propiciou a Deray o Prêmio Gaivota de Prata de Melhor Direção no Festival Internacional do Filme (Rio de Janeiro, 1969) e elogios de críticos americanos e europeus. Alain Delon, Romy Schneider, Maurice Ronet e Jane Birkin formaram o quarteto do qual eclodirá a tragédia iminente, preparada e executada com maestria até o "denouement", termo usado por Deray para referir-se à resolução do conflito. Em entrevista informal nos anos 60, Deray afirmou ter aprendido muito de cinema com Dassin, o cineasta americano exilado na Europa em razão do macarthysmo. Impressionou-lhe a noção de montagem e *timing* (o ritmo dentro do ritmo, como o definiu Décio Pignatari) de Dassin em filmes da hierarquia de *Sombras do Mal* (*Night and the City*, 1950) e *Rififi* (1955). No primeiro, com as ações centradas no submundo de Londres, de ruas mal iluminadas e lugares suspeitos, com rara galeria de tipos e o personagem principal a correr e a fugir a todo instante – um desempenho memorável de Richard Widmark; no segundo, o telão de fundo é a Paris noturna, de iluminação feérica, estuante de vida, mas também com seus marginais habitantes da noite indevassável e violenta. "Devido a minha experiência como assistente de direção", acrescentou Deray, "passei a apreciar as histórias policiais, pois me dão a possibilidade de descobrir uma cidade e seus humores, um país e, acima de tudo, o 'mood' de uma época e tudo quanto ela pode desocultar". Para explicar sua paixão pelos filmes nos quais se combinam ação e suspense, afirmou ainda: "Sempre defendi o *thriller* como veículo ideal para as imensas possibilidades do cinema, porque é um espetáculo de alto nível cinematográfico, quando talhado à medida e capaz de dizer muita coisa. O verdadeiro policial de suspense, de ambiente, repele naturalmente o amadorismo e a improvisação. Só os verdadeiros profissionais se sustentam e sabem como buscar recursos inteligentes para fugir dos clichês, pois não há muito a inovar em matéria de argumentos. Por isso mesmo, é preciso criar um clima propício de credibilidade para os vários focos de tensão dentro de um mesmo filme". Deray rodou alguns celulóides em língua inglesa, tendo atuado em Hollywood, atendendo a irrecusável convite. Lá dirigiu atrizes como Ann-Margret, Romy Schneider (sua estrela em *La Piscine*),

Natassja Kinski, Claudine Auger, Alida Valli. Desse tempo é, p.ex., *Os Gângsteres não Esquecem* (*The Other Man*, 1973), mas Deray não se adaptou aos esquemas de trabalho dos estúdios americanos nem às interferências muitas vezes descabidas de produtores arrogantes. O fracasso comercial de alguns dos seus filmes não o abateram. Tal como o grande Oswaldo Cruz no começo do século (alvo das críticas ferozes de quem não acreditava em vacinas ou na transmissão de doenças pelos mosquitos), ele poderia afirmar: "Não esmorecer para não desmerecer".



Seus dois últimos filmes, inexplicável e lamentavelmente inéditos entre nós, foram *On à Qu'Une Vie* (2001) e *Lettre à Une Inconnue* (2002), este feito diretamente para a TV e exibido recentemente no Eurochannel. O primeiro reúne os italianos Franco Interlenghi e Antonella Lualdi, marido e mulher, ambos agora com 72 anos... Franco, recorde-se, foi o personagem Moraldo, alter ego de Fellini em *Os Boas Vidas* (*I Vitelloni*) (1953), do próprio Fellini, e o meio irmão de Gina Lollobrigida em *A Insatisfeita* (*La Provinciale*), de Mario Soldati (1953); Antonella, jovem de beleza incomum, atriz de dezenas de filmes, será sempre lembrada por *Quem Matou Leda?* (*A Double Tour*), de Claude Chabrol (1959). O segundo, com Irène Jacob e Christopher Thompson no duo central, segue quase na íntegra a novela original de Stefan Zweig. Ela é a autora da longa carta apaixonada para o amante de noites intermitentes, mas de quem ele não consegue lembrar-se.... Atriz talentosa de muitos filmes, Irène viveu a jovem perscrutadora de *A Fraternidade É Vermelha* (*Trois Couleurs Rouge*), de Krzysztof Kieslowski (1994), e a infeliz Desdêmona da versão de *Othello* dirigida por Oliver Parker (1996).

A adaptação de Deray é boa, com ousada carga erótica, mas não nos parece superior ao filme homônimo de Max Ophuls (1948), produção de John Houseman valorizada pela cenarização de Howard Koch e a magnífica fotografia em p&b do mestre alemão Franz Planer. Ao redigirmos este sucinto perfil biográfico de Deray, motivados em parte pelo pouco destaque dado ao cineasta francês pela mídia, quisemos prestar-lhe nossa homenagem póstuma para não deixar passar em branco o seu desaparecimento. Embora não esteja entre os grandes do cinema, Deray situa-se entre os bons, com trabalhos dignos de figurar numa seleção de melhores das décadas de 60 e 70.

## Louis Malle: mestre do documentário e do filme adulto

Em 23 de novembro de 1995, aos 63 anos, vítima de câncer linfático, o cineasta francês Louis Malle abandonaria para sempre "a arte das imagens luminosas e iluminadas, em movimento constante, interior e exterior", da qual foi indiscutivelmente um mestre. Nascido em Thumeries, em 30 de outubro de 1932, filho de uma das ricas famílias de industriais franceses, o jovem Malle teve rígida formação católica e desta resultou sua ida para o Colégio Jesuíta em Fontainebleau. Mais tarde, cético e descrente das religiões, assunto sobre os quais evitava falar, Malle matriculou-se na Sorbonne, onde se diplomou em Ciência Política.



Apaixonou-se nesse período universitário pela arte fílmica e ingressou no Institut des Hautes Études Cinematographiques (Idhec), lá permanecendo de 1951 a 1953, quando se destacou como discente de aguda sensibilidade. Ao graduar-se, Malle foi logo convocado pelo oceanólogo Jacques Cousteau para acompanhá-lo numa viagem a bordo do Calypso, da qual nasceu *Le Monde du Silence* (1956), célebre documentário dirigido por ele e pelo próprio Cousteau. Malle operou as câmaras durante boa parte das filmagens e isso equivaleu a um significativo estágio prático no conhecimento da mecânica de uma filmagem submarina.

Segundo críticos dos anos 1950, poucos documentários da espécie se igualam ao nível qualitativo de *Le Monde du Silence*. Tempos depois outros analistas confirmaram seu juízo de valor sobre esse documentário, hoje considerado um dos melhores de quantos já foram feitos sob águas profundas. De volta à Terra, Malle dirigiu dois curtas-metragens e no mesmo ano foi convidado para ser assistente de Robert Bresson em *Um Condenado à Morte Escapou* (*Un Condamné à Mort s'Est Échappé,* 1956). Seu primeiro longa de ficção como diretor foi *Ascensor para o Cadafalso* (*Ascenseur pour l'Echafaud/Lift to the Scaffold*), rodado em 1957 e só distribuído para exibição em princípios de 1958. Os críticos F. Klein e R. D. Nolen vêem-no como um sólido *thriller* psicológico, enquanto Dale Bailey destacou em Malle sua criatividade artística capaz de lidar com "estrelas" e conduzir o ritmo cinematográfico com a categoria de um veterano. André Bazin chamou-o de "um estreante de grande talento". Leslie Halliwell denominou o filme de um "suspenser" complexo e bom de ver; Penélope Huston julgou-o "frio, mas inteligente, conciso e um tanto elegante".

## A trama

Um executivo (Maurice Ronet) mata seu patrão na esteira de um plano perfeito, mas ao fugir (e lá vêm os acasos desfavoráveis) fica preso no elevador do prédio durante a noite, enquanto sua amante (Jeanne Moreau) e ex-mulher da vítima, com a qual prometera encontrar-se logo mais, caminha desesperada pelas ruas enquanto se ouve uma das mais belas improvisações de *cool jazz* de Miles Davis. Ainda retido, o assassino passional tem seu carro roubado por um delinqüente e, trágica ironia, é preso depois por um crime cometido pelo ladrão do veículo... O filme é enriquecido pelo trabalho de Henri Decae, em preto e branco, um dos doutores franceses em matéria de fotografia, capaz de recriar cinematograficamente uma Paris de anúncios resplandescentes e de sombras e luzes fugidias. O filme, um evento para Jeanne Moreau, obteve êxito considerável nas bilheterias e foi louvado pela crítica. Por sua vez, Malle fez jus ao cobiçado "Prix Delluc". Estava aberto o caminho para um novo cineasta.



Seu próximo trabalho foi transpor para tela o ousado romance de Dominique Vivant intitulado "Point de Lendemain" e dirigi-lo com a denominação-chamariz *Os Amantes* (*Les Amants*), o primeiro dos seus filmes polêmicos, provocador de controvérsias devido à sua explícita sexualidade à época. Revelou-se, porém, num grande sucesso comercial e estabeleceu a reputação tanto de Malle como de Jeanne Moreau. A censura míope, é natural, criou problemas para o cineasta, pois não poderia aceitar o fato de uma rica mulher da província, casada, ter um caso em Paris, largar o marido (Alain Cuny), abandonar tudo e fugir ao lado de quem, jovem ainda (Jean-Marc Bory), a fez encontrar o prazer. "Les Amants" ganhou o Prêmio Especial do Júri no Festival de Veneza. Veio em seguida *Zazie no Metrô* (*Zazie dans le Métro,* 1960), comédia inventiva sobre uma garota jovem (Catherine Demongeot), capaz de em um dia criar o caos em Paris. Este filme não é tão inocente nem sadio como aparenta ser, escreveu  Bosley Crowther, mas Malle comprovou poder trabalhar noutro gênero, com a mesma proficiência. *Vida Privada* (*Vie Privée*), rodada logo depois, enfoca a ascensão de uma estrela de cinema, como Brigitte Bardot, em biografia ficcionalizada de si mesma. Melodrama interessante pela sua introvisão no universo de uma atriz como Brigitte e na sua resistência ao conformismo. Novamente Henri Decae fotografa o filme, enquanto Brigitte e Marcello Mastroianni, os dois amantes, não se entenderam durante as filmagens, apesar da habilidade de Malle em bolear-lhes as arestas. A MGM cortou dez minutos da versão dublada, apesar dos protestos formais do diretor. Mais uma vez demonstrando sua versatilidade como cineasta e o largo alcance de suas preocupações e estilo, Malle dirigiu *30 Anos Esta Noite* (*Feu Follet/The Fire Within,* 1963), considerado pela maioria dos críticos como seu filme mais amadurecido e mais bem acabado. "Nunca Malle esteve tão próximo da perfeição em cinema", afirmou P.E. Salles Gomes numa de suas aulas na Universidade de Brasília. Novamente Malle ganhou o Prêmio Especial do Júri no Festival de Veneza, bem como outros títulos concedidos por associações de críticos europeus e americanos. Após 30 Anos... Malle dirigiu Brigitte e Jeanne Moreau em *Viva Maria* (1965), um pouco de "nonsense" visualmente espetacular, e



depois *O Ladrão Aventureiro* (*Le Voleur,* 1967), drama criminal muito bem executado no qual o cineasta recria magistralmente a Paris do início do século XX. Malle embarcou em seguida numa viagem de seis meses pela Índia, dela resultando um documentário de longa-metragem intitulado *Calcutta* (1969) e uma série em sete episódios para a TV sob o título de *L'Indie Fantôme*, lançada internacionalmente com grande aclamação e posteriormente levado às telas. Retorna Malle à ficção com outros temas polêmicos, o do incesto, em *Sopro no Coração* (*Le Souffle au Coeur,* 1971), drama de adolescência tratada de forma terna e discreta, e o da colaboração com os nazistas na França ocupada, *Lacombe Lucien* (1973), estudo psicológico ganhador do Prêmio Méliès. Esses dois filmes causaram o maior impacto, tanto no plano conceitual como na forma através da qual as imagens transmitem seus significantes. O primeiro, pela criação de um clima edipiano propício às intimidades entre mãe e filho e à sutil cena de incesto, só possível de ser filmada por um cineasta perceptivo, interessado não em chocar mas em mostrar sua plausibilidade dentro de determinado contexto familiar. O segundo, pelo envolvimento dramático entre membros da Resistência e os colaboracionistas.

*Lua Negra* (*Black Moon*), filme excêntrico, delirante, auto-indulgente, inspirado pela leitura psicanalítica de *Alice no País das Maravilhas*, de Lewis G. Carroll, não teve o impacto desejado por Malle e a crítica se dividiu. Em 1978, lançou seu primeiro filme nos EUA, a controvérsia história capaz de prender a atenção do espectador sobre menina de 12/13 anos residente em bordel de Nova Orleãs, em 1917, com sua mãe prostituta, e prestes a ser leiloada por sua virgindade. O roteiro de Polly Platt e Malle, inspirado na história do fotógrafo Belloc e na sua galeria de mulheres, mostra, pelos olhos da ninfeta, a hipocrisia dos adultos e um pouco da sordidez humana. Há composições de rara beleza à moda das pinturas francesas do período, a cargo do mestre sueco

Sven Nykvist (da equipe de Ingmar Bergman), e música nostálgica de Jerry Wexler (indicado para o Oscar). A filmagem de *Pretty Baby* fez Malle entrar em território perigoso por quaisquer padrões conhecidos de produção. Mas, como explicou, "estou sempre interessado em expor algo – um tema, um personagem, uma situação à primeira vista inaceitável. E aí tento fazer isso funcionar." O cineasta enfrentou problemas, mas teve êxito no fim de contas e evitou o sensacionalismo, propiciando a Brooke Shields uma abordagem factual, pois ela não podia viver alheia a coisa alguma seu lar era o bordel e o local de trabalho de sua mãe (Susan Sarandon). Não havia outra escolha. O filme, inspirado nas vivências do fotógrafo Ernest J. Bellocq (1873-1949), abre com a cena do parto natural da mãe, acompanhado pela filha, para seguir num crescendo até o leilão da garota, precedendo a saída das mulheres com o fechamento do bordel, não só devido à ação das ligas conservadoras e intolerantes como aos interesses estratégicos da Marinha de Guerra pelo espaço. Malle nos lega no terço final um toque trágico (recorde-se o desespero da "madame") e ao mesmo tempo nostálgico (*o pianista* da casa fica embargado ao ver seu instrumento de trabalho ser levado dali). O casamento da ninfeta com o fotógrafo revela a impossibilidade de dar certo uma união dessas, e a despedida dela com o amante da mãe, agora seu padrasto, é outra nota sensível às imagens do final. *Pretty Baby* fez atriz de uma pubescente Brooke Shields. Até 1998 esse filme exemplar ainda estava banido no Canadá... Em razão do seu prestígio, Malle continuou seus contatos com produtores franco-canadenses e deles acabou obtendo a direção de *Atlantic City* (1980), filme comovente no qual o olho da câmara observa minuciosamente o personagem, um *voyeur* e o objeto de seu interesse, enquanto Malle se sente orgulhoso pelo soberbo desempenho do veterano Burt Lancaster. O filme ganhou vários prêmios internacionais, incluindo o da Academia Britânica de Cinema. Malle logrou ótimos desempenhos de dois personagens em *My Dinner with Andre* (1981), filme inteligente, consistindo inteiramente em conversa num jantar entre um diretor teatral avant-garde, André Gregory, e um ator-dramaturgo interpretado por Wallace Shawn. Para críticos ranzinzas, Malle encerrou sua carreira nos EUA com dois filmes decepcionantes, "parecendo-lhes estar ela num eclipse irresistível". No entanto, Malle volta triunfante em 1987 com *Au Revoir lês Enfants* (*Adeus Meninos*), uma memória infantil profundamente sentida de sua experiência traumática em internato católico, no qual se abrigavam também crianças judias fugitivas durante a ocupação da França por tropas alemãs e batalhões das Waffen SS. O filme procura reconstituir tudo quanto aconteceu, pois Malle se tornara amigo de um dos garotos judeus, descobertos por delação e por serem circuncisos. Como o simples fato de ser um menino judeu e de ter sido descoberto assim pode levá-lo a morrer nas câmaras de gás? Enquanto viveu, o episódio marcou profundamente Malle e o fez pensar na imanência do mal e na realidade de sermos seres para a morte, meros acidentes num universo mecânico indiferente e às vezes hostil. Os vários prêmios internacionais para esse filme incluíram o Leão de Ouro no Festival de Veneza, três Césares (o Oscar francês por Melhor Filme, Melhor Diretor e Melhor Roteiro Original), da Academia Britânica de Cinema para Melhor Diretor e o Prêmio Europeu pelo Melhor Roteiro. Sua película *Perdas e Danos* (*Damage*), de caráter intensamente erótico (1992), proporcionou a Jeremy Irons, Miranda Richardson e Juliette Binoche desempenhos a toda prova. Em entrevista ao apresentador brasileiro Jô Soares, quando esteve no Brasil, Malle afirmou não apreciar filmar a intimidade de casais, "mas nem sempre o cineasta pode escolher seus próprios temas, quando muito pode impedir a interferência descabida de outros, tanto na realização como na edição do filme". Esta apenas uma aproximação possível de um dos grandes realizadores franceses do século XX prematuramente desaparecido.

## Alan Resnais, o cineasta da memória

Intelectual francês e um dos cineastas mais brilhantes do seu país, Alain Resnais nasceu em Vannes, na Bretanha, em junho de 1922. Projetou-se paralelamente à *nouvelle vague*, sem se ter tornado um dos seus membros, talvez por não querer vincular-se a movimentos ou compromissos. Vidrado em cinema desde quando assistia a filmes com seu genitor, um farmacêutico entusiasta da sétima arte, Resnais levou a efeito seu primeiro trabalho amador, com câmara de 8 mm, aos 14 anos, mas só a partir dos 20 anos fez da realização de filmes sua ambição profissional.



Alain Resnais estudou arte teatral, literatura e filosofia (bastante influenciado pelo pensamento de Henri Bergson) e permaneceu um ano no Instituto de Altos Estudos Cinematográficos (Idhec) de Paris, onde se distinguiu como jovem cineasta de apurado senso visual. Recrutado em 1945, serviu numa unidade de entretenimento de tropas aliadas na Alemanha e na Áustria. Desmobilizado em 1946, iniciou-se na feitura de curtas e médias-metragens, a maioria dos quais documentários silenciosos, e, ocasionalmente, de filmes dramáticos. Seus primeiros curtas foram mostrados na TV francesa, período formativo no qual trabalhava igualmente como operador e montador de outros diretores. Sua carreira de documentarista deslanchou em 1948, quando realizou um filme sobre Van Gogh em 35 mm, do qual foi também montador e com o qual ganhou um Oscar na sua categoria.

Politicamente, pertencia à esquerda democrática, mas não era homem de partido, sempre prezou sua independência. Afinal, não tinha pretensões nessa área; sua religião era o cinema, e nele investiu tudo quanto pôde. Sua reputação como documentarista crescia a cada novo média-metragem, cabendo registrar alguns dos seus melhores trabalhos: *Guernica* (co-dirigido com Robert Hessens) e *Gauguin*, ambos de 1950; *Les Statues Meurent Aussi* (co-direção com Chris Marker, em 1953); *Nuit et Brouillard* (Nacht und Naben/Night and Fog, de1956); *Le Mystère de L'Atelier 15* (co-direção com André Heinrich, em 1957); e *Le Chant du Styrène* (1958).



Firmou sua reputação principalmente após *Noite e Nevoeiro*, excursão perturbadora (também aula de montagem e uso magistral de filtros na captação de tempos aterradores, iluminação a cargo de Ghislain Cloquet) no mundo dos campos de concentração nazistas. Com esse filme, Resnais revelou sua preocupação com o mal inerente à natureza humana, com a injustiça no mundo, a matança de inocentes, a impunidade e, principalmente, com o tema da memória e do esquecimento. Subtemas *shakespearianos* (a transitoriedade das coisas, a fragilidade dos sentimentos, a inevitabilidade da morte) também povoam o conjunto de sua obra. Desta ressalta um expressivo estilo visual, o qual enfatiza o olhar perscrutador e investigador da câmara.

Ao seguir uma trilha filosófica de Bergson e outra literária de Proust, o estilo de Resnais ganhou forma mais complexa e mais rica no seu primeiro longa de ficção, *Hiroshima, Mon Amour* (1959), pelo qual seu realizador fez jus a vários prêmios da crítica. Resnais rompeu com os conceitos convencionais do tempo narrativo e fundiu passado, presente e futuro num tempo único, introduzindo revolucionárias técnicas de retrospecto para conciliar a realidade com a memória. *Hiroshima* foi chamado de filme-revolução pelo (1) uso do flashback na esteira da acronologia de *Kane*, mas jogando com linhas de seqüências não-paralelas; (2) emprego de diálogos de modo completamente antifigurativo, "com o duo central falando em recitativo uniforme, como a demonstrar extemporaneidade e ao mesmo tempo inserir uma noção de ausência", e (3) utilização de planos inusitados, os quais parecem pertencer a um filme e se somam a outros de películas diversas. E assim ocorre com *close-ups*, *travelings* ou seqüências inteiras, com imagens em desenvolvimento circular, sem uma definição da estrutura princípio-meio-fim. Alguns analistas vêem o dedo de Welles na técnica de Resnais, mas com o mestre francês, afirma Grunewald, *o ciclo inventivo se refaz e se multiplica...*

Em seu segundo filme-revolução, *Marienbad*, Resnais foi mais além e manipulou resultantes temporais multidirecionais num filme completamente sem enredo (no sentido convencional do termo, pois há sempre uma situação dramática a evoluir ou um conflito a ser resolvido) e altamente ambíguo, nele havendo quem visse "a tentativa de criação da arte total, dela participando todas as outras artes". A estrutura narrativa de *Marienbad* é a recriação subjetiva do passado-presente em quatro tempos (o é, o foi, o será e o poderia ter sido), conforme aparecem na memória do protagonista ou nas suas reminiscências oníricas ou não.



Vieram em seguida *Muriel* (ou *Le Temps d'un Retour*, de 1963), outro complexo e competente exercício na exploração audiovisual da memória, louvado pela crítica mas de pouco êxito de público, e *La Guerre Est Finie* (1966), mais acessível, com trama quase linear, mas superiormente dirigido, tratando dos conflitos de um revolucionário antifranquista. Este conquistou o *Louis Delluc* e vários prêmios especiais em festivais e desfrutou de sucesso comercial sem precedentes em muitos países. O fracasso financeiro de *Je T'Aime, Je T'Aime* (1968) prejudicou a viabilidade das produções de Resnais por vários anos, levando-o a dirigir *Stavisky* (1974), biografia cinematográfica de um estelionatário francês, seu único filme convencional até então, mas com firme condução do ritmo e da convincente atuação do elenco, à frente do qual pontificavam o versátil Jean-Paul Belmondo e o veterano Charles Boyer.

*Providence* (1976) foi o primeiro filme de Resnais em língua inglesa e refletiu sobre o processo criativo de um escritor vítima de câncer, enquanto agonizava. Louvado pelo brilho do enfoque original, mas chamado de bizarro e criticado por outros (afinal o cinema não é ciência exata e todos têm suas preferências temáticas e/ou estilísticas e escolha pessoal de diretores), ganhou sete *César* (o Oscar francês) e aclamação na Europa, embora tenha sido mal recebido nos EUA.



Resnais prosseguiu ativo e dirigiu ainda *Mon Oncle D'Amerique* (1980), *La Vie Est um Roman* (1983) e *L'Amour à Mort* (1984), todos escritos por Jean Grualt (cenarista do qual também se valeu Truffaut). Esses filmes formavam uma trilogia não declarada, sumarizando algumas das preocupações filosóficas, estéticas e éticas de

Resnais, abrangendo temas de ordem vária – do amor, do tédio existencial e do caráter metafísico. Seguiram-se-lhe *Mélo* (1986), *Je Veux Rentrer à la Maison* (1989), *Gershwin* (média-metragem de 1992), *Smoking / No Smoking* (1993), filme curioso, vencedor de outro *César*. Aos 75 anos dirigiu *Aquela Velha Canção* (*On Connait la Chanson*, de 1997), grande êxito bilhetérico com o qual recebeu vários prêmios.

Impecável formalista, Resnais é provavelmente o mais importante diretor a emergir da safra francesa dos anos 50. Se pensava ou não como um *nouvelle vagueur*, pouco importa. Eis o fato relevante: embora se apoiasse na colaboração de outros escritores em todos os seus filmes (Marguerite Duras, Robbe-Grillet, entre outros), Resnais é considerado um auteur pelos críticos subscritores da teoria, devido à sua consistente adesão a temas de distinção e à técnica altamente pessoal desenvolvida para enfrentá-los.



Com a saúde um tanto debilitada (asma crônica vinda da infância e problemas com a visão), Resnais teve prejudicada a fase final de sua carreira brilhante. Ainda lúcido aos 82 anos, a julgar pelas referências a palestras e entrevistas dadas em 2001 e 2002, seus problemas não o impediram de inscrever seu nome na galeria dos grandes mestres do cinema.

## Tributo a um mestre: Hal Mohr

O comentário sobre O Selvagem dá-nos ensejo a um preito póstumo a Hal Mohr (1894-1974), *cinematographer* deste filme de Benedek, bem como de outras meritórias realizações do ponto de vista da direção fotográfica, da qual foi incontestável pioneiro e mestre. Dados biográficos disponíveis nos revelam ter sido Mohr, desde os velhos tempos ginasianos, entusiasta da cinematografia. Filho de família da classe média alta de São Francisco, pôde montar sua própria câmara e, depois de alguns experimentos, largar a escola para ganhar dinheiro vendendo clips de atualidades para companhias distribuidores de curtas e médias-metragens.



Foi, no entanto, posto para fora dessa atividade pela infame "Patents Company", a qual chegou a confiscar-lhe o equipamento. Mohr não desistiu e continuou a fazer filmes com câmara ainda melhor e acabou abrindo caminho até Hollywood, onde chegou a dirigir duas comédias curtas de Harold Lloyd, antes de ser convocado e partir para a Grande Guerra, com a entrada dos EUA no conflito, em 1917.

De volta a Hollywood, decidiu profissionalizar-se como *cinematographer*, conforme seu relato no livro de entrevistas, "Behind the Câmera": "Senti ser o trabalho de *cameraman* o mais criativo na indústria cinematográfica". Por isso mesmo, começou fotografando longas-metragens no começo dos anos 20, como *Little Anne Rooney* (1925), *Sparrows* (1927) e *In the Old San Francisco* (1928), o primeiro dos quais dirigido por William Beaudine.

Os surpreendentes efeitos visuais de Mohr nos primeiros filmes sonoros estão evidentes em *Broadway* (1929) e no "technicolor" de *O Rei de Jazz* (*The King of Jazz*), musical espetacular, segundo Leslie Halliwell, dirigido por John Murray Anderson, assim como na elegante fantasia metafísica intitulada *Um Passo além da Vida* (*Outward Bound*), de Robert Milton (1930), baseada em peça de Sutton Vane, e depois refilmada em 1944 sob o título *Between Two Worlds*, desta feita dirigida por Edward A. Blatt.



Já em 1929 Mohr introduzira tomadas complexas colocando a câmara no alto da grua no *Broadway*, de Paul Fejos, tornando-se um dos primeiros cameramen a empregar de forma criativa planos com a *dolly*, também chamada de *traveling*, ou seja, uma plataforma móvel sobre trilhos na qual a câmara é montada com vistas a movimentos para trás e para frente e equipada com um boom (braço de aço usado como suporte para uma minicâmara ou microfone). De certo tempo a esta parte, descobriu-se forma mais elaborada da *dolly*, a crab *dolly*, assim denominada pela semelhança com o movimento do caranguejo, pois suas rodas podem mover-se também para os lados e entre estes para qualquer direção.

Mohr filmou pouco mais de cem filmes, dos quais destacamos, além dos já referidos, *O Cantor de Jazz* (*The Jazz Singer,* 1927), de Alan Crosland, o primeiro filme falado (somente canções e fragmentos de diálogos), pois o primeiro longa sonoro, do começo ao fim, é *Luzes de Nova Iorque* (*Lights of New York*), de Brian Foy (1928), "historicamente importante mas dramaticamente primitivo", como a ele se referiu um crítico da revista *Variety*.



Mohr atuou ainda em vários estúdios numa ampla diversidade de títulos, desde produções menores como a série *Charlie Chan*, a partir 1934, a filmes classe A na Paramount, como *Atire a Primeira Pedra* (*Destry Rides Again*), de George Marshall (1939), com Marlene Dietrich no papel central feminino, ou na Fox em *Apostando no Amor* (*David Harum*), de James Cruze, também de 1934, com Evelyn Venable como atriz principal, por quem Mohr se apaixonou aos 40 anos e com ela se casou.

Seu trabalho mais memorável como operador-chefe foi *Sonho de uma Noite de Verão* (*A Midsummer Night's Dream*), de Max Reinhardt (1935), baseado na peça homônima de Shakespeare, para a Warner (1935), pelo qual ganhou o primeiro de dois Oscar. Curiosamente, o filme não tinha sido indicado oficialmente, mas venceu no chamado voto write-in, quando os membros da Academia de Ciências e Artes Cinematográfica ainda podiam votar fora da indicação oficial. A partir daí, a Acac eliminou essa possibilidade de votação. Outro celulóide de êxito foi *Capitão Blood*, de Michael Curtiz, também de 1935 e novamente para a Warner, com a fotografia de Mohr sendo louvada pelos analistas. Com Curtiz, Mohr atuou em *O Morto Ambulante* (*The Walking Dead*) e em *Balas ou Votos* (*Bullets or Ballots*), com William Keighley, ambos de 1936.



A década seguinte lhe propiciou a oportunidade de fotografar *Horas de Tormenta* (*Watch on the Rhine*), dirigido por Herman Schuling (1943), baseado em peça de Lillian Hellman. Foi um dos melhores filmes antinazistas do período, e Paul Lukas, no papel-chave, ganhou seu único Oscar. A película recebeu ainda indicação para o Melhor Filme e Mohr conquistou seu segundo Oscar pela Melhor Fotografia. *O Fantasma da Ópera* (*The Phantom of the Opera*), igualmente de 1943, lhe fez ganhar troféus pela fotografia em cores. Fotografou *The Climax*, com George Wagner (1944).

Mohr voltou a novos êxitos em *Na Noite do Crime* (*Woman on the Run*), de Norman Foster (1950), *A Noite Tenebrosa* (*The Big Night*), de Joseph Losey, e *A Morte do Caixeiro Viajante* (*Death of a Salesman*), de Laszlo Benedek, ambos de 1951. *O Diabo Feito Mulher* (*Rancho Notorious*) deu-lhe a oportunidade de trabalhar com Fritz Lang (1952) e *O Selvagem* (*The Wild One*), novamente com Benedek (1954). Fez com Don Siegel *Inimigo Público nº 1* (*Baby Face Nelson,* 1957), com Andrew L. Stone *A Última Viagem* (*The Last Voyage,* 1960) e com Samuel Fuller, *A Lei dos Marginais* (*Underworld USA,*1961).



Em fins dos anos 50 e parte dos 60, Mohr emprestou talento à TV e sua competência como consultor em vários filmes, um deles *Topaz*, de Hitchcock (1969), louvado pelo uso da cor e não pelo seu entrecho.

Este apenas o resumo possível de nossa homenagem a um dos melhores *cinematographers* da Meca do Cinema, pela sua contribuição à arte fílmica, quando se completam 30 anos do seu desaparecimento.

## Sam Peckinpah – a estética da violência no cinema

Já se encontra disponível nas locadoras uma obra-mestra dos filmes de guerra dirigida por Sam Peckinpah, o esteta da violência, conforme o epíteto de críticos estrangeiros. Sua minifilmografia nesta edição dá bem idéia de como chegou a cineasta de primeira linha e do motivo pelo qual se ligou tanto ao espetáculo de sangue e violência.

Produção anglo-germânica de 1977 (e lá retornamos a essa década rica), *A Cruz de Ferro – Cross*

*of Iron* – é, antes de tudo, um marco importante do cinema, ombreando-se com os melhores do gênero como *Nada de Novo no Front*, de Lewis Milestone; *A Grande Ilusão*, de Jean Renoir; *Apocalypse Now*, de Francis Ford Coppola; *Nascido para Matar*, de Stanley Kubrick, *Platoon*, de Oliver Stone, e *O Resgate do Soldado Ryan*, de Steven Spielberg.

Impressionado com a leitura da obra de Will Heinrich (inspirada em livros sobre a derrota alemã no Leste) e decidido a filmá-la, Sam Peckinpah convenceu os produtores e entregou o *script* a três bons roteiristas (Julius Epstein, Walter Kelley e James Hamilton), preparou o roteiro técnico (*shooting script*) com seus assistentes e o operador-chefe e partiu para a pré-produção e realização.

No plano geral, o filme trata da retirada de tropas alemãs na Rússia, em 1943, após a rendição do VI Exército de von Paulus cercado em Stalingrado, uma das batalhas mais cruentas da 2ª Guerra Mundial, na qual se estima hajam morrido uns 500 mil combatentes de ambos os lados. No plano particular, o foco se concentra num regimento alemão ou, antes, nos seus componentes, peões de um verdadeiro microcosmo ou metáfora da própria humanidade, melhor ainda, do homem, esse ser imperfeito, contraditório, lobo do seu semelhante. Emocional e militarmente, os oficiais e soldados estão no limite de suas forças, enfrentando emboscadas e a iminência do ataque inimigo em larga escala.



"Filme doloroso de ver, ocasionalmente belo, mas também chocante, capaz de abrir um leque amplo de oportunidades para seu diretor chafurdar-se em desagradáveis aspectos físicos", escreveu Leslie Halliwell. O enredo, porém, não elide a amarga rivalidade entre os oficiais, particularmente entre o capitão Stranski, aristocrata prussiano sem experiência de combate, e o cabo, depois sargento, Steiner, espécie de líder junto à tropa. Não procede, portanto, a nosso ver, o cerne de crítica de Halliwell. Pois não se deve esperar de um filme de guerra, mormente de Peckinpah, um baile de moças da *belle époque*, mas, sim, a crueldade e violência próprias do gênero. No caso, predomina também a busca incessante do cineasta americano pelo maior realismo cinematográfico possível. Peckinpah tampouco oferece alívio em seus 130 minutos de projeção.

O filme abre com cenas reais de documentários: a ascensão de Hitler e seus asseclas, o delírio nas ruas, as fotos da Cruz de Ferro em cerimônias, paradas militares, suásticas em profusão, rendição de soldados, prisioneiros alemães, fuzilamento de judeus, cadáveres, neve, etc., enquanto se ouvem músicas folclóricas e hinos patrióticos. Os personagens-chave serão logo conhecidos: o coronel comandante é vivido pelo veterano James Mason; o capitão Stranski, por Maxmilian Schell; o capitão Kiesel (vítima de síndrome disenteriforme) é David Warner; Klaus Lowitsch encarna o tenente Triebig, e Steiner tem em James Coburn o intérprete ideal. A insinuante Senta Berger, *repos du guerrier*, aparece depois, numa mudança de cenário, como enfermeira de Steiner.



Após créditos e *flashes* em preto e branco, a câmara enquadra Coburn e as cores vão-se fundindo lentamente, e aí estamos na seqüência inicial de um ataque de surpresa dos alemães, após o qual trazem preso um garoto russo de 14 anos, se tanto. Stranski quer matá-lo em razão da ordem absurda de não fazerem prisioneiros. Steiner contesta, o adolescente tira do bolso não uma arma, mas um realejo... O problema é contornado, um soldado se oferece para executá-lo, mas não o faz, leva-o para longe dos olhos de Stranski.

Sente-se desde o início uma presença firme por trás das câmaras e na supervisão do trabalho dos montadores. Peckinpah vai mais além das ações puramente militares para entrar no campo psicossocial e deixar momentaneamente os combates e mostrar o medo estampado nas faces (o homem é um ser para a morte, e num *front* de guerra essa angústia se multiplica), a covardia de outros, o senso do dever da maioria dos infantes, o vale-tudo para obtenção de uma das mais importantes condecorações.



No fim de contas, a Cruz de Ferro é meramente um símbolo concedido muitas vezes a quem não merece ou facilmente tornado irrelevante pela voragem do tempo e do esquecimento, "do tudo passa a nada fica". Discute-se sua utilidade em cena, é apenas um pedaço de metal. "Quero poder olhar para minha família", diz Stranski, cuja fala é entremeada de ironias e mentiras. Não sou do partido nazista, mas sigo o Führer. Há também quem odeie todos os oficiais e esteja ali contestando o regime nazista e discordando sobre se podemos impingir nossa cultura a outros povos.

Há forte sugestão homossexual quando Peckinpah aciona significativas imagens *falantes*: Stranski percebe por acaso um contato sugestivo entre o tenente e o jovem soldado imberbe. Depois dos *close-ups* intercalados por indagações persistentes do capitão, ele tirará proveito da chantagem mais tarde e avisa: "Se eu os pegar em flagrante vou mandar enforcá-los lentamente". É o preconceito levado ao auge, escreveu Dale Bailey.



Peckinpah merece créditos pela criação de um clima cinematograficamente realista, pouco honroso para os combatentes derrotados e em retirada. Nada virá salvá-los do inferno dentro do qual foram jogados a contragosto (quem apreciaria ir para uma guerra como essa?). A presença do pré-adolescente russo prisioneiro é outro achado do *script* pela tragédia de ter estado lá em local e momento indesejados. São os acasos desfavoráveis dos quais nos fala o engenheiro E. A. Murphy.

O fôlego da seqüência de acontecimentos não cessa, raras vezes se vê no cinema o horror da guerra em toda contundência e moto contínuo. O olho de Peckinpah também está nos detalhes, seja no *close-up* do capacete russo, no ataque de surpresa na ponte, no veículo motorizado a passar sobre um combatente morto na estrada, seja quando se vê um rato se movimentando sobre a mesa. "Isso não é retirada para Kubam, é antes uma fuga", desabafa o coronel. Os combates corpo-a-corpo em meio a ruínas permitem visualizar mais de perto a ferocidade dos homens. "O que faremos quando perdermos a guerra?", pergunta o capitão. A resposta é irônica: "Faremos outra".

Bons momentos da trama visual se encontram nas sombras dos soldados movendo-se em silêncio antes do ataque ao posto avançado russo. A travessia do rio com água pelo pescoço, empu- 
nhando-se as metralhadoras com os braços levantados, foge do convencional quando o infante abatido se esparrama sobre a cerca de arame farpado, ou quando corpos caem em câmara semilenta durante o ataque aéreo. Há expressiva elipse para a internação de Steiner. Corta-se para o olho dele iluminado pelo foco de luz para verificar o reflexo pupilar de quem foi vítima de concussão cerebral e convalesce em hospital de mutilados.

No papel de Eva, Senta propicia o toque erótico, quando é vista de costas vestindo-se após uma noite de favores a Steiner, sugerida pela dança deles em momentos anteriores. Mas a crueldade da guerra não alivia o espectador: quando por engano o sargento confunde um soldado com outro, e ele se vira, vemo-lo com a metade do rosto costurado... Em seguida, novo corte nos leva à chegada de um comandante militar com ordens incontestáveis: "Quero 65% dos feridos no serviço ativo dentro de três dias!" Essas palavras soam como um canto fúnebre. Absurdos da guerra. Um soldado sem braços faz o "Heil Hitler!" levantando a perna para o general...

Há outra seqüência de impacto quando um grupo de combate alemão se depara com mulheres russas (em verdade, armadas e bem dispostas). Uma delas está tomando banho numa tina e isso desperta naturalmente a lubricidade dos infantes. A luta da mulher e as cenas humilhantes têm seu arremate inesperado quando a russa, fingindo aceitar o estupro, mata o inimigo com facada mortal. O mais chocante virá em seguida, quando uma delas corta com os dentes o membro de quem a obriga ao sexo oral. Toda a seqüência termina em gritos lancinantes e banho de sangue. "Creio ser Deus sádico, ou talvez ele nem saiba de nada", diz Steiner numa explosão de horror diante da onipresença do mal.



Peckinpah não desprega o olho de sua câmara ágil, perscrutadora, procurando transmitir todo o complexo de emoções predominantes em situações extremas, como aquelas das quais não se sabe qual será a saída ou se haverá saída. Cada cena se liga à seguinte, o *raccord* opera em vários níveis, nada está ali por acaso. A interação dos planos e das transições se faz com mão de mestre e dispensa maiores considerações, como nas cenas do hospital, quando Steiner tem uma crise e quebra pratos, taças e garrafas da pequena comemoração festiva de feridos. O cineasta reduz até mesmo o uso do campo e contracampo, quando, por exemplo, coloca Steiner e Eva sentados de costas um para o outro na cama, com expressões desencontradas e sugestivas de uma despedida sem volta. Da mesma forma age quando as falas se fazem ouvir entre oficiais e subalternos. Também há diálogos pertinentes: "Nada é tão desprezível quanto roubar os louros de alguém morto heroicamente em combate".



Duas inserções magistrais servem como memória da barbárie e da hediondez da guerra: numa percepção subjetiva, visionária, Steiner "vê" o reaparecimento de alguns mortos e até do garoto metralhado (provavelmente confundido pelos seus compatriotas), uma espécie de caminhada de fantasmas; o massacre de soldados alemães pelos próprios colegas devido à indignidade e covardia de um capitão pusilânime e ao mau caráter e oportunismo do tenente.

## Sai de cena outro cineasta de escol: John Schlesinger

O desaparecimento de cineastas como John Frankenheimer (*O Segundo Rosto*), Andre De Toth (*Águas Tenebrosas*), Bernhard Wicki (*A Ponte da Desilusão*), Jacques Deray (*A Piscina*) e Walter Hugo Khouri (*Amor Estranho Amor*), nos primeiros anos deste século, cria um vazio no mundo das imagens em movimento e dos signos não-verbais dificilmente preenchível a médio prazo. Findam-se assim carreiras de inegável importância para a construção da história do cinema como arte para ensinar a "ver", pensar e refletir. Agora chegou a vez de John Schlesinger, vítima de AVC aos 77 anos, em sua residência em Palm Springs, na Califórnia. Horas antes, informa-nos a Internet, haviam sido desligados os aparelhos dos quais ele necessitava para continuar *vivo*.



Para quem não lembra, ou não costuma ligar o nome do diretor aos seus filmes, Schlesinger foi o responsável pelo êxito de películas como *Darling, A Que Amou de mais* (*Darling,* 1965), *Perdidos na Noite* (*Midnight Cowboy,* 1969), *Domingo Maldito* (*Sunday Bloody Sunday,* 1974), *O Dia do Gafanhoto* (*The Day of the Locust,* 1975), *Os Ianques Estão Chegando* (*Yanks,* 1979), os quais só fizeram contribuir para engrandecer o legado deixado por outros mortos ilustres do sonoro – cineastas exponenciais como Welles, Kubrick, Fellini,Truffaut, Eisenstein, De Sica, Fassbinder, Riefenstahl, Kurosawa, Ophuls, Lean, Wilder, Visconti, Leone, e Ford, para ficarmos apenas com nomes vindos rápida e obrigatoriamente à lembrança.

Schlesinger, dizem-nos os registros biográficos, nasceu em Londres, filho de médico judeu, família de classe média. Sua associação com o mundo do espetáculo começou durante o seu serviço ativo na 2ª Guerra, quando chegou a entreter as tropas com números de magia e prestidigitação, talento com o qual se aproximou de Welles, também mágico do *show biz*, antes de devotar-se inteiramente ao cinema. Findo o conflito mundial, de volta à vida civil, JS começou a atuar como ator em peças levadas a cabo por alunos da Universidade de Oxford, onde teve a oportunidade de aprender, com bons encenadores ingleses, os macetes dos bastidores e dos ensaios para maior espontaneidade dos diálogos e marcação de movimentos em cena.



Nos anos 50, quando começou a interessar-se pela arte do filme, JS desempenhou papéis menores em muitas peças e vários celulóides, um deles a *A Batalha do Rio da Prata* (*The Battle of the River Plate*), de M. Powell & E. Pressburger (1956), com Peter Finch revivendo o Cap. Langsdorff, do "Graf Spee". Em seguida começou a fazer filmes amadorísticos ou experimentais, como declarou à época, mas seu talento em ebulição foi logo percebido por produtores interessados em algo renovador na TV. Daí o ter sido indicado para dirigir *teleplays* de caráter documentário para a BBC e vários episódios da série The Valiant Years sobre a resistência de Winston Churchill aos avanços da máquina nazista na 2ª Guerra. Desse período se destaca o documentário *The Innocent Eye* (1958).



Em 1961, Schlesinger fez jus ao 1º Prêmio no Festival Internacional de Veneza pelo documentário *Terminus*, de 45 min, no qual soube captar, num primor de síntese e objetividade, o drama humano da Waterloo Station, de Londres. Inspirado, aliás, em *Berlim, Sinfonia de uma Cidade*, de Walther Ruttmann (já comentado por este redator no DN-Cultura), JS quis fazer o mesmo em relação a Londres, mas sua transferência para o longa-metragem de ficção adiou um projeto para o qual, infelizmente, jamais retornou. Como se recordarão os cinéfilos, o lastro de JS como ator e sua experiência como documentarista estiveram evidentes em *Ainda Resta Uma Esperança* (*A Kind of Loving,* 1962), comédia dramática plena de argutas observações sobre os desencontros do amor nos tediosos casamentos da classe operária no Norte da Inglaterra. Notável pelo seu realismo preciso e excelentes desempenhos dos atores, segundo o enciclopédico Ephraim Katz, o filme conquistou justamente o Urso de Ouro do Festival Internacional de Berlim daquele ano.

Igualmente louvado pela condução do elenco e habilidade para fugir de certos clichês, *O Mundo Fabuloso de Billy Liar* (*Billy Liar,* 1963) projetou uma visão tragicômica do mundo de fantasia vivido por ambicioso funcionário de empresa funerária. O filme provou ser a catapulta para a carreira dos dois protagonistas, Tom Courtenay e Julie Christie. As falas daquele fluem com rara naturalidade e a jovem Julie, cuja "descoberta" foi atribuída ao próprio Schlesinger, projetou-se como estrela no novo filme do diretor, o já citado *Darling*, pelo qual fez jus ao Oscar por seu papel como uma modelo oportunista e sedutora. *Darling* conquistou outros prêmios, incluindo-se o de Melhor Direção pela Associação de Críticos de Nova Iorque e várias indicações para o Oscar de Melhor Filme e Melhor Diretor. Posteriormente, *Darling* foi incluído como um dos melhores dos anos 60, louvado por críticos como Arthur Knight, nos EUA, ou cineastas como Truffaut, Malle e Losey na Europa, e pelos analistas ingleses dos "angry young men" – fontes do movimento de revitalização e/ou renovação dos filmes britânicos, espécie de "*nouvelle vague*" da velha Albion.

Mestre dos diálogos, JS se superou nos de Alan Bates & Thora Hird no já citado *Ainda Resta Uma Esperança* (*A Kind of Loving,* 1962) e nos de Peter Finch & Terence Stamp, Julie Christie & Alan Bates em *Longe deste Insensato Mundo* (*Far from this Madding Crowd,* 1967). Para o crítico americano Andrew Sarris, todos esses intérpretes formaram uma galeria de desempenhos inspirados e um núcleo de talentosos atores britânicos disponíveis para o cinema de língua inglesa, e Schlesinger "representou uma nova e inteligente combinação de pragmatismo e representação, particularmente inovadora na direção dos diálogos cinematográficos". Como bem lembrou JS em entrevista, a credibilidade transmitida pela interpretação dos atores, todos dependentes do diretor, assim como a qualidade do som e das imagens projetadas na tela, pesam bastante na avaliação de um filme.



Convidado para trabalhar em Hollywood, cujo brilho e possibilidades profissionais sempre o atraíram e onde viveu seus últimos 30 anos, JS chegou ao topo com *Perdidos na Noite*, "uma história do desespero, despedaçadora da esperança e da amizade, focalizada de forma incisiva por Schlesinger, na esteira do seu longo interesse pelas relações complexas entre as pessoas (bissexualismo) e a busca individual pela segurança e a utopia da felicidade". A película ganhou prêmios da Academia para Melhor Filme e Melhor Diretor, entre outros, com Jon Voight e Dustin Hoffman em interpretações sobresselentes.

Em escala um pouco menor, *Domingo Maldito* (*Sunday Bloody Sunday,* 1972) foi o segundo êxito de JS junto à crítica atenta, ao focalizar o drama adulto de um triângulo bissexual, novamente com Peter Finch e mais a presença de Glenda Jackson. Participou ele com êxito do documentário episódico *Visões de Oito Mestres* (*Visions of Eight,* 1974) e dirigiu no ano seguinte *O Dia do Gafanhoto* (*The Day of the Locust*), aceitando o desafio de levar ao *écran* "o romance terrivelmente satírico de Nathanael West", com duração de 143 min, centrado nos bastidores da Meca do Cinema, em 1930, e nas atribulações de um cineasta de pouca experiência, fascinado pelas excentricidades da vida hollywoodiana mas atônito diante da corrupção intrínseca dos grandes estúdios e de sua moralidade claudicante.



Há cenas inesquecíveis em *O Dia do Gafanhoto*, como as da insólita noite orgiástica (aula magistral de montagem rítmica), as do martírio de um retardado (Donald Sutherland) pela multidão enfurecida e as do incêndio apavorante – metáfora da destruição dos mitos hollywoodianos ou da punição a todo mal causado por chefes e produtores inescrupulosos. Apesar do fracasso de bilheteria, Conrad Hall ganhou o Oscar pela direção fotográfica e Burges Meredith pela sua interpretação. Alguns críticos louvaram a adaptação cinematográfica de Waldo Salt, o labor criativo de Schlesinger, seja na reconstituição do ambiente psicofísico e social dentro do qual os eventos se desenrolam, seja na condução do elenco, com destaque para Richard Dysart na pele de um cínico e devasso produtor.



Cabe mencionar também um *thriller* de caça a um perverso fugitivo nazista em *Maratona da Morte* (*Marathon Man,* 1976), novamente com Dustin Hoffman num duelo de interpretação com Laurence Olivier (este indicado para Oscar). Há uma cena angustiante de tortura numa cadeira odontológica, uma seqüência de mestre encenada na rua dos joalheiros judeus em Nova Iorque e um final pleno de suspense capaz de fazer inveja ao velho Hitchcock.

Em *Os Ianques Estão Chegando* (*Yanks,* 1979), no qual JS reconstrói cinematograficamente uma época marcante na vida dos ingleses, durante os anos precedentes à invasão da "Festung Europa" (6 jun 1944), quando mais de um milhão de americanos foram aquartelar-se em Lancashire e outras cidades para o intenso adestramento ao combate. A cenarização se concentra não só no romance habilmente conduzido por JS entre Richard Gere & Lisa Eichhorn e Vanessa Redgrave & William Devane, como nas vicissitudes da guerra e nas perspectivas de morte próxima, nos preconceitos contra os "visitantes" e destes contra os próprios militares negros, nos problemas de família entre amantes casados ou comprometidos e nas sugestões sutis da influência religiosa repressora do sexo extraconjugal.

Na cena de frustração sexual, em pleno colóquio amoroso entre o sargento e a jovem comprometida, JS revela rara proficiência no trato dos planos intimistas e na nudez dos amantes na obscuridade, quando, quase sem palavras, o homem interrompe o ato para não deixar grávida a jovem por quem se apaixonara. A intimidade entre o capitão, em processo de divórcio, e a violoncelista desquitada é exemplar no seu equilíbrio e ousadia, na espontaneidade das conversas e das aproximações. As cenas finais de despedida das tropas para a estupidez da guerra, com os caminhões se deslocando, a anônima mulher andando apressada junto ao contingente em marcha, o bebê nos braços para reclamar do pai o filho bastardo, a corrida da ex-noiva para ver seu amante, dele ouvindo, do veículo em movimento, a duvidosa despedida de *Vou voltar*, poderiam figurar numa antologia dos adeuses no cinema.

Segundo críticos da época, JS ainda mostrou vigor e competência dirigindo para o teatro (1981) a peça *True West*, de Sam Shepard; para a TV (1983) o laureado drama de Terence Rattigan *Separate Tables* (levada à tela anos antes por Delbert Mann); e para o cinema, mesmo enfrentando roteiros medíocres, *A Traição do Falcão* (*The Falcon and the Snowman,* 1985), *Adoradores do Diabo* (*The Believers,* 1987) e o inédito *Madame Sousatka* (1988), quiçá seu único destaque nos anos 80.



Os filmes de JS da década seguinte, principalmente os últimos, já chegando aos 70 anos, foram *Morando com o Perigo* (*Pacific Heights,* 1990), com Melanie Griffith e Michael Keaton, *O Inocente* (*The Innocent,* 1993), com Isabella Rossellini e Campbell Scott, *Em Busca da Felicidade* (*Cold Comfort Farm,* 1995), com Kate Beckingsale (para ele uma jovem artista de talento e um dos mais belos rostos da tela), *Olho por Olho* (*Eye for an Eye,* 1996), com Sally Field e Ed Harris, *O Barbeiro de Londres* (*The Tale of Sweeney Todd,* 1997), este para a TV, e *Sobrou para Você* (*The Next Best Thing,* 2000), com Madonna e Rupert Everett.

Alguns críticos zoilos chegaram a mencionar sua perda de força e decadência nas últimas décadas, de "filmes cada vez mais banais e dispensáveis", como se JS tivesse sido vítima de uma maldição de quem ganha o Oscar... Quando um profissional como Schlesinger se encontra preso por contratos e não pode romper esses grilhões, por isso ou por aquilo, para tornar-se independente e escolher seus técnicos ou interferir na seleção do elenco, quando não pode influenciar na sala de montagem ou indicar seu diretor de fotografia, quando tem de enfrentar não só um produtor (hoje os há em penca – produtor associado, executivo, delegado, de linha, etc. –, como disse Don Siegel em entrevista, referindo-se àqueles bons tempos quando discutia somente com um produtor, p. ex., com Walter Wanger em *Vampiros de Almas*) –, então tudo pode acontecer, mormente quando a velhice verde já denota certo cansaço natural com o *métier*, uma perda do pique para fazer sempre o melhor.



Muito embora John Schlesinger não tenha conseguido reeditar seus grandes êxitos artísticos das primeiras décadas, seus últimos filmes não deslustram a carreira desse mestre do cinema, alvo desta homenagem póstuma a quem muito contribuiu para o engrandecimento da sétima arte.

## Tv a cabo repassa a galeria Kirk Douglas

Em boa hora, o Telecine Classic programou pequeno ciclo de filmes para homenagear Kirk Douglas, um dos intérpretes mais profissionalmente conscientes do cinema, com atuação quase sempre impecável em mais de sessenta filmes. Produtor de visão (formou sua própria companhia, a Bryna Productions em 1955), defensor intransigente da liberdade de expressão dos artistas, inimigo da intolerância e da censura (só admitia restrições para proteção de crianças e adolescentes), Kirk jamais deixou de ajudar os perseguidos do nefasto macarthysmo.



O cenarista Dalton Trumbo, por exemplo, foi um desses socorridos, logo contratado por Kirk para roteirizar o romance de Howard Fast, *Spartacus* – metáfora da liberdade e do direito ao dissenso –, épico cinematográfico de primeira água dirigido por Stanley Kubrick (1960). Pouco se importava Kirk com os aborrecimentos resultantes de atitudes desassombradas como essa. Hoje só lamenta não ter podido fazer mais pelas vítimas daquela inacreditável caça às bruxas. Fundou depois outra companhia, a Joel Productions, e nos anos 80 ,segundo os registros biográficos,graças a seu dinamismo dentro e fora da tela, começou a dedicar mais tempo a uma variedade de serviços públicos voluntários, chegando a depor no Congresso dos EUA contra a discriminação aos idosos e a denunciar maus tratos em hospitais e casas de repouso. Incrível, mas lá e cá más fadas há...

**Os cinco filmes**

Por ser Kirk quem é, vemos com certo pesar a exibição de apenas cinco filmes de sua extensa filmografia, da qual sobressaem títulos como *Fuga do Passado* (*Out of the Past*), de Jacques Tourneur (1947), *Chaga de Fogo* (*Detective Story*), de William Wyler, *A Montanha dos Sete Abutres* (*The Big Carnival/Ace in the Hole*), de Billy Wilder, ambos de 1952, *Os Vikings*, de Richard Fleischer (1958), *Sete Dias de Maio* (*Seven Days in May*), de John Frankenheimer (1964), *O Farol do Fim do Mundo* (*The Light at the Edge of the World*), de Kevin Billington (1971), *A Fúria* (*The Fury*), de Brian de Palma (1978), *Os Últimos Durões* (*Tough Guys*), de Jeff Kanew (1986), e *Os Puxa-Sacos* (*Greedy*), de Jonathan Lynn (1994). Seria ocioso ampliar esta relação, mas não seria difícil selecionar dez dos seus melhores.



São estes os cinco filmes da TV a cabo programados: *Mais Forte que a Morte* (*Act of Love*), de Anatole Litvak (1954), *Glória Feita de Sangue* (*Paths of Glory*), de Kubrick (1958), *Duelo de Titãs* (*Last Train from Gun Hill*), de John Sturges (1959),

*Cidade sem Compaixão* (*Town Without Pity*), de Gottfried Reinhardt (1961) e *Sua Última Façanha* (*Lonely Are the Brave*), de David Miller (1962).

O primeiro é um drama romântico desenrolado em Paris, em 1944. Kirk e Dany Robin formam o casal de amantes, de mundos diferentes, reunidos pelos acasos da vida nos últimos anos da 2ª Guerra. Litvak foi cineasta competente e de boas credenciais, tendo dirigido filmes marcantes como *Mayerling* (1937), *A Vida por um Fio* (*Sorry, Wrong Number,* 1948), *Decisão Antes do Amanhecer* (*Decision Before Dawn,* 1951) e *Uma Sombra em Nossas Vidas* (*Five Miles to Midnight,* 1962). Este não é o seu melhor, ainda assim vale a pena conhecer ou rever.



Do segundo deles *Paths of Glory* já se disse tudo – ou quase tudo, desde seu lançamento há 45 anos. Basta lembrar tratar-se de um dos grandes filmes de guerra da história do cinema. Baseado em incidentes reais ocorridos na França durante a hecatombe de 1914-18, deriva sua visão antibelicista e antimilitarista não só do livro de Hamilton Cobb, mas também do pensamento de Kirk (protagonista e produtor) e de Kubrick (o realizador). Como bem escreveu à época A. F. de Pádua Ramos, "o filme também vale como um protesto violento contra a sinuosidade de caráter dos que engendram a guerra encastelados em gabinetes de mármore e fazem da vida alheia um meio de vida".

No seu aspecto formal, cumpre registrar os primeiros e mais expressivos usos das lentes "*zoom*" no assalto frustrado, das trincheiras para o "formigueiro"alemão. Igualmente, as cenas constitutivas do faccioso julgamento dos "covardes", quando SK dá uma aula de posicionamento e movimentação da câmara, colocando-a por trás dos membros da Corte Marcial e deslocando-a, situação na qual as sombras ensejam um contraste criativo em p&b com o sol a desenhar-lhes as silhuetas. Leia-se o significante: não são homens a julgarem mas, sim, sombras de homens... Há cenas inegavelmente antológicas como as dos diálogos entre o Cel. Dax e o Gen. Mireau ("O patriotismo é o o último refúgio dos canalhas", o coronel lembra ao general a frase de Samuel Johnson, ao recusar o patriotismo como justificativa de um ataque suicida); entre Mireau e o Gen.Broulard, entre Dax e Broulard , ou aquelas próximas do final, com o corte brusco captando a máscara de Broulard em *close-up*, quando o coronel lhe pergunta, depois de ouvir dele justificativas esfarrapadas : "O senhor acredita mesmo em tudo quanto está dizendo?"



Antes desse último encontro, Kubrick já cortava seco e expressivamente para a festa na qual

Broulard dança uma valsa, como se nada estivesse ocorrendo, enquanto os soldados do batalhão se preparam para morrer em combate ... O fundo musical é de uma funcionalidade originalíssima, desde o rufar das batidas do tarol, quando o gen. Mireau entra nas trincheiras, ou o cel. Dax se prepara para sair delas com os infantes (enquanto a câmara vai recuando e Dax avançando – imagens reveladoras do alto senso de cinema de Kubrick), até o toque monocórdico de um tambor, quando a patrulha noturna se desloca. "Kubrick trabalha sutilmente a alma do espectador de modo a integrá-lo na noite espectral" (Pádua Ramos), como se também quisesse preparar-nos para a seqüência final ao ar livre, uma das mais contundentes de quantas nos legou a sétima arte.



"Sua Ultima Façanha" (uma lástima o formato em letterbox) concentra-se nas andanças de John W. Burns, *o solitário* caubói defasado no tempo dos aviões a jato. A cena inicial diz tudo: enquanto descansa ao lado de sua égua arisca, as aeronaves de um novo tempo cruzam barulhentas o céu de verão. "Também é hora de irmos", diz ele ao animal, preparando-se para atravessar a *highway*. Daí parte para o encontro com o amor de sua vida (Gena Rowlands), já casada , enquanto o marido está preso. O andarilho renunciara a ela em tempos melhores, pois, como lhe diz, *o solitário* é um aleijado de nascença (*a born crippled*) e não daria certo com ninguém...Em seguida, Burns briga num bar com um arruaceiro de um braço só e depois, propositalmente, na própria delegacia, para ser preso e poder rever o rival amigo e convidá-lo a fugir. Com a recusa, Burn foge sozinho pelo alto das montanhas até o desfecho em pleno tráfego, chuva a cântaros, numa seqüência conduzida eficazmente por David Miller, cineasta dos bons, bastando recordar *Precipícios d'Alma* (*Sudden Fear*,1952), filme *noir* com jogo de sombras, tensão e composições de primeira linha, e *Ação Executiva* (*Executive Action*, 1962), sobre os sinistros bastidores da conspiração para assassinar Kennedy.



Há momentos destacáveis do conjunto, como o beijo e o abraço prolongados dados pela mulher na varanda, sugestivos de uma próxima entrega erótica, pois não mais veria Burns. Mas ele se desvia, fingindo não entender o gesto, embora sugerindo, na sua expressão fisionômica, o quanto lhe custou a decisão de respeitar a mulher do amigo. Louvem-se os difíceis movimentos de câmara na árdua peregrinação do fugitivo pela montanhas e a inserção, a espaços, do caminhão com *bathroom fixtures* a correr pelas estradas (de início, parece algo sem sentido), bem assim a luta de Burns contra seus perseguidores e a presença de Walter Matthau na pele de um xerife entediado pela rotina mas capaz de compreender o caubói e o sentido de sua fuga. Toda a narrativa fílmica é conduzida com segurança, inexistem pontas soltas, e Miller sabe valorizar o suspense e o realismo cinematográfico com a força de sua sintaxe motovisual.

Em *Duelo de Titãs*, Sturges, mestre de alguns filmes de faroeste e de pequena obra-prima chamada *Conspiração de Silêncio* (*Bad Day at Black Rock*, 1954), um *thriller* seminal de suspense, há momentos de boa tensão dramática rememorativos do desfecho de *Matar ou Morrer* (*High Noon*), de Fred Zinnemann (1950). Kirk e Anthony Quinn terçam duelo de interpretação nesta produção da Bryna com Hal B.Wallis. Charles Lang Jnr. responde pelas cores deste drama de ação passado no velho oeste.



*Cidade sem Compaixão*, filmado em grande parte na Alemanha e Suíça, enfoca tema polêmico: o estupro de jovem alemã por quatro soldados americanos e o suicídio da vítima após as armadilhas preparadas pelo advogado de defesa. Drama sombrio,com técnica expressionista dominante, segundo Leslie Halliwell, dirigido com competência por Reinhardt, o cineasta germânico de *Grande Hotel* (*Menschen im Hotel,* 1959), superior ao superestimado filme homônimo de

Edmund Goulding (1932), vencedor do Oscar, injustamente ou talvez devido à falta de coisa melhor para premiar. Afinal, havia um *all star cast* para iludir votantes incautos...

Ficamos por aqui, esperando possam os cinéfilos e admiradores de Kirk Douglas tirar bom proveito dessa amostra grátis do seu talento.

## 30 anos sem Rod Serling – tributo a um prodígio de imaginação

Já se encontra em DVD o Além da Imaginação nº 1, reunindo três episódios da série televisiva de maior êxito nos anos 1960, e os seus admiradores aguardam as demais criações de Rod Serling e colaboradores. A criação também inspiradora de série televisiva está em cartaz em canais abertos e por assinatura. Referimo-nos às palavras de Serling: "a imaginação humana não tem limites". A frase vem bem a calhar quando reestudamos e revemos nesse DVD a mente visionária desse pioneiro da série *The Twilight Zone* (*Zona Crepuscular*), marco desde fins dos anos 1950 a 1964, quando foram levados à telinha nada menos de 138 episódios de 25 minutos cada um e 18 com duração de 50 minutos. Serling escreveu, roteirizou, produziu e co-dirigiu (não creditado por isso) boa parte deles. Mestres como Ray Bradbury, Richard Matheson, Charles Beaumont, Reginald Rose, Earl Hamner Jr., Jerry Sohl e Montgomey Pittman contribuíram para dar à série alto nível qualitativo, onde se fundiam histórias intrigantes, bizarras, de apurado senso motovisual. Os títulos dos episódios eram sempre sugestivos e tinham um apelo intrínseco para os telespectadores.

Quando a série começou a ser projetada, indagava-se se era mais um filme de ficção científica. Afinal, qual o significado dessa expressão? Há várias definições, mas nenhum consenso universalmente aceito pelos historiadores. As enciclopédias citam as de Sam Moscowitz e de Donald Wolheim como um tanto vagas, enquanto Robert Heinlein prefere o termo "ficção especulativa", pois seu objetivo é "explorar, descobrir, aprender, por meio de projeto, extrapolação, analogia, hipótese e experimentação, algo acerca do universo, do homem, da realidade". Brian Aldiss, autor da história *Superbrinquedos Duram o Verão Todo* (*Supertoys Last All Summer Long*), da qual resultou o *Inteligência Artificial* de Stanley Kubrick-Steven Spielberg, vê a ficção científica como "a busca de uma definição do homem e de sua condição no universo", enquanto Damon Knight afirma ser a ficção científica um termo enganoso. Alexei e Cory Panshin falam em "fantasia especulativa" e Robert Sholes em "fabulação estrutural".



Nélson Nicolai, responsável pela antologia citada nas referências bibliográficas, joga mais lenha na fogueira. Para ele, "ficção científica é previsão ou revisão. Previsão do futuro ou revisão do presente ou do passado. Embora seja mais conhecida por esse nome, não tem de ser necessariamente científica. Este aspecto científico, quando aparece, não precisa estar baseado num modelo, ou teorias, real; pode ser imaginário, possível ou absurdo, mas internamente coerente". Não é sem motivo sua escolha do primeiro conto da antologia, Loteria na Babilônia, do mestre argentino Jorge Luís Borges. Observe-se seu início: "Como todos os homens da Babilônia, fui procônsul; como eles todos, escravo; conheci também a onipotência, o opróbrio e as prisões. Vejam: na minha mão direita, falta o indicador".

Quando a obra é escrita diretamente para o *écran*, o problema de adaptação deixa de existir. Serling sentia-se mais à vontade quando criava



diretamente para o cinema. O primeiro filme da série, *The Twilight Zone* (fase inicial, 1959-60), começa com *Onde Está Todo Mundo?* (*Where is everybody?*). Mike Ferris, militar da aeronáutica, perdeu a memória. Encontra-se em estranho local onde tudo está intacto, mas não há ninguém por perto. Os cinemas funcionam, os fogões estão acesos, há movimentos de trânsito apenas indicados pelos semáforos. Nenhuma vida animal. O ambiente criado por Serling é desolador e angustiante. Alguém sem memória e sem rumo, perdido em algum lugar. Depois de várias tentativas (o telefone só transmite mensagens gravadas) o militar entra em pânico e começa a enlouquecer. A solidão continuada leva à morte ou à loucura.

Aos poucos percebemos tratar-se do treinamento psicoquímico para astronautas, os quais devem estar preparados para ficarem sozinhos no espaço por longo período de tempo. Haviam-lhe, pelo visto, plantado um chip no cérebro para melhor testar suas reações. O trabalho de Earl Holliman como Mike propicia ao espectador a "suspensão da descrença". Robert Stevens dirigiu o episódio com muita inspiração.

*A Noite do Julgamento* (*Judgement Night*), dirigido pelo cineasta germânico John Brahm, é outra criação magistral de Serling, ainda na primeira fase. Um navio cargueiro vagueia pelos mares: é o "S.S. Queen of Glasgow". Fora torpedeado em 1942, durante a guerra. Só havia poucos civis a bordo. Ninguém sobreviveu ao ataque do submarino alemão. A ação começa a concentrar-se no navio, onde um passageiro de origem alemã está sob tensão. Insiste na presença de um "lobo" solitário caçando o cargueiro. O capitão não crê possa um cargueiro ser alvo de torpedos. Mas o radar acusa a presença ominosa do U-boat. O passageiro consegue prever os acontecimentos, mas não poderá impedi-los. Vivido por Nehemiah Persoff, foi ele quem comandou aquele submarino em 1942 e afundou o navio e agora está condenado a reviver eternamente o mal causado, desta feita, porém, como vítima. As cenas surpreendentes nas quais se vê olhando o submarino e ele próprio no comando, enquanto está de pé no convés do cargueiro, constituem construção cinematográfica impecável.

*Tempo Bastante Finalmente* (*Time Enough at Last*). Novamente John Brahm. Funcionário de agência bancária adora ler livros. Tem miopia acentuada e está no subsolo do prédio, quando a guerra nuclear se inicia e tudo à sua volta está arrasado. Conseguiu salvar-se exatamente porque estava lá embaixo. À sua frente a biblioteca se encontra semidestruída, mas muitos livros estão intactos. Ele tem agora toda uma vida para ler e recuperar o tempo desperdiçado de quando trabalhava. De repente, ao agachar-se, vê cair seus óculos e quebrar-se. Quase cego, não poderá ler e está perdido na solidão de um mundo em ruínas. Burgess Meredith faz com correção esse papel. Ironia trágica e patética.



*Parada em Willoughby* (*A Stop at Willoughby*). Gart Williams, alto executivo de empresa, está em crise existencial. Tanto seu chefe como sua mulher não entendem seu nervosismo e inquietação. Ignorando como sair da depressão, seu único momento de descanso é uma viagem de trem rotineira, da sua casa até o emprego e vice-versa. Ao adormecer no trem, sonha ter parado na tranqüila cidadezinha de Willoughby, onde certamente se pode ser feliz. Quando acorda, pergunta ao condutor se ele conhece algum lugar com esse nome. O servidor diz ignorar o nome e o lugar. Dias depois, o executivo adormece novamente no trem e, desta feita, consegue desembarcar em Willoughby. Sente-se feliz, e num rápido corte vê-se estar ele deitado no chão, morto. O trem parou porque alguém se jogara para fora.

## Reflexões sobre cinema em quatro filmes de Scorsese

Do ponto de vista cinematográfico, sem desmerecer os outros três, *Depois de Horas* é o melhor de todos os filmes de Scorsese, lançados em DVD, e serve como aula para estudiosos da sétima arte, porquanto ministrada por um mestre do cinema moderno, em cuja bagagem filmográfica estão alguns dos filmes de maior hierarquia feitos até hoje.

A idéia-geratriz de After Hours parece ter nascido dos acasos desfavoráveis vividos durante um dia, no qual nada dava certo, por um produtor de TV, quase uma demonstração prática da teoria trazida a público pelo engenheiro da Força Aérea do EUA, E. A. Murphy, em seu livro *A Lei de Murphy*. Situações encontradiças aqui e ali no dia-a-dia levaram o roteirista Joseph Mínion a mostrar o argumento a pessoas suscetíveis de se interessarem pelo tema, situando os eventos na noite e evitando incluir pneus furados ou elevadores pifados, mas enriquecendo-os com os desencontros ou desentendimentos de Paul Hackett (nome dado ao personagem central) com pessoas um tanto esquisitas ou não-convencionais em ambiente estranho para ele. Nesse sentido, a idéia e o roteiro foram vistos como um prodígio de imaginação. Não admira ter o jovem ator e produtor Griffin Dunne se interessado e logo pensado em aceitar o papel e contribuir para a sua realização.

Daí um passo para formar com Amy Robinson (atriz de *Caminhos Perigosos*) e Robert F. Colesbarry, também produtores, o trio capaz de, com apoio da Greffen Company, produtora independente, concretizar o projeto, sob a batuta de Scorsese, o qual também se entusiasmou com as possibilidades dramáticas de humor negro contidas no roteiro. O cineasta, conforme divulgado à época, andava um tanto deprimido, exagerando nas doses de uísque devido ao fracasso financeiro de *O Rei da Comédia* e à falta de financiamento para outros projetos de sua lavra.



Diante da insistência de amigos e do aspecto provocativo do roteiro, com o personagem perdido num labirinto, tal como no chamado *enigma chinês*, resolveu aceitar dirigir o filme, se pudesse contar com o mestre alemão Michael Ballhaus na direção fotográfica e com a ex-colega Thelma Schoonmaker, sua montadora favorita. Os coadjuvantes ficariam a cargo da diretora de elenco. Assegurado o apoio financeiro e iniciada a fase de pré-preparação do filme, Scorsese lançou-se à tarefa de dirigi-lo, fazendo-o com o entusiasmo e a competência característicos, apanágio dos seus trabalhos, acrescidos de sua preocupação com o realismo cinematográfico, com a credibilidade da interpretação dos atores, a coerência interna, seja para manter presa a atenção de quem assiste ao filme, seja para lembrá-lo do significado da verossimilhança em cinema ou dos princípios básicos segundo os quais: a realidade não é igual à imagem da tela; a imagem da tela não é igual à imagem da percepção, e, a percepção não é igual ao impacto sobre o espectador.

Já desde a abertura do filme surpreende a movimentação da câmara, quase um miniplano-seqüência, mergulhando nas várias salas de



trabalho de computadores de uma empresa, detendo-se em Hackett e num colega às voltas com as dificuldades típicas de quem não conhece bem seu equipamento. Corte depois para seu encontro numa lanchonete, onde entra em contato com uma jovem. Enquanto lê Henry Miller, ouve dela o comentário de também já ter lido aquele autor. De volta ao seu apartamento, telefona para a moça da lanchonete e decide visitá-la naquela mesma noite. Subjaz em sua atitude, naturalmente, o desejo erótico, mas na ida até lá, em bairro afastado do Centro, começam as complicações de Hackett. A primeira delas é a velocidade do táxi pelas avenidas e ruas transversais até a perda dos seus 20 dólares, lançados inadvertidamente fora do veículo. O encontro e desencontro com a garota está envolto em frustração, ela mesma já fora violentada ali naquele quarto pelo próprio namorado. Parece neurótica e tem problemas com queimaduras, a julgar pelo livro encontrado no quarto, com figuras horríveis de unidades de queimados em tratamento.

O encontro com a artista não leva a nada, Hackett acaba saindo do prédio e seus problemas mal começaram. Há o suicídio da moça, a falta de dinheiro para comprar a passagem de volta pelo metrô (os preços haviam subido naquele mesmo dia). Encontra ajuda com o dono de um bar, mas a caixa registradora não abre, há a coincidência de a suicida ser a amante dele. Hackett vai tomar um café noutro bar, entra um casal de homossexuais, enquanto ele segue com a garçonete até o apartamento dela, na expectativa de passarem juntos a noite, mas o conjunto de ratoeiras em volta da cama age como inibidor. A cena é de impacto: em meio à conversa, ouve-se o barulho típico de uma ratoeira funcionando: corte para o rato moribundo, sangrando. Não há quem fique mais ali. Hackett é confundido depois com um ladrão de apartamentos e as cenas de desespero, perdido e caçado em plenas ruas desertas da madrugada, levam-no, após desabalada carreira, a ajoelhar-se e gritar angustiado para um Deus indiferente ("Afinal que fiz eu para merecer tudo isso?"). Acaba conseguindo entrar numa festa tipo *punk* e para ter quase cortados seus cabelos por tipos esquisitos, drogados, travestis, *gays*, delinqüentes. Há um toque de humor negro na presença coincidental de dois vendedores dos produtos da artesã, confundidos pelo anti-herói como ladrões (talvez o sejam mesmo), e de ironia no seu encontro com um homossexual de quem só queria o telefone, mas este lhe diz "Vou-lhe avisar, não faço certas coisas"...

A fuga para o encontro no subsolo da boate com uma veterana de muitas noitadas barrocas



conduz Hackett ao final imprevisível e irônico de toda essa noite de azares e imprevistos, na qual personagens neuróticos e esquisitos, tal como o próprio Hackett, parecem mesmo fazer parte desses estranhos habitantes noturnos de qualquer grande metrópole. O miniplano-seqüência retorna à cena original.

Durante toda a narrativa cinematográfica, Scorsese consegue manter a tensão e dar ao ritmo cinematográfico o tratamento condizente com as ações, seja ensejando uma distribuição criativa de personagens no quadro e vívidas composições, seja movimentando a câmara nos planos longos, aliados ao corte de precisão, no momento certo, em cada novo encontro ou desencontro, como se cada cena antecipasse a outra para estabelecer com elas o liame exato. Palmas para a fotografia em cores "noturnas" de Ballhaus, um dos mais privilegiados *cinematographers* alemães, favorito do saudoso Rainer M. Fassbinder e ganhador do Oscar com *Susan e os Baker Boys* (1989), também operador-chefe e iluminador de *Culpado por Suspeita*, de Irwin Winkler, e *Goodfellas*, de Scorsese (ambos de 1991), *Drácula, de Bram Stoker*, de Francis Coppola, *A Idade da Inocência*, também da Scorsese, para só citarmos estes de sua atuação nos EUA.

Os efeitos sonoros inseridos adrede em certas cenas, acrescidos de uma mixagem de piano e vibrafone na fuga desesperada de Hackett pelas ruas, tornam essa trilha memorável em termos de música incidental no cinema. A interpretação dos atores é irrepreensível, mormente quando se sabe estarem todos eles interpretando pessoas neuróticas com reações imprevisíveis, a começar pelo colega de trabalho visto no começo do filme, daí ao jovem atendente da lanchonete, ao chofer do táxi, às mulheres meio-piradas e aos tipos do clube noturno. Scorsese chega a fazer uma ponta como controlador da iluminação no segundo pavimento da boate. Griffin Dunne surpreende como Hackett, este mesmo um neurótico com suas idiossincrasias e máscaras às vezes imprevisível. Convincentes estão também os amigos de Scorsese, os quais de bom grado participaram de pontas.

Acresça-se ter Scorsese ganho novo alento para sua carreira com a repercussão de *Depois de Horas* junto à crítica e às bilheterias. O Prêmio de Melhor Diretor em Cannes veio coroar todo seu esforço para reencontrar-se, após crise momentânea, com sua vocação de mestre das formas motovisuais, mesmo quando o enredo e as proposições de algumas películas não tenham tido maior peso. Interessa-lhe sobretudo o "específico fílmico" e neste ele se mostra imbatível.

Daí talvez o seu retorno triunfal no ano seguinte (1986), quando propiciou a Paul Newman o Oscar de Melhor Ator por seu desempenho em *A Cor do Dinheiro*.

Para Jean Giraud, Dale Bailey e outros, este filme de Scorsese é uma referência obrigatória dos anos 1980 – e isso sem videoclipagem, inversões complicadas às vezes descabidas na ordem narrativa, efeitos de computador, câmara cambaleante, *close-ups* desnecessários e panorâmicas ultra-rápidas borradoras de cenas. Em suma, Scorsese comprova sua maestria em articular atores, desempenho e as ações contínuas e resolver com proficiência, via corte e montagem, as questões essenciais de tempo e espaço no cinema.

## Woody Allen: comediante, roteirista e cineasta de primeira

Completou 70 anos, dezembro último, Woody Allen, ator, roteirista, dramaturgo, clarinetista de *jazz* e cineasta dos melhores de quantos vêm atuando nestes oito lustros no cinema. Woody, cujo nome verdadeiro é Allen Stewart Koenigsberg, nasceu no Brooklyn, NI, em 1935, de família judia, lá cresceu, terminou o *high schoo*l, estudou na "New York University" e na CCNY, mas não concluiu seu curso superior. Entendiava-lhe a universidade e havia outros interesses em ebulição com os quais se tornou, segundo seus biógrafos, um dos mais inventivos e idiossincráticos comediógrafos americanos.



Embora dotado de rara capacidade de percepção, mestre da ironia, da comédia satírica, com profundo olhar crítico sobre a sociedade dos EUA, Woody se define como um desajustado social. Fisicamente sem atrativos, 1m65, começou sua rica carreira artística escrevendo comédias para estrelas da TV antes dos 20 anos e peças para representação teatral. Colaborou com piadas para colunistas de jornais e contribuiu com sketches cômicos destinados ao teatro de revistas.

Em 1961 começou com certa relutância a interpretar personagens dos seus próprios escritos nos cafés de *Greenwich Village*. Sua marca especial de paródia cínica e subtexto devastador, com críticas a governantes incompetentes e políticos corruptos, começou a ser exigida pelos talk shows da TV e clubes noturnos de categoria. Como registram F. Klein e R.D. Nolen, Woody mostrou talento especial para o humor filosófico e literário nos ensaios cômicos publicados na prestigiosa *The New Yorker* e, posteriormente, em três livros seus bem sucedidos: *Getting Even* (*Retaliando*), *Without Feathers* (*Sem Plumas*) e *Side Effects* (*Efeitos Colaterais*). Apesar disso, não gosta de ser chamado de "humorista intelectual", diz-se apenas um "trabalhador da imagem e da palavra".



Ator performático, versátil, Allen também afiou seus talentos estudando música e clarinete com Gene Cedric, acompanhante do *pianista* Fats Waller, tornando-se um dos melhores instrumentistas de Nova Iorque, segundo críticos musicais. Fez várias excursões bem-sucedidas em países da Europa, como França (Paris é a segunda cidade dos seus amores), Inglaterra e Itália. Foi regular "performer" nas noites de segunda-feira no Michael's Pub em Nova Iorque, durante décadas. Quando o Michael's Pub encerrou atividades em 1996, as sessões de segunda passaram a realizar-se no Café Carlyle, esquina da Madison Ave. com a Rua 16, onde ele se reveza semanalmente com *o pianista* Bobby Short.

Woody estreou no cinema aos 30 anos, em 1965, como autor e roteirista em *What's New Pussycat?*, de Clive Donner, protagonizado por Louise Lasser, presença constante em seus primeiros filmes e sua mulher de 1966 a 70. Em 1966, criou a obra-prima do absurdo do humor, em baixa voltagem, pela dublagem inteligente da trilha sonora de um filme japonês barato dirigido por Senkichi Taniguchi, intitulado por Woody de *What's Up Tiger Lily?* Para a Broadway escreveu duas peças de sucesso, *Don't Drink the Water* (transformada depois em telefilme) e *Play It Again Sam*, levada ao cinema por Herbert Ross. Em 1969, Woody embarcou de vez na carreira de *"auteur"*, quando dirigiu, co-roteirizou e estrelou *Um Assaltante Bem Trapalhão* (*Take the Money and Run*), hilariante paródia de filmes de crimes e documentários na qual há uma cena antológica, inesquecível para cinéfilos: o revolver do assalto, feito de sabão, sendo derretido pela chuva...



Nos anos 70, Woody escreveu, interpretou e dirigiu comédias de sucesso e tornou-se um nome respeitado em todo os EUA. Um tanto desconjuntados na continuidade, esses filmes continham muitos momentos de brilho cômico, enriquecidos por humor fino, piadas de salão e intermináveis paródias de realizadores (Antonioni, Bergman, Eisenstein), das convenções do cinema e de autores e filósofos. Mas esses filmes, embora Woody tivesse plena liberdade para rodá-los, segundo Ruy Castro, um dos seus tradutores no Brasil ainda eram produções de estúdio, controlados pela United Artists, ou em locações em Puerto Rico ("Bananas") e na Iugoslávia ("Boris Gruschenko"), e o resultado dos seus primeiros trabalhos não conseguiam disfarçar um certo ar postiço, artificial.



Em 1977, Woody decidiu largar Hollywood e fixar-se na sua querida Manhattan. Foi quando alcançou seu maior sucesso de crítica e de público com *Annie Hall* (na tradução estúpida de *Noivo Neurótico, Noiva Nervosa*), relato consistente de um romance fracassado com base em sua longa relação com Diane Keaton, sua freqüente co-estrela. O filme conquistou o Oscar de Melhor Filme afora dois prêmios da Academia como diretor e co-roteirista. A Aada não lhe perdoou a ausência na grande festa anual: Woody estava dando seu show no Michael's Pub naquela segunda-feira, no mesmo dia da entrega dos troféus. Havia um compromisso com seu público. *Annie Hall* foi o ponto crítico ou o momento decisivo na carreira de Woody, revelando não só sua abordagem mais séria à comédia, dando-lhe um contorno dramático, mas também maturidade de idéias e comando mais completo da linguagem fílmica e estilo (foi ledor onívoro de críticos e filmólogos e freqüentador assíduo do MoMA).

Em 1978, Woody homenageou Bergman e surpreendeu os fãs com seu primeiro psicodrama, *Interiores* (*Interiors*), um conto agônico, melancólico, com íntima e penetrante auto-análise, especialmente no esforço para determinar sentimentos e desejos vividos por personagens cujas vidas são devastadas por ansiedades, dúvidas e uma miríade de outras emoções profundamente sentidas. Como assinalam Klein & Nolen, essas emoções têm estado sempre presentes no trabalho de Woody, mas até então haviam sido varridas para baixo do tapete de risos. *Interiors*, nem sempre compreendido pelo espectador mal informado e por críticos ranzinzas e míopes, valeu ao cineasta uma indicação para o Oscar de Melhor Diretor.



Em *Manhattan* (1979), homenagem especial à cidade de sua paixão, Woody retornou ao formato autoconvencional e auto-analítico de *Annie Hall*, interpretando novamente um intelectual judeu tímido, perplexo, em razão de suas próprias ansiedades e neuroses. Como em *Annie Hall*, a heroína do filme foi Diane Keaton, mas ela logo cederia lugar para Mia Farrow, a nova amante e atriz principal. Philip French considerou-o obra-prima.

Comédia dramática intimamente pessoal, *Stardust* (*Stardust Memories*,1980) foi o último filme de Woody para a United Artists, daí em diante começa sua longa associação com a Orion Pictures. *Stardust* é uma retrospectiva do trabalho de um comediante cada vez mais melancólico e assolado por medos reais e imaginários. Charlotte Rampling e a sedutora atriz francesa Marie-Christine Barrault são algumas das mulheres capazes de marcar a vida amorosa do personagem. O último encontro com Marie-Christine no final e a despedida entre amantes são momentos tocantes de bom cinema, valorizados pela cinegrafia em p&b de Gordon Willis.



*Sonhos Eróticos de uma Noite de Verão* (*A Midsummer Night's Sex Comedy,* 1982), em cuja trama Woody entrelaça os qüiproquós amorosos entre casais na virada do século XIX, cômica homenagem ao Bergman de *Sorrisos de uma Noite de Verão*, tornou-se o primeiro de uma longa série de filmes com Mia. Co-produção Warner / Orion-Rollins-Joffe com fotografia em cores também a cargo de Gordon Willis com quem Woody tem o melhor entrosamento.

Com *Zelig* (1983), Woody experimentou com brilhantismo os recursos técnicos do cinema, conseguindo resultados realmente notáveis mediante a justaposição de cinejornais e *stills* (fotos de estúdio) com cenas ao vivo. *Zelig* superou todas as expectativas ao traçar uma paródia-documentário de uma não-entidade camaleônica capaz de fabricar sua associação e presença em todos os principais eventos do século XX. O considerável entretenimento deriva da sua trucagem técnica através da qual Woody aparece associado a Hitler, Roosevelt e Eugene O'Neill. No todo, um regalo aos intelectuais para depois do jantar. "Podemos admitir o brilhantismo e a economia de meios com o qual foi feito. Mas o filme é mesmo engraçado? Duvido", escreveu Derek Malcolm. "*Zelig* é uma obra-prima da técnica, mas em termos artísticos e cômicos apenas muito bom", disse Roger Ebert. Para o *The New York Times*, "o filme é *Cidadão Kane* miraculosamente transformado numa comédia hilariante". Woody e Mia intérpretes grau dez.



Depois de *Zelig* veio *Broadway Danny Rose* (1984), com texto de Woody em parte inspirado nas histórias de Damon Runyon (1884-1946). Nessa interessante comédia-melodrama um agente de artistas se enreda com a máfia ao promover um cliente. O filme fez jus a indicações para o Oscar de Melhor Direção e Roteiro Original, este também premiado pela Bafta dos ingleses. Willis novamente como *cinematographer* e Dick Heyman na partitura musical contribuem para o relativo êxito dessa produção da Orion. Woody e Mia novamente à testa do elenco.

*A Rosa Púrpura do Cairo* (*The Purple Rose of Cairo*,1995) propiciou a Woody o Prêmio Internacional da Crítica no Festival de Cannes. Nos anos 30 uma jovem mulher (Mia Farrow) obcecada por cinema vê o herói dos seus sonhos (Jeff Daniels) sair da tela de um filme em exibição para fazê-la confrontar a realidade do quotidiano. Pela sua

inventividade e noção precisa da aceleração e repouso, à la François Truffaut, o cineasta ganhou hordas de novos admiradores e prêmios de Melhor Filme e Roteiro Original outorgados pela Bafta.

Se com *A Rosa Púrpura* Woody obteve o maior sucesso nas bilheterias e conquistou legiões de fãs, *Hannah e Suas Irmãs* (*Hannah and Her Sisters*,1996) pode tê-lo feito perder muitos deles. Nem todos sabem apreciar uma saga familiar ambiciosa, intricada, meio-séria, meio-cômica, estendendo-se por um período de dois anos entre jantares do dia de Ação de Graças. Muitos críticos viram o filme como edição brilhante e *mélange* de ótimas interpretações (Oscar para

Diane Wiest e Michael Caine) e nostálgica trilha sonora. Para a Variety, um dos grandes filmes de Woody Allen indicado para o Oscar de Melhor Diretor e também pela BAFTA. Também Oscar de Melhor Roteiro Original. A fotografia em cores desta feita ficou entregue ao mestre italiano Carlo Di Palma.

*Setembro* (*September*) e *A Era do Rádio* (*Radio Days*), ambos de 1987, foram marcos desse ano. O primeiro deles assinala o retorno de Woody ao estilo melancólico de Bergman com débitos a Chekhov, mas isso não invalida os méritos dessa comédia dramática em torno de seis pessoas e conflitos de família. Denholm Eliot, Diane Wiest, Mia Farrow, Jack Warden, San Waterston e Elaine Stritch (esta um show à parte) estão confinados numa casa de alpendre no fim de semana, mas Woody elimina qualquer ranço teatral, pois os movimentos de câmara, a edição precisa e os diálogos inteligentes prolatados com espontaneidade parecem expandir o espaço fílmico e comunicar melhor o drama de cada um.



*A Era do Rádio* se passa no começo da 2ª Guerra Mundial, quando famílias de subúrbios nova-iorquinos são afetadas por tudo quanto ouvem no rádio, nesse tempo com grande poder de penetração nos lares e a maior credibilidade. "Um dos filmes de Woody mais puramente entretenidores" escreveu a *Daily Variety*. Finesse nas piadas e nas frases de efeito, trilha musical nostálgica de Dyck Hyman, (incluindo-se Denise Dumont com Tico-Tico no Fubá) e ainda Di Palma na fotografia em cores e Santo Loquasto no desenho de produção. Mesmo quem não viveu a época, parece revivê-la com essa produção. Indicação para o Oscar de Melhor Roteiro Original e para a direção de arte. Santo Loquasto, técnico presente em quase todos os filmes de Woody, recebeu prêmio da Bafta.

Woody continuou com *A Outra* (*Another Woman*, 1988) a experimentar a forma cinemática e obter marcantes desempenhos de Gena Rowlands, Mia Farrow, Ian Holm, John Houseman, entre outros. Acadêmico pouco emotivo descobre seu eu interior e sofre com isso. O filme é Woody em seu enfoque mais melancólico e introspectivo. Tim Pulleine, crítico do MFB, assim se expressou sobre *A Outra*: "Não somente o filme mais inteiramente pessoal de Woody desde *Stardust Memories* mas defensavelmente a realização mais substancial de sua carreira."



Dos filmes subseqüentes de Woody, *Crimes e Pecados* (*Crimes and Misdemeanors*, 1989) foi quem recebeu os maiores elogios da crítica, tanto dos EUA como da Europa, pela sua combinação de drama sombrio e comédia doce-amarga.

Cunhados enfrentam crises conjugais em duas histórias interligadas, uma cômica outra trágica, mas as duas formam uma combinação vencedora. Aula memorável de cinema. Para Ruy Castro, o filme marca auspiciosamente o retorno de Allen à gravidade. É um dos mais imponentes filmes de Allen no qual se discutem os grandes temas da culpa e da responsabilidade moral. Indicação para o Oscar de Melhor Diretor e Roteiro Original e de Melhor Coadjuvante (Martin Landau).

*Crimes e Pecados* ficou na lista das maiores bilheterias do EUA durante quase 20 semanas! Não foi menor o êxito artístico e bilhetérico desse filme na Europa. Pesquisa do American Film Institute considerou Allen um dos melhores cineastas da década, ficou aliás em 2º, só perdendo para Martin Scorsese. Além do próprio Woody e Landau, atuaram Alan Alda, Anjelica Huston, Jerry Orbach, Claire Bloom, Mia Farrow. Na fotografia o mago sueco de Bergman, Sven Nykvist.



Nesse mesmo 1989, Woody participou com Scorsese e Francis Coppola de um filme episódico, cabendo-lhe dirigir a terceira história intitulada *Édipo Arrasado* (*Oedipus Wrecks*). Já *Alice* (1990) enfoca o tédio de uma dona-de-casa entregue a uma vida de fantasia. O roteiro original de Woody nessa divertida comédia da busca por uma individualidade recebeu muitas críticas favoráveis. Mia Farrow, Joe Mantagna, Alec Baldwyn, Judy Davis, Willian Hurt e Cybill Shepherd compõem o bem ajustado elenco.

*Neblina e Sombras* (*Shadows and Fog,*1991) é uma excursão espirituosa no mundo dos filmes expressionistas alemães dos anos 20, escreveu John Walker, editor do *Halliwell's Film Guide*, de 2004. Numa cidade visitada por um circo, um indivíduo tímido é forçado pelos seus vizinhos a juntar-se a um grupo de vigilantes para tentar prender um assassino. Dale Bailey viu influência kafkiana na narrativa enriquecida pela direção de Alllen. Philip French não apreciou o exercício do cineasta novaiorquino.



Woody Allen, como se sabe, tem sido intensamente avesso a entrevistas e publicidade e a aparecer no high society e nas colunas sociais, para ele uma das grandes imbecilidades do nosso tempo. Ele também evita Hollywood para não sair de sua querida Manhattan. Foi portanto irônico quando ele se tornou assunto de escândalo doméstico. No centro de tudo estava seu relacionamento com Mia Farrow, com quem adotou duas crianças (Moses e Dylan Farrow) e tinha filho biológico (Satchel Farrow, nascido em 1987 e com o mesmo nome do lançador de basebol Satchel Paige). O casal Woody-Mia era famoso por sua intimidade e independência, pois moravam em apartamentos separados em pontos opostos do Central Park.

Em agosto de 1992 a relação chegou a um fim dramático, quando Woody entrou com processo na justiça pela custódia das três crianças. A notícia virou escândalo quando da revelação segundo a qual Woody estava tendo um *affair* com Soon-Yi Previn, uma das filhas adotadas por Mia de um casamento prévio com o maestro André Previn. Embora Soon-Yi fosse maior de idade e não tivesse nenhum parentesco com Woody, a aparência de incesto fez manchetes de primeira página nos EUA e até no estrangeiro. O cineasta conseguiu superar o trauma, talvez até pelo grande número de amigos e admiradores em várias áreas e retomar sua carreira profissional.



*Maridos e Esposas* (*Husband and Wives*,1992) nasceu exatamente nesse período conturbado da vida conjugal do grande *metteur-en-scène* e foi considerado como um dos melhores filmes de Woody por John Walker, "um exame inteligente e pleno com uma introvisão da insegurança e do comportamento freqüentemente autodestrutivo dos casais". Para Walker só há um senão: o trabalho irritante de uma câmera nervosa. Para Richard Corliss, da Time, "os amantes de cinema só vão compreender daqui a décadas porque *Maridos e Esposas* é um filme danado de bom".

Para Ian Johnstone, do Sunday Times, o filme "é rico em caracterização, malevolamente inteligente e profundo nas suas observações sobre a fragilidade e a falibilidade do casamento nos tempos de hoje". Judy Davis foi indicada para o Oscar e Allen, como escritor. A Bafta concedeu ao filme o prêmio de Melhor Roteiro Original.

*Um Misterioso Assassinato em Manhattan* (*Manhattan Murder Mystery*,1993), também escrito e dirigido por Woody, gira em torno de um marido bastante preocupado com sua mulher, quando ela decide acreditar no assassinato da sua vizinha. *Whodunit* transformado em comédia agradável fora dos grandes temas mas com jogo sutil das aparências enganosas e alguns qüiproquós. Alexander Walker diz ser bom ver um filme no qual a única preocupação é o divertimento.



*Tiros na Broadway* (*Bullets over Broadway*,1994). Comédia sobre os bastidores de uma peça teatral na qual o autor aceita aproveitar uma atriz sem talento, amante de um gânsgter, desde quando ele se comprometa a financiar a produção. O conflito surge quando seu guarda-costas tem outras idéias, ao perceber como ela está arruinando o espetáculo. "Comédia espirituosa e entretenidora sobre o tema da integridade artística", escreveu John Walker. Para Richard Schickel. "Allen banha sua fábula numa luz rósea e sedutora, concede nota alta a um elenco maravilhoso e nos dá um filme capaz de combinar o impecável artesanato e uma exuberância básica que estava em falta nos seus últimos trabalhos". Oscar para Diane Wiest, indicação para Allen como Melhor Ator.

*Poderosa Afrodite* (*Mighty Aphrodite*,1995). Escritor de esportes tenta livrar da vida de prostituta a mãe do seu filho adotivo. Para Richard Schickel, "o humor e o sentimento podem triunfar sobre o rigor da moralidade em qualquer época. Tão logo a narrativa se desenvolve, lembramo-nos de ser Allen também um artista com sentimento agudo pelo romance cinematográfico. Assim, sejam os escrúpulos amaldiçoados. Agora, Mighty faz *"all righty"*. Mira Sorvino ganhou um Oscar e Woody uma indicação como autor. Como nos últimos anos, Carlo di Palma na fotografia, Santo Loquasto no desenho da produção e Susan E. Morse na montagem.



*Todos Dizem Eu Te Amo* (*Everyone Says I Love You*,1996). Comédia romântica ligeiramente amarga e um musical para quem não aprecia musicais, com elenco cantando e dançando de forma amadorística. Mas o filme possui certo encanto, afirma John Walker. Para Leonard Klady, de Variety, "o filme é um oxímoro cinemático – complexo, audaz, ousado e simultaneamente simples, sincero e sublime". Elenco de primeira com Woody, Julia Roberts, Natalie Portman, Edward Norton, Drew Barrymore, Goldie Hawn, Tim Roth. A cena final, quando a personagem canta e voa sobre o Sena foi visto como uma das mais belas do cinema.

*Desconstruindo Harry* (*Deconstructing Harry*,1997), comédia discursiva e inteligente, oscila entre as realidades do quotidiano de um novelista e as ficções criadas por ele a partir das vidas de seus amigos e da família. Para John Walker, há piadas excelentes e momentos de farsa hilariante, embora não haja centro para pô-los todos juntos. Woody fez jus a uma indicação para o Oscar de

Melhor Roteiro. Elenco de peso com Kirstie Allen, Billy Crystal, Judy Davis, Mariel Hemigway, Amy Irving, Elizabeth Shue e Robin Williams.

*Celebridades* (*Celebrity*,1998). Depois de uma ruptura conjugal, jornalista promíscuo e sua insegura ex-mulher procuram o amor. O centro neurótico é ocupado por Kenneth Branagh e Judy Davis, com a participação minimizada de Allen. Mas por trás das câmaras o cineasta consegue criar o clima propício para mostrar facetas das celebridades e da mulher liberada de hoje. Charlize Theron dá o toque de sensualidade ao caminhar na passarela ao som de Billy Holliday. Há momentos hilários quando Judy tenta aprender como praticar sexo oral e uma cena magistral de vingança por parte de mulher traída (Frannke Jannsen), quando ela joga ao mar, enquanto o navio desatraca, todos os originais do ex-amante e futuro escritor.

*Poucas e Boas* (*Sweet & Londown*, 1999). Feita em estilo biográfico, esta comédia inventiva consegue comunicar ao espectador a emoção básica de um músico destrutivo de si e dos outros. "O mais delicioso filme de Woody Allen em talvez dez anos", escreveu Angie Errigo na revista Empire. Excelentes Sean Penn (dublado na guitarra por Howard Alden) e Samantha Morton, sua admiradora muda, secundados por Uma Thurman e a sedutora Gretchen Moll (de *Cartas na Mesa*, de John Dahl, e *Os Chefões*, de Abel Ferrara). Penn e Samantha foram indicados para o Oscar. Allen introduziu Zhao Fei na direção fotográfica.



*Trapaceiros* (*Small Time Crooks*, 2000). Interessante comédia irônica acerca de ex-convicto e lavador de pratos capaz de convencer sua mulher a investir as economias de suas vidas num esquema para roubar um banco. A "fachada" para o roubo é uma pequena loja de bolos e biscoitos, a qual se torna um sucesso de vendas e a riqueza sobe à cabeça da mulher. Bom entretenimento com desempenhos apreciáveis de Hugh Grant e George Grizzard e do cast de apoio. Novamente Zhao Fei na cinegrafia em cores.

*O Escorpião de Jade* (*The Curse of the Jade Scorpion*, 2001). Investigador de seguros sexista, nos anos 40, em Nova Iorque, não aceita o fato de ter uma mulher como sua superiora na hierarquia da empresa. O *plot* se desdobra quando ambos são hipnotizados num clube noturno e o investigador interpretado por Allen se torna um ladrão de jóias sob tal influência. Há o sabor de época nesta comédia típica de um Woody em muito boa forma na mise-em-scène, embora as piadas não sejam o ponto alto. Helen Hurt é a chefa, Charlize Theron, o chamariz erótico, e Wallace Stevens, o comediante impecável de *Os Modernos* (*Moderns*), de Alan Rudolph, todos bem ajustados em suas composições.



*Dirigindo no Escuro* (*Hollywood Ending*, 2002). Comédia hilariante sobre um diretor de cinema altamente neurótico e fracassado e suas tentativas para reconquistar a ex-mulher (Tea Leoni). Como não aceita o fato de ter de trabalhar para o chefe de estúdio (Treat Williams), também o noivo dela, sofre de cegueira momentânea, enquanto esconde o fato e insiste em dirigir o filme em andamento. Quando recupera a visão, a trama caminha para uma reviravolta nos sentimentos dos personagens principais. Woody, sempre excelente como ator, autor e diretor, oferece momentos de frouxos de riso, bem como um cenário propício à atuação de Tea Leoni.

*Igual a Tudo na Vida* (*Anything Else*, 2003) foi um desses tropeços na carreira de qualquer profissional. Allen estava pouco inspirado ou alguma coisa não engrenou nessa comédia onde amargo professor é o mentor e conselheiro de um jovem enfatuado pela mulher mais anafrodisíaca do planeta (Christina Ricci). Allen, Danny DeVito, Stockard Channing e Diana Krall integram o cast. Houve quem achasse interessante o contraste de situações entre os personagens do enredo, mas aí entramos no subjetivo. Afinal, Allen sempre traz algo para reflexão.

*Melinda & Melinda* (2004) é o 34° filme de Woody, recriação inteligente de duas histórias a partir de como dois autores, numa conversa em mesa de boate, vêem a tragicomédia da vida. O primeiro deles exemplifica sua visão com uma cena na qual um grupo de pessoas está jantando quando chega Melinda, amiga da anfitriã, para contar sua história infeliz. O segundo narra a chegada de Melinda noutra situação e a mesma história como comédia, daí os dois finais diferentes. Radha Mitchel é um achado de Woody ao desempenhar com notável espontaneidade e mal dissimulada sensualidade os papéis de Melinda. Incluímos o filme entre os 20 melhores de 2005.



*Ponto Final* (*Match Point*, 2005), todo rodado em Londres, é drama adulto bastante louvado pela crítica e aplaudido pelas platéias em Cannes. Concorreu ao título de Melhor Filme, Melhor Atriz Coadjuvante, Melhor Roteirista e Melhor Diretor, quando da seleção para o Globo de Ouro. "Furo de Reportagem" (provável título em português de Scoop, ora também em filmagem na capital londrina e lançamento previsto para meados do ano) será o 36° filme de Allen.

Aos 70 anos, Woody Allen pode orgulhar-se de uma carreira exemplar: longa, produtiva e regular – e sem trair nenhum sinal de aposentadoria, como afirma Neusa Barbosa, sua biógrafa brasileira. E acrescenta: "Pouquíssimos cineastas em todo o mundo podem olhar para um conjunto de obra tão substancial – são 35 filmes como diretor, fora sua produção para teatro e TV, bem como suas participações como ator e roteirista, tendo escrito tudo quanto dirigiu (nunca faz adaptações, a não ser das próprias peças teatrais). Uma façanha e tanto, sobretudo num país como o seu, no qual a linha de montagem cinematográfica dominante em Hollywood é movida pela busca do consumo e do lucro rápido. Por isso Woody vive longe da capital do cinema."



Apesar de sua alentada filmografia, prossegue Neusa, Woody já não almeja fazer um grande filme como Bergman, Bunel ou Kurosawa, tampouco como Welles, Kubrick, Resnais, Fassbinder,

Felline, Truffaut ou Scorsese, poder-se-ia acrescentar. Tal como Peter Bogdanovich, para quem todos os grandes filmes já foram feitos só podemos aspirar a fazer bons filmes – afirmação referendada aliás por vários mestres. "Woody sabe que o público espera dele entretenimento de qualidade – faz parte daquele acordo tácito da platéia quando compra o ingresso. E ele cumpre o prometido, tendo o cuidado de temperar as entrelinhas com aquelas sacadas que fogem da mediocridade como o diabo da cruz."

"Fazer um filme a cada ano", arremata Neusa, "é a forma de Woody manter-se vivo – como homem e como artista. Não olhar para trás nem rever nenhum filme depois de pronto – como diz fazer – revela que ele só vive o momento, dá tudo ao seu projeto atual e segue em frente. Prefere reinventar-se a cada filme, arrastando consigo toda a série de referências que constituem o seu universo. Cineasta das pequenas coisas, é nos detalhes que espelha o mundo e as grandes questões da vida. É nisso que está, para ele, a graça de criar um novo projeto."



Para concluir, fazemos nossas as palavras da sua biógrafa: "Até por não ser religioso, Woody não acredita que vai ser lembrado no futuro, nem se importa com isso. Certa vez disse ao repórter William Geist, da revista *Rolling Stone*: 'Alguém um dia me perguntou se meu sonho era viver no coração das pessoas. Respondi-lhe que preferia viver no meu apartamento. Você cai morto um dia e não significa nada se bilhões de pessoas estão rezando por sua memória. Você se daria bem melhor se pudesse obter alguns anos a mais de vida".

# Capítulo 3

## Criadores Brasileiros

## Walter Hugo Khouri e a dor de uma ausência

"A morte é a única banalidade que se renova: ocorre todo dia e sempre surpreende". Palavras judiciosas do ensaísta Mário da Silva Brito, em artigo publicado há tempos. O desaparecimento de Walter Hugo Khouri, aos 74 anos incompletos, surpreendeu não só familiares, amigos e jornalistas, mas também o núcleo de cineastas, publicitários e artistas com quem costumeiramente se reunia no restaurante mito da Rua Nestor Pestana, de São Paulo, o velho Gigetto, no qual tive o privilégio de jantar a convite de Khouri.



Como bem salientou Ignácio de Loyola Brandão em crônica nostálgica de 4 deste em "Ö ESP", o Gigetto era o ponto de encontro, a ligação, a união das classes cinematográficas, teatral e televisiva. Lá se debatiam questões relevantes concernentes a cinema, teatro, literatura e TV, enquanto profissionais e amadores se congregavam num sadio intercâmbio de idéias, como se fossem todos uma só e unida família. Mesmo nas eventuais divergências, todos primavam pela lealdade e pela aceitação do dissenso – escola de democracia, da boa convivência dos contrários. Aqui e ali alguém se exaltava ou radicalizava seus pontos de vista e lá estava WHK ou algum outro para trazer subsídios e acalmar os ânimos.

Mesmo considerando o velho refrão segundo o qual o cemitério está cheio de insubstituíveis, a morte de WHK me pareceu perda irreparável para o cinema nacional, mesmo relativizando o adjetivo. O axioma atribuído a Jean-Jacques Rousseau, "Tout passe, tout lasse, tout passe", às vezes lembrado por Khouri em nossas conversas ao longo dos anos, vem bem a calhar, pois denota a transitoriedade das coisas, a fugacidade da vida, a idéia do homem como um ser para a morte – a angústia vital da qual nos falam os psicanalistas ou as figuras ímpares de Kafka ou de Epicuro diante do absurdo da existência. Ninguém se conforma com a morte. Senti a perda de Khouri como se sente a ausência de um tio mais velho e amigo sempre pronto a corrigir-nos os rumos ou ensinar-nos algo novo de sua experiência.

O nome de WHK chamou-me atenção quando comecei a ler suas críticas de cinema no "O ESP" e no boletim da Mostra do Cinema Sueco, seja comentando *Sede de Paixões* (*Torst*), de Ingmar Bergman (1949), seja analisando as preocupações mais profundas do realizador escandinavo.

Como cineasta WHK me surpreendeu a partir de *Estranho Encontro* (1958), quando pela primeira vez assisti a um filme brasileiro diferente dos padrões de incipiência técnica daquela década, pois só iria ver *Gigante de Pedra* (1953), anos depois. Tampouco vi *Fronteiras do Inferno*, do mesmo ano, porque a cópia original se perdeu por motivos até hoje não esclarecidos.

Percebi, com *Estranho Encontro*, estar diante de um cineasta conhecedor do seu *métier*, seja pela qualidade da fotografia na recriação daquele mundo ficcional, seja pela forma de movimentar a câmara nos espaços exíguos, notadamente quando a utilizava para aproximar-se da perna mecânica deixada no canto do quarto, ou quando captava expressões fisionômicas adequadas ao drama vivido por Mário Sérgio e Andrea Bayard – tudo enriquecido pela valorização dos silêncios e pelo jogo de sombras na noite. Com *Na Garganta do Diabo* (1959), WHK já ganhava o prêmio maior do Festival de Mar del Plata, para ele cidade de muitos encantos, onde charmosas damas argentinas despertavam a avidez óptica de brasileiros e os cassinos sugeriam um terceiro mundo em pleno desenvolvimento.

Passei a admirar o cineasta, a acompanhar sua trajetória e a rever seus filmes (nem sempre merecedores de encômios, diga-se de passagem), todos válidos pela qualidade técnica, pelo estilo e pela temática urbana da qual emergiam a incomunicabilidade humana, a solidão da metrópole, os desencontros do amor, com a mulher como o eterno motivo (*o sexo não é tudo mas está em tudo*, repetia WHK), e as transformações operadas pelo tempo e com as quais as pessoas mudam, morrem, e as amizades se esgotam...

Seguiram-se-lhe *A Ilha* (1962), e uma audaz incursão erótica, *Noite Vazia* (1964), êxito bilhetérico depois de perseguido e interditado por uma censura caolha. As críticas favoráveis animaram WHK a concorrer à Palma de Ouro em Cannes; mesmo não conseguindo, deixou ali sua marca pessoal como regisseur junto a vários comentaristas estrangeiros. O segundo episódio de *As Cariocas* foi um tropeço, segundo ele mesmo, mas *Corpo Ardente* (1966) e *As Amorosas* (1968) foram bem recebidos. Após esses resultados, WHK decidiu levantar fundos e investir suas economias com seu irmão William para assumir o controle e o patrimônio dos estúdios da Vera Cruz. Louvável mas inútil tentativa de injetar-lhe sangue novo mediante co-produções com o estrangeiro, período durante o qual, como indicam os registros, ajudou vários cineastas em seus misteres, como Arnaldo Jabor, Anselmo Duarte e Roberto Santos. As dificuldades financeiras e aborrecimentos decorrentes de desentendimentos com o tripé produtores + distribuidores + exibidores acabaram por desanimar Khouri e a tornar inviáveis a recuperação da Vera Cruz, onde também já estivera o cineasta brasileiro de maior renome no exterior, Alberto Cavalcanti, de destacadas atuações na Inglaterra e na França.

De volta à liça, WHK passou a realizar filmes acentuadamente eróticos, projetando a mulher brasileira na pele de belas atrizes e atuando para produtores como Enzo Barone, Galante & Palácios. Dessa safra, lembro-me de *O Palácio dos Anjos* (1970), *As Deusas* (1972), *O Último Êxtase* (1973), *O Anjo da Morte* (1974), *O Desejo* (1975), *Paixão e Sombras* (1977), *As Filhas do Fogo* (1978). Em *O Prisioneiro do Sexo* (1979) e *Convite ao Prazer* (1980) é de lamentar-se a presença do canastrão Roberto Maia: só mesmo os incitamentos da amizade (ou de ajuda ao amigo) levariam WHK a colocá-lo como protagonista desses filmes, motivo pelo qual Khouri foi chamado por críticos intolerantes de "cineasta pornô chic"...



Em *Eros, o Deus do Amor* (1981), WHK fez interessante experiência com a câmara subjetiva, na qual o personagem central nunca é visto, mas sempre chamado de Marcelo, espécie de alter ego do diretor, conforme alguns críticos. Com

Massaini Neto, Khouri fez *Amor Estranho Amor*, um dos seus filmes cinematograficamente mais consistentes: Walter Foster revisita o seu passado de garoto entregue a um bordel de luxo e se recorda de haver ficado aturdido com a visão da nudez de Xuxa oferecida como presente a um político corrupto da ditadura Vargas. Os planos do final, com a saída da mansão, vista de dentro do carro em movimento, sugestivos de uma nostalgia do tempo volátil, compõem um dos momentos de alta hierarquia do cinema de WHK. No já citado *As Deusas*, outro de seus filmes bem acabados, WHK penetra no universo psicanalítico de um triângulo amoroso, um homem e duas mulheres, reminiscente, *mutatis mutandis*, do "Gamiani", de Alfred de Musset. Louvei, à época, sua tentativa de captar a alma humana via ritmo lento, introspectivo, com primeiros planos repetidos, os quais pareciam sufocar os amantes ou arrancar deles tudo quanto seus rostos procuravam esconder ou demonstrar. Em *As Filhas do Fogo*, também já referido, WHK rompe com a unidade espácio-temporal e brinda o cinéfilo com expressiva interação do passado e do presente, das sombras e da claridade, dos vivos e dos mortos. Como lembrou Rodrigo Fonseca em louvável síntese, WHK dirigia, cenarizava, produzia e às vezes até operava a câmara sob o pseudônimo de Rupert Khouri...

Realizou ainda *Amor Voraz* (1984), *Eu* (1986) e *Forever* (1993), subordinados ao tema tabu do incesto e pelos quais muitos analistas não o perdoaram. É realmente incompreensível a insistência de WHK, praticamente repetindo nestes dois últimos a mesma cena da festa com a presença de pai e filha juntos e... apaixonados. Manchas sob o sol...

Conheci pessoalmente WHK em 1983, quando veio a Fortaleza para rodar um comercial do BNB durante a gestão Camillo Calazans. Estava eu em meio à rotina no edifício-sede, quando recebi chamado do amigo Francisco Ribeiro, então à frente do setor de RP, para descer dois andares e falar com alguém desejoso de conhecer-me. Quem seria? Desça e venha ver, disse-me. Desci e logo ao abrir a porta identifiquei WHK a distância, cabelos brancos, suéter azul-escuro. Não pude conter três palavras: Walter Hugo Khouri!, seguindo-se forte abraço de velhos conhecidos. Em verdade, interessou-se em conhecer-me porque lera a relação dos melhores do ano publicada pelo jornal *Diário do Nordeste* e lá estavam dois filmes seus incluídos na lista deste escriba. "Quem é este temerário a render-me tal homenagem?", havia indagado antes. Esse encontro inesperado foi o primeiro passo para sólida amizade, "recente mas profunda", palavras dele mesmo quando me presenteou com um disco da trilha sonora de *Eros*.

Mostrei-lhe depois comentários meus sobre alguns de seus filmes de minha predileção e isso estabeleceu um *rapport* entre nós. Fui seu cicerone durante aqueles dois dias, bem como do ator Clemente Vizcaíno, escolhido para representar o funcionário do BNB. O filmete de quatro ou cinco minutos consumiu praticamente o dia todo de filmagem. Detalhe interessante foi ver o entrosamento de WHK com seu diretor de fotografia, com quem trocava idéias sobre a luminosidade do ambiente e ângulos de câmara, sempre com o fotômetro no pescoço e uma prancheta na mão, olhos na objetiva Arriflex. Levei-o para conhecer as noites de Fortaleza e voltamos a ver-nos algumas vezes mais, duas delas em São Paulo, quando fui participar de seminário na Capital e em Campinas e tive a oportunidade de assistir a várias tomadas dos seus filmetes publicitários.



Por ocasião do FestRio (1989), voltei a vê-lo em Fortaleza por várias horas. Recordo nosso longo papo com a documentarista americana Kit (um dos mais belos rostos daquele Festival, "capaz de precipitar um pai de família...", como afirmou o cinéfilo carioca Almeida Jr.) e o dele com as jovens Monique e Mônica, uma loura e outra morena, das quais levou a melhor das impressões, bem assim do almoço com Ricardo Cravo Albim e Zezé Motta e o jantar com Cosme Alves Neto, meu primo e então curador do MAM do RJ. Também recordo a concessão do Troféu Samburá de Cinema pela contribuição de Khouri à sétima arte, concedido por feliz sugestão do jornalista Frederico Fontenele Farias. Outros prêmios também foram ganhos por seus filmes: Prêmio Governo do Estado de São Paulo, o Saci, a Coruja, o Kikito e uma Menção Honrosa recebida na França. Bem disse Farias em sua crônica sobre "a morte de um coerente", ao justapor os nomes de Cavalcanti e Khouri: "Se aquele foi o mais internacional geotopograficamente, o mais planetário foi Khouri, sempre coerente e fiel a seus princípios estilísticos".



Walter Hugo Khouri foi injustamente chamado de "alienado burguês", de pretensioso Bergman brasileiro, mero aprendiz de Antonioni, apólogo do vazio. Como assinala Ignácio de Loyola em sua crônica, "WHK foi uma das mais brilhantes carreiras no cinema brasileiro, injustamente estigmatizado num período crucial, vencido por ele com muito talento e coerência estilística".

Nem todos os filmes de WHK, é claro, são elogiáveis, mas o conjunto de sua obra virou objeto de estudo estilístico em universidades brasileiras, "contrariando a indiferença de detratores e invejosos, os quais o tachavam de farsante e *voyeur*"... Para quem não sabe, WHK era homem culto, formado em Filosofia, estudioso de literatura e psicanálise e da teoria geral dos signos de Peirce, sugerida pelos livros do mestre Décio Pignatari. Conhecia música como poucos, de clássicos ao *cool jazz* de Lester Young, o "Pres", de Chet Baker e Gerry Mulligan. Admirador de Billie Holiday, cultivava a Bossa Nova ou o samba-*jazz* e as tangatas do grande Piazzolla. Mas era eclético e, em *Amor Estranho Amor*, incluiu parcialmente antigos êxitos de Francisco Alves e Orlando Silva. Poucos sabem, mas WHK era ainda um fotógrafo em p&b de mão-cheia – tal como Kubrick o foi



– e tive o privilégio de repassar alguns dos seus álbuns com magníficas composições e contrastes de *chiaroscuro* e até impressões de trompe l"oeil em interiores. Se a fotografia procura captar a expressividade profunda do modelo, então a arte fotográfica de Khouri pode ser um padrão de excelência. Trocamos várias correspondências, numa delas lhe remeti um questionário para arrematar uma entrevista. Nunca o concluiu, atarefado com compromissos de produção e viagens ao exterior, mas explicava sua visão de cinema com muita lucidez. "Uma forma de fracassar", repetia , "é querer contentar a todos; uns dizem que estou sempre fazendo o mesmo filme, à moda Fellini; se mudo constantemente o estilo e a temática, dizem que não tenho unidade, que meu universo cinematográfico é caótico..."

Ignácio Loyola, ex-crítico de cinema, foi um dos quantos escreveram sobre "a alienação do cineasta e o seu bergmanismo". Hoje, porém, reconhece de público lhe terem faltado à época a clareza e a isenção para olhar o cinema de Khouri como cinema e não como ato político. Textualmente: "Consegui dizer isso a ele ainda em vida, o que me deixa não consolado nem com a consciência aplacada, porém um pouco mais leve". Ao encerrar sua crônica num tributo de reconhecimento a Khouri, Loyola só faltou dizer: "E, lá no Gigetto, Khouri já não estava". Era uma grande figura humana, arremata Sérgio Augusto em *O Pasquim*. "Life goes on without him", diria Lawrence A. Sharpe, ex-diretor do Ibeu de Fortaleza. WHK, descrente de *um turismo além-túmulo*, transcreveu-me duma feita um trecho instigante de Proust: "Desejamos apaixonadamente que haja uma outra vida, onde sejamos iguais ao que somos aqui neste mundo. Mas não refletimos que, mesmo sem esperar a outra vida, nesta daqui, no fim de alguns anos, nos tornamos infiéis ao que fomos, ao que desejamos imortalmente permanecer (...) Mas então o que significa essa imortalidade da alma, de que o filósofo norueguês afirmava a realidade? O ser que serei após a minha morte não mais tem razões para lembrar-se do homem que sou desde o meu nascimento, como este não se recorda do que fui antes de nascer"...

Paro por aqui.

## Do tênue fio freudiano entre a psicopatia e a sanidade

Walter Salles (1956) é um dos mais competentes cineastas brasileiros. Embora formado em Economia pela PUC, sua afinidade com a sétima arte levou-o a estudar cinema na França e nos EUA e a iniciar-se como documentarista de escol. Realizou dois importantes trabalhos sobre o Japão e a China, ambos com cinco horas (!) de projeção, bem como muitos outros, todos premiados, um dos quais sobre o escultor Franz Krajcberg e outro sobre artistas da MPB. De 1986 a 2001, sem largar sua vocação de documentarista, estreou no longa com *A Grande Arte* (1991) (co-produção americana falada em inglês), seguindo-se-lhe *Terra Estrangeira* (1995) (no qual a imagem dos dois jovens exilados brasileiros em Portugal, enquadrados com o navio encalhado no fundo de cena, e os dois terços finais podem ser vistos como alto cinema), *Central do Brasil* (1998) ("Urso de Prata" em Berlim e 50 prêmios internacionais e indicação para o Oscar de Melhor Filme Estrangeiro e de Melhor Atriz para Fernanda Montenegro) e *Abril Despedaçado* (2001), este talvez o seu filme mais bem acabado. *Diários de Motocicleta* (2003), também premiado, marcou seu momentâneo retorno às origens. Por tudo isso, um novo filme de Walter é sempre aguardado com interesse pelos amantes do bom cinema.

*Água Negra* (*Dark Water*), primeiro trabalho de WS em Hollywood, é refilmagem do celulóide dirigido por Hideo Nakata (de *O Chamado*), decorrente do "namoro" entre a Meca do Cinema e as histórias de terror japonesas. Mas o roteiro de Rafael Yglesias dele se distingue pelo seu enfoque sobre a solidão urbana e a neurose ou paranóia do personagem central, Dahlia (Jennifer Connelly). "Interessei-me", declarou WS, "pelas idéias de os monstros serem internos". Nada de sobrenatural, portanto: os "fantasmas" vêm do substrato instintivo da psique, o chamado "id".



*Água Negra* também tem pontos de contato com *Águas Tenebrosas* (*Dark Waters*), de Andre De Toth (1944), e não se distingue apenas pela consoante a mais do título original. Neste de WS, a jovem mãe está às voltas com seu divórcio litigioso e a ameaça de perda da guarda da filha; sofre também pelos traumas infantis causados pela mãe alcoólatra e o pai omisso. Dahlia vai morar a cinco minutos de Manhattan, em apartamento alugado de um velho edifício necessitado de reparos urgentes: as torneiras mal funcionam, há inundação no andar superior, vazamento persistente no teto, águas pútridas e escuras banham o chão, a manutenção dos elevadores é nula, o ambiente, claustrofóbico, os corredores kubrickianos têm iluminação deficiente, não se vêem os vizinhos, mas se ouvem passos na noite espectral, dois semidelinqüentes perambulam pelos apartamentos vazios...

No filme de De Toth, tios ambiciosos querem enlouquecer a sobrinha rica, salva milagrosamente de um naufrágio em mar alto. Em má hora vai ficar com eles na região da Louisiana conhecida como bayou, um braço de lago ou rio estagnado e vagaroso. Sons misteriosos, vozes do "além", sombras fugidias perturbam-lhe o sono, ouvem-se "convites" para o seu suicídio. Os parentes desconversam, nada funciona na velha mansão. Num filme e noutro, as duas mulheres são prisioneiras de acasos desfavoráveis.



*Água Negra* começa em 1974, com a chuva fina caindo insistente, enquanto a criança sozinha, finda a aula, espera de guarda-chuva a chegada da mãe, conhecida por seus atrasos. Esta surge de súbito, descendo de um carro, o ódio pela filha incômoda estampado no rosto. Corte para Nova Iorque, 2005. A imagem inicial retornará depois noutro inserto abrupto de lembranças traumáticas recalcadas por Dahlia, as quais aparecerão nos pesadelos e nas alucinações de quem está "vendo" coisas.

Todas as qualidades da boa narrativa fílmica estão lá: a ordem (linear, mas intercalada por insertos elucidativos), o foco (Dahlia e a filha Cecília), o conflito surgido da situação básica e do qual resulta a tensão estabelecida no início e mantida ao longo do filme, o movimento sustentado pelos ritmos interno e externo e o grau de plausibilidade alcançado pela reinterpretação ou recriação da realidade. Louvem-se, por isso, a planificação de WS (a escolha dos planos e angulações, sua ordem e duração) e os deslocamentos de câmara com o *traveling* lateral nas ruas ou com a *dolly* nos interiores e a precisão dos cortes, quando a menina se deixa levar sozinha pelo elevador descalibrado e vemos as engrenagens em funcionamento, enquanto a objetiva capta de dentro do poço a subida do ascensor.



A fotografia em cores dessaturadas do mestre brasileiro Affonso Beato enriquece as imagens dos espaços exíguos e mal iluminados, como a penumbra do quarto de dormir, sugestivas de insônias e sonhos pesadelescos, e enquadra com categoria o panorama enevoado da Ilha Roosevelt, quando mãe e filha para lá se dirigem transportadas pelo "tram" aéreo. Os planos de grande conjunto (PGC) captados pela câmara alta ("*plongées*") têm estranha beleza e servem para reflexões sobre como são pequenas e insignificantes as pessoas vistas lá do alto. A funcionalidade da música do maestro Angelo Badalamenti (recorde-se de *Cidade dos Sonhos*, de D. Lynch) e a inserção parcial de melodias em baixo volume, às quais se somam ruídos inopinados, compõem um conjunto pertinente de efeitos acústicos.

Grau dez para Jennifer Connelly, macérrima, mas sempre bonita e expressiva na sua máscara, atriz irrepreensível em *Réquiem para um Sonho*, de D. Aronofsky (e neste mais merecedora do Oscar) e o amor adolescente de De Niro quando jovem, em *Era uma Vez na América*, épico magistral de S. Leone. Ariel Gade (Cecília) e Perla Haney (Natasha, a menina abandonada pelos pais no andar de cinema, e Dahlia quando pequena) estão bem conduzidas, enquanto se destacam John C. Reilly (Oscar por *O Aviador*, de M. Scorsese) como o gerente falastrão, Pete Postlethwaite, o zelador mal-humorado, e Dougray Scott, o marido machista e intolerante, meio sádico. Tim Roth atua por pouco tempo como advogado.



Em suma, *Água Negra* vale como bom exercício de terror psicológico. Poderia ter chegado ao topo no gênero, não fosse a edição final imposta pelos estúdios, desejosos de transparência no desfecho, pois não aceitam lacunas a serem preenchidas pela inteligência do espectador. Alguns críticos o malharam injustamente, outros o louvaram e aí caímos no subjetivo. Pelo visto, o filme só valeria se houvesse mortos-vivos ou almas do outro mundo prontas a esganar quem delas duvidasse. WS teve dificuldades durante as filmagens, pois os produtores exigem estrita obediência ao roteiro, "uma limitação para quem dirige com espaço para improvisações mais bem adequadas a determinadas cenas", declarou WS. Sua formação de documentarista não se enquadra bem nessas exigências e prazos rigidamente impostos para a conclusão. Segundo lemos, WS não subscreveu todo o filme e reprovou as soluções alheias ao roteiro de Yglesias. Por isso mesmo não assistiu à pré-estréia do filme nos EUA e seguiu rumo a Paris para dar início a novo projeto...

 A ver, decididamente.

## Saga minimalista de dois fugitivos de mundos opostos

*Cinema, Aspirinas e Urubus* não trata do subdesenvolvimento do Nordeste, "este enteado desprezado da Natureza e da República", frase tantas vezes citada e atribuída a essa figura ímpar de JK, quando da instituição da Sudene, marco da administração do grande estadista.Tampouco aborda antigas rixas de famílias nordestinas, confrontos a bala por questões de terras, tragédia de emigrantes em busca de outros horizontes, passagem da adolescência para a vida adulta.



Nada, portanto, de *Abril Despedaçado*, de Walter Salles, *Vidas Secas*, de Nélson Pereira dos Santos,*Os Fuzis*, de Ruy Guerra e *Menino de Engenho*, de Walter Lima Jr.. *Cinema, Aspirinas e Urubus* nasceu da leitura do diário de Ranulfo Gomes, avô do diretor Marcelo Gomes (1964) e de como registrou os acontecimentos à época. O roteiro escrito pelo neto teve a colaboração de Paulo Caldas e Karin Ainoüz.

O filme enfoca, antes, o encontro fortuito, em agosto de 1942, de dois fugitivos de espaços culturais antagônicos e a série de incidentes com os quais se vão deparando ao longo do caminho. Um deles é Johann, jovem alemão pacifista, o outro, Ranulfo, simplesmente um nordestino. O primeiro escapa à convocação para a guerra e vem bater com os costados no Sul do País; o segundo quer fugir da seca periódica. Johann vende aspirinas da Bayer no interior, enquanto exibe filmes a quem nunca viu imagens em movimento numa tela, contagiando as pessoas com a novidade e vendendo seu produto. Ranulfo pede carona e os dois percorrem o Nordeste miserável, batido de sol inclemente. Johann ensina o amigo a guiar o calhambeque e mais tarde irá desfazer-se dos documentos e, toque irônico, ajudar os Aliados no esforço de guerra representado pela "batalha da borracha" no Amazonas.



Marcelo Gomes foi ex-aluno de Comunicação Social em Recife. Cinéfilo, lá organizou um cineclube, onde viu, reviu e debateu obras de mestres franceses, alemães, americanos, suecos, espanhóis e até o cinema marginal de Sganzerla e Bressane.Tendo conseguido bolsa de estudo do Consulado Britânico, passou dois anos na velha Albion. De volta, fez mestrado na USP e participou de concursos do MinC, quando obteve recursos para dirigir dois curtas, *Maracatu, Maracatus* (1995) e *Clandestina Felicidade*(1998), ambos premiados, respectivamente, em Brasília e Gramado. Marcelo acabou fundando uma produtora e começou a elaborar o projeto do qual resultou este primeiro longa, premiado na mostra paralela em Cannes e também em São Paulo (Prêmio do Júri).

*Cinema, Aspirinas e Urubus* é um filme minimalista, sem subtemas, com apenas dois intérpretes principais (praticamente não há coadjuvantes) e isolamento contextual. Dentro desses limites, Marcelo não poderia obrar milagres. Ainda assim, logrou cenas de realismo cinematográfico, como no banho do alemão em pleno sertão, a picada de cascavel, o encontro com moradores do vilarejo, a dormida com as mulheres, a cena do "*almoço*" improvisado, sol a pino ou mormaço, mal protegidos pela sombra, cada um comendo seu presunto na lata de conserva. Tudo isso faz lembrar o pensamento de Guimarães Rosa, segundo o qual "o mal não está nem na saída nem na chegada, ele se nos dispõe no meio da travessia". A declaração de guerra entre Brasil e Alemanha, ouvida no rádio de Johann, poderia criar uma tensão subjacente entre os dois, um até poderia pensar em matar o outro, pois pertenciam a países beligerantes. Mas a tensão é neutralizada pelo pacifismo de Johann e a boa índole de Ranulfo, afinal se tornaram amigos na áspera caminhada pelo sertão nordestino.



A câmara cinematográfica, como se sabe, tem o privilégio de ser ao mesmo tempo subjetiva e objetiva, *"o olho que olha e o olhar que mostra"*, como bem afirmou o filmólogo ítalo-francês Pietro Giuliani, ao analisar a questão do olho e do olhar no cinema exponencial de Stanley Kubrick. Daí o valor das tomadas objetivas (a moça e os dois homens no veículo em movimento, em harmoniosa composição) e as subjetivas feitas de dentro para fora, vendo-se o capô do carro a vencer o espaço à frente, ronco do motor já gasto, e logo Johann a contemplar de pé a estéril paisagem externa, enquanto Ranulfo está ao volante.



Apesar de todo esforço para dinamizar as imagens, a direção não consegue evitar a monotonia de certas cenas, mormente neste tipo de filme, deixando o espectador a esperar alguma súbita reviravolta – mas esta não virá, porque não há lugar para o "turning point" nesse encontro e separação entre os dois homens. A fotografia de Mauro Pinheiro Jr. resolve bem os problemas da excessiva luminosidade e o de nenhuma luz nos interiores. A música incidental de Tomás Alves cede passagem para *Serra da Boa Esperança* (a qual abre e fecha o filme) e *Esmagando Rosas*, ambas sucessos do velho e sempre bom Chico Viola, ouvindo-se também Carmem Miranda, todas indicativas de pesquisa criteriosa, pois eram melodias ouvidas naquele ano de 1942.

*Cinema, Aspirinas e Urubus* tem méritos decorrentes de sua direção competente e do entusiasmo em fazer o filme. Considerá-lo, porém, como a melhor produção brasileira dos últimos dez anos é um exagero, se o confrontarmos com o citado *Abril Despedaçado*, de Walter Salles, *Cabra-Cega*, de Toni Venturi, *Quase Dois Irmãos*, de Lúcia Murat, *Cidade Baixa*, de Sérgio Machado, pouco importando, para fins de comparação, se as temáticas são diferentes.

A ver, com recomendações aos cinéfilos.

## De olhos vendados sob o signo do medo

Filão rico para o crescimento da produção de filmes brasileiros de qualidade tem sido o período dos chamados "anos de chumbo". *Vida Provisória*, de Maurício Gomes Leite (1968), *O Sonho não Acabou*, de Sérgio Rezende (1982), *Pra Frente Brasil*, de Roberto Farias (1983), *Nunca Fomos tão Felizes*, de Murilo Salles (1984), *Que Bom Te Ver Viva* e *Quase Dois Irmãos*, de Lúcia Murat (respectivamente de 1989 e 2004) são alguns títulos trazidos à memória como prova da melhoria do nosso cinema, tanto no plano técnico como na imaginação criadora. Em Brasília, durante o 37° Festival, acresça-se, *Cabra-Cega* conquistou prêmio de Melhor Filme pelo Júri Popular, Melhor Ator, roteiro, direção artística e pesquisa histórica.



A idéia original do filme nasceu do cineasta Roberto Moreira, com argumento desenvolvido por Fernando Bonassi e Victor Navas, ficando o roteiro a cargo de Di Moretti e assessoria do jornalista Alípio Freire, ex-militante da clandestinidade. O título *Cabra-Cega* tem clara conotação metafórica, sugestiva de como os opositores do regime militar então se movimentavam quais crianças de olhos vendados, numa brincadeira infantil de tempos menos conturbados. Também pode ser visto como metonímia visual, pois se concentra em Tiago (Leonardo Medeiros) e Rosa (Débora Duboc), ele um radical revolucionário, ela uma enfermeira a serviço da organização clandestina, quando se sabe de muitos outros em *aparelhos*, vivendo a portas fechadas, ou à *huis clos*, como dizem os franceses. Sair significava grande risco.

Na direção, Toni Venturi, realizador do documentário *O Velho* e do ficcional *Latitude Zero*, situa *Cabra-Cega* nos anos 70, na cidade de São Paulo, dividindo-o nas três fases da estrutura aristotélica: exposição, criação e desenvolvimento do conflito, e desfecho. Vêem-se, na primeira, fragmentos de documentários e outros da época trabalhados em laboratório, os quais entram em rápido retrospecto como elos entre o presente vivido pelo fugitivo, ferido dentro do apartamento, e o seu passado de guerrilheiro. Conhecemos Tiago, Rosa, Pedro (arquiteto, simpatizante, a ponto de ceder-lhes abrigo) e depois Mateus (Jonas Bloch), dirigente da organização incumbido de preservar o líder.



Na segunda, a inação do personagem central, seus receios, a convivência com Pedro e Rosa, e o pressentimento segundo o qual logo baterá às portas a polícia política. O cuidado para não ser visto ou ouvido, as limitações do movimento, a atenção com as cortinas, o olho mágico da porta, o toque da campainha, o tilintar do telefone, ruídos, a vizinha solitária cujo filho morrera nas mãos da ditadura de Franco, a sirene da polícia, às vezes ouvidas longe, doutras mais perto e depois silenciadas. A preocupação estampada no rosto de Tiago e os momentos de reflexão, quando percebe as rachaduras do teto, parecem metaforizar a fragilidade do personagem sempre à espera do pior, mas já pondo em dúvidas suas próprias certezas.

A terceira fase, durante a qual Mateus é fuzilado em plena praça e Tiago ousara vir à rua (seria lícito esperar também o encontro amoroso entre

Tiago e Rosa pela proximidade cada vez maior entre os dois), é um achado da idéia original: a transformação de Pedro e Rosa em militantes de frente, "*ponto final* de uma obra cujo desfecho permanece em aberto", segundo se lê no roteiro publicado pela Fundação Cultura/Imp. Oficial de São Paulo. "Aos mortos brasileiros, cabras-cegas que tentam atravessar a escuridão para tomar os céus de assalto", frase expressiva com a qual Venturi encerra seu filme, foi encontrada após exaustivo trabalho de redução sobre um texto dele mesmo e de Di Moretti. Com ela, segundo Venturi, evitou-se o panfletário juntamente com a apresentação seca dos créditos e um tiroteio convencional e inútil.

As cenas de aceleração e repouso dentro da unidade espácio-temporal, tal como são vistas nas lições de Truffaut e outros mestres, bem como a movimentação da câmara nos interiores, definem bem a qualidade do trabalho diretorial de Venturi. Forte impacto têm as cenas de violência policial, tanto nos fragmentos da corrida nas ruas, como na agonia da jovem prisioneira encapuzada e torturada com choques, enquanto os esbirros lhe jogam baldes d'água sobre o corpo nu. Em dados momentos, Venturi utiliza a câmara portátil, a videoclipagem e as panorâmicas ultra-rápidas, fazendo-o sem abuso, embora discordemos de quando afirma ser melhor assim sua comunicação com o público jovem. Não entenderiam os jovens uma estrutura narrativa clássica ou os planos longos de Antonioni?



Poder-se-ia fazer um ou outro reparo de menor monta quanto à duração de certos diálogos ou à forma como são proferidas as palavras, mesmo quando valorizadas depois pelos silêncios e tempos mortos. Os diálogos são sempre um percalço quando nascem das imagens em movimento, mas Venturi logra superar o mais das vezes as dificuldades, porque crê no velho axioma segundo o qual "quanto menos se diz em cinema mais se comunica"...

A fotografia, de primeira linha, é de Adrian Cooper, de Anahy de las Missiones (longa de Sérgio Silva), um técnico inglês apaixonado pelo Brasil, segundo ele mesmo. A trilha sonora de Fernanda Porto, com escolha feliz de *Construção* e *Roda Viva*, de Chico Buarque, e de *Sinal Fechado*, de Paulinho da Viola, revive momentaneamente a ambiência dos anos 70. Os atores nos surpreendem favoravelmente, seja Medeiros ou Jonas Bloch (recordamo-nos dele quando de sua atuação como um dos algozes no filme sobre a infeliz Cláudia Lessin), Michel Bercovitch ou Débora Duboc. Algumas hesitações dela não comprometem o desempenho do seu difícil papel

nessa recriação de uma realidade verossímil. O som direto foi outra surpresa agradável, quando sabemos ser ele uma das nossas deficiências.

Em suma, filme bem ilustrativo desta fase de renovação qualitativa do nosso cinema. Com ele, Venturi se coloca como um dos mais promissores cineastas da nova geração.

A ver, rever e refletir, decididamente.

## Uma Salvador longe dos olhos dos turistas

Exibido na mostra oficial *Un Certain Regard* do LVIII Festival de Cinema de Cannes, *Cidade Baixa*, de Sérgio Machado, diretor estreante no longa, fez jus ao Prêmio da Juventude da França, e esse êxito abre caminhos para seu realizador e também para a Viodeofilmes, produtora fundada há 18 anos pelos irmãos Walter e João Moreira Salles. *Cidade Baixa* é bom exemplar desta fase de revitalização do cinema brasileiro, sugestiva de como podemos fazer filmes de qualidade, desde quando haja vontade de acertar e competência.



O roteiro é do próprio Machado e de Karim Ainouz, com quem já havia escrito *Abril Despedaçado*, de Walter Salles, e desenvolve a história de um *ménage à trois* nascido de encontro casual entre Karinna (Alice Braga), uma prostituta jovem, às vezes *stripper* em boates, Naldinho (Wagner Moura) e Deco (Lázaro Ramos), bons amigos de longa data. Os dois ganham seu sustento fazendo fretes e aplicando pequenos golpes a bordo de um velho barco.

Karina está interessada em arranjar trabalho na noite de Salvador e aproveita a carona. De início, cada um paga seus momentos de sexo com Karina, mas depois se apaixonam por ela e iniciam difícil vida a três, plena de desentendimentos e cenas de ciúme.

Separados por algum tempo, Naldinho cai na marginalidade, até porque não vê ou não pode encontrar nada melhor, e passa a assaltar farmácias. Deco tenta o *box* no submundo da *Cidade Baixa* para receber mísero cachê em troca de resultados em lutas previamente arranjadas. Os três acabam se reencontrando, pois não conseguem viver apartados. O final fica em aberto, Karina está grávida, mas não sabe de qual dos dois, pouco importando se continuarão juntos ou não.



Machado se revela um bom diretor cinematográfico. Consegue momentos expressivos mediante uso de primeiros planos nos quais os rostos falam por si sós e exprimem muita coisa, como no fecho do filme, após briga em plena rua, observada por passantes e moradores, todos de olhos postos nos dois homens em luta.

Aprendeu bem a gramática do filme e sabe como trabalhar por trás das câmaras. Destaquem-se as cenas da rinha de galo, a simulação de uma dose excessiva de cocaína dentro de um cargueiro estrangeiro, enquanto os dois amantes roubam o capitão, bem como a luta de boxe. Os *close-ups* de Naldinho e Deco, após a briga entre os amigos quase irmãos, parecem transcender seu significado implícito.

Alguns instantes de interesse visual devem ser mencionados: a câmara na vertical foca o casal deitado e os vemos em colóquio de cabeça para baixo. Não é uma tomada original, mas seu efeito enriquece o quadro.

O clima de marginalidade se revela até na trilha de cupins vista na parede suja, na miséria, no desemprego e na imundície, na falta de perspectivas positivas para os personagens em conflito, nas imagens sugestivas das contradições de uma Salvador longe dos olhos dos turistas. Um lance sem dúvida inovador no cinema brasileiro.



O roteiro não enfoca a violência essencial dos dois personagens e deixa cair uma certa monotonia nas ações do trio, mas isso não invalida o esforço despendido nos cem minutos de projeção. A câmara poderia tremer menos em algumas cenas, se não houvesse a opção pelo equipamento manual (para evitá-lo existe a *steadicam*), e o uso do chicote restringir-se ao mínimo, mesmo se justificando pelo tom de realismo documentário.

Fica também um reparo por conta da cena na delegacia quando Karinna é levada para lá. O delegado está fora de foco, mas fala enquanto se vê sua figura desfocada em segundo plano. Mas estes pequenos reparos não diminuem os méritos de Machado e da produção executiva de Salles.

A fotografia de Toca Seabra se adequa bem às locações escolhidas, como às cenas de interiores. Recebeu ele, recorde-se, o Prêmio de Melhor Fotografia no Festival de Miami com *O Invasor*, de Beto Brant, e também o de Melhor Fotografia Documental pela Associação de Cinematografia com o documentário Nélson Freire, *obra-mestra* de João Moreira Salles.

Wagner Moura e Lázaro Ramos são dois atores



de talento pertencentes a essa nova fase do nosso cinema, o primeiro dos quais foi louvado em *Deus é Brasileiro*, de Cacá Diegues, e *Carandiru*, de Hector Babenco. Lázaro atuou com méritos em *O Homem que Copiava*, de Jorge Furtado, e no já citado *Carandiru*, para só citarmos estes.

Mas quem mais nos surpreendeu foi Alice Braga, também atuante em *Cidade de Deus*, de Fernando Meirelles e na minissérie *Carandiru*, igualmente sob direção de Babenco. Sua espontaneidade na prolação das falas e as expressões de profissionalismo no primeiro diálogo, quanto ao preço do *serviço*, ou na ternura com um Naldinho ferido a faca são reveladoras de inegável aptidão como atriz cinematográfica.

Os coadjuvantes maiores ou menores atuam a contento, com destaque para José Dumont, como sempre um ator de primeira, mesmo numa ponta como o dono da galinha capaz de vencer o galo na briga. Marcante é a trilha sonora de Carlinhos Brown e Beto Villares.

Boa pedida para cinéfilos ainda descrentes do cinema brasileiro. A ver.

## Realismo mágico põe lobisomem em triângulo amoroso

Leia-se o livro de José Cândido de Carvalho, assista-se ao filme de Maurício Farias, mas evite-se a comparação entre os resultados obtidos por cada um desses meios de expressão e comunicação, pois a literatura e o cinema têm linguagens próprias, formas de transmissão diversas, como já se disse tantas vezes. Como a arte cinematográfica se exprime via formas motovisuais, um romance, novela ou conto jamais poderão ser filmados seguindo-se fielmente o original literário. Por isso mesmo, vamos ater-nos, como mediadores entre o filme e o espectador, apenas à obra de estréia de Maurício Farias, filho de Roberto Farias, cineasta de *Assalto ao Trem Pagador* (1962) e *Pra Frente Brasil* (1981), e também da minissérie para a TV Globo, *As Noivas de Copacabana* (1992), para ficarmos só nestas três realizações meritórias do seu pai.



Produzido por Paula Lavigne e Guel Arraes, com roteiro dele, de Jorge Furtado e João Falcão, *O Coronel e o Lobisomem* gira em torno da disputa jurídica entre o Cel. Ponciano Furtado (Diogo Vilela) e Pernambuco Nogueira (Selton Melo), seu irmão de criação, pela posse da Fazenda Sobradinho, da qual o coronel parece ser o herdeiro legítimo. Por trás de tudo, está a bela prima Esmeraldina (Ana Paula Arósio), tão esquiva quanto volúvel, formando-se então o triângulo amoroso indefectível. A acusação do coronel segundo a qual Pernambuco é um lobisomem leva o filme para o realismo fantástico e, naturalmente, de acordo com Rodolfo Patrocínio (supervisor de efeitos especiais, diretor da Digital 21 e também co-produtor), à "criação" do lobisomem, este surge tão rápido quanto desaparece, "onde nem a lua nem a sua luz são reais"...

Em verdade, os efeitos digitais são sentidos em quase todo o desenrolar do filme e, como o próprio Rodolfo declarou em entrevista, "quase todas as tomadas apresentam uma resolução digital silenciosa". Como o cinema brasileiro se encontra em plena fase de renascimento, as possibilidades da tecnologia digital nacional abrem novas portas e colocam a nossa produção cinematográfica em nível mais elevado. Os cineastas brasileiros só não podem ficar presos à tecnologia ou fascinados por ela à moda George Lucas, faltos de outros valores cinemáticos e com perda da sua criatividade ou do equilíbrio entre a aceleração e o repouso dos planos, evitando-se falatório desnecessário. Como lembrava Truffaut, é preciso distinguir sempre o supérfluo do essencial para chegar à arte da síntese. Nesse sentido, *O Coronel e o Lobisomem* se estende um pouco além da conta, fala-se demais e no entanto sentimos a falta de algo mais para preencher as exigências do todo cinematográfico.

Louvem-se, no entanto, o *plongée* sobre os dois personagens quando uma flor é jogada para o alto e desabrocha, as cenas da estúpida briga de galos e sua cadeia de apostas, o encontro com a onça pintada depois repetido com outros planos, mas retroagindo na narrativa, a transformação do lobisomem precedida pelo *contre-plongée* da vidraça através da qual se vê a lua passando por entre as nuvens brancas, enquanto a edição de som e as imagens da fera completam o quadro. O mergulho da prima no mar azul, agora transformada em sereia (signo da impossibilidade de sua posse carnal pelos pretendentes, pois seu físico anormal não pode satisfazer as paixões despertadas pelo seu corpo, segundo se lê no analista espanhol J. E. Cirlot), põe em relevo a fotografia de José Roberto Eliezer nas praias de Fernando de Noronha, enquanto nos interiores ela se combina com a direção de arte de Adrian Cooper, o técnico inglês a quem elogiáramos em *Cabra-Cega*. A música de Caetano Veloso e Mílton Nascimento se ajusta às exigências das situações nas quais é ouvida.

Quanto aos atores e à proferição das falas, não há maiores reparos, apenas Selton Melo poderia ter evitado aquele som nasalado da sua voz à moda *Auto da Compadecida*. Mas tanto ele como Diogo Vilela atuam com inegável profissionalismo, bem assim Pedro Paulo Rangel (o Pepê) como Juquinha, ator de muito talento, demonstrado, entre outros papéis, na minissérie *O Primo Basílio* e no conto de Stanislaw Ponte Preta (Sérgio Porto) levado à TV com Andrea Guerra na pele de sensualíssima moradora da Tijuca. Pepê é o motorista de táxi incumbido de apanhar Francisco Milani no aeroporto e contar-lhe as novidades do quarteirão. Milani, em cuja memória o filme de Farias é dedicado, faz boa ponta como o criador de galos de briga. Ana Paula Arósio se destaca mais pela beleza, embora tenha boa experiência de TV. Não é neófita no cinema pois, descoberta por Wálter Hugo Khoury, atuou com ele na co-produção italiana de *Forever* (1983/1999), ao lado de Ben Gazzara e Vera Fischer, e também em *Celeste & Estrela*, de Betse de Paula (2002).



A estréia de Maurício poderia ter sido melhor, mas suas possibilidades no *métier* são evidentes. A ver, mais este passo à frente dado pelo nosso cinema.

## Abril, o mais cruel dos meses...

Do verso de T.S. Eliot ("Abril é o mais cruel dos meses, gerando / Lilases da terra morta, misturando / Memória e desejo, agitando/Raízes descoloridas com a chuva da primavera"), sugestivo de um estado intermediário, nem primavera nem inverno, nem entorpecido nem alerta, o título acima estabelece, "*mutatis mutandis*", pontos de contacto com este *Abril Despedaçado*, de Walter Salles, um dos melhores deste 2002, nada ficando a dever a outras produções de qualidade exibidas aqui nos últimos meses.



O argumento desta co-produção brasileiro-franco-suíça, sugerida pelo trágico romance do albanês Ismail Kadaré, tem recebido ampla cobertura jornalística, motivo pelo qual qualquer sinopse é dispensável. Impressionado pelo livro, Salles decidiu-se a transplantar seu núcleo dramático para o sertão nordestino, naturalmente mediante ajustes, supressões e acréscimos. Não lhe alterou a mensagem original – um libelo contra todas as guerras, notadamente as fratricidas – mas incluiu aquele algo mais. O menino sem nome, depois chamado Pacu, e seu amor fraternal foram uma criação do cineasta, aquele atuando como "olho inocente", subtema aliás presente nos seus filmes, como enfatizou o co-roteirista baiano Sérgio

Machado em entrevista. O *screenplay* de Salles, Machado e do cearense Karim Arnouz resultou numa das mais bem-sucedidas parcerias no cinema brasileiro.

Vamos assistir, portanto, à tragédia de pessoas unidas por laços de sangue – no caso, os Breves e os Ferreiras –, destruindo-se uns aos outros ao longo do tempo por questões de terra, um veio d'água, uma nesga de poder. O foco central nos remete a tragédias semelhantes com famílias do interior pernambucano, como os Cavalcante e os Cavalcanti ("Sou Te e v. é Ti..."), os Feitosas e os Montes, no Ceará, e a tantos outros deste e de outras regiões. Nada disso, aliás, é estranho à história dos povos, desde tempos imemoriais, da velha Grécia, quando o poder central não interferia nos conflitos de família. Tal corno no Nordeste Brasileiro, com seus "coronéis" e, ou, patriarcas, os quais criavam suas próprias leis e seus estranhos códigos de "como lavar a honra maculada". No fim de tudo, em rigor, ninguém ganhava a guerra, a espaços, talvez, uma vitória de Pirro...

*Abril Despedaçado* permite extrair paralelos com a violência inútil e primitiva, por exemplo, entre israelenses e palestinos, bascos e espanhóis, católicos e protestantes na Irlanda do Norte, Bósnia-Herzegóvina, Kôsovo, Timor, África, etc.

Outras referências pavorosas se encontram no morticínio de judeus nas câmaras de gás de Hitler, nos pogroms da Rússia de Stalin, no massacre da nação armênia pelos turcos, nos milhões de vítimas de Mao Tsé-tung, Pol Pot e outros menores do presente e do passado. Com tanto sangue e barbárie, como bem escreveu o crítico Rafael Ruiz, não há lugar para o homem num mundo assim. Com tantos crimes hediondos, lembrou o argentino Ernesto Sábato, é impossível não ver o mundo como algo à deriva. Não há livre-arbítrio para os fracos e os deserdados da terra.



O filme de Salles traz a violência em ponto pequeno através do formato de conto cinematográfico. Nele se omitem eventos pretéritos, e a escassez de diálogos e a economia de linguagem abrem caminho para o enriquecimento motovisual do conjunto. A narrativa se engrandece com significantes de ordem vária, como a bifurcação dos caminhos de saída, a fita negra no braço (ominoso símbolo da morte próxima), as camisas ensangüentadas tremulando ao vento, depois amarelecendo, duma feita em contraste com o belo céu azul ou a lua cheia lá no alto, reveladora de um tempo a fugir irreparavelmente. A inevitabilidade da morte anunciada, decidida, é reiterada na frase marcante com a qual Salles homenageia o pioneiro Mário Peixoto, colocando-a na voz do patriarca cego, quando este se dirige a quem fuzilou seu primogênito: "Cada vez que o relógio marcar mais um, mais um, para você é sempre menos um, menos um"...Na direção cinematográfica, Salles se revela mais uma vez criativo na seletividade dos planos e na dinâmica dos movimentos de câmara, e com isso rende tributo a mestres do cinema, pois com eles os novos cineastas aprendem as lições e as aplicam à sua maneira. Há, por exemplo, ecos de Fellini e de Bergman na passagem dos itinerantes de um circo mambembe. As cenas de perseguição e morte pelos campos em céu aberto e noite afora, das quais nascerá tanto a dor de quem mata como a de quem morre, lembram o Malick de *Atrás da Linha Vermelha*. O uso eficiente do recuo e avanço do *traveling* e o enquadramento dos personagens iluminados à luz de velas e candeeiros nos interiores do velório parecem toques de Kubrick vindos de Barry Lyndon. Quando o velho ouve dos filhos o anseio pela vingança, pois a camisa no varal já vai ficando amarela, a composição expressiva das três figuras no primeiro plano, casarão ao fundo, nos remete ao Resnais daquele memorável *Marienbad*.



O fantasma do gênio de Welles, cujos filmes têm sido influência reconhecida em toda cinematografia moderna, parece corporificar-se tanto no rodopio contínuo de Clara no alto da corda segura por Tonho, reveladora de uma tensão erótica subjacente, como nos significativos *plongées* da engenhoca em movimento, com o monótono rodar das catracas (às vezes até emperrando, tal como os bois), sugestivos daquelas vidas sem perspectivas, perdidas nos confins do tempo em um Nordeste seco, miserável (até quando?), "enteado desprezado da Natureza e da República", como já se disse tantas vezes.



Salles contou com apoios importantes em sua equipe: a fotografia (ou *escrita da luz*) de Wálter Carvalho, muito bem trabalhada em sua nitidez e matizes evanescentes, notadamente na captação da chuva benfazeja e fecundante, quando pingos d'água escorrem do varal na fusão dos sexos. A montagem a cargo da francesa Isabelle Rathery se faz com precisão e elimina qualquer supérfluo. A música de Antônio Pinto, às vezes com força de réquiem, acentua o clima emocional, enquanto trompas, fagote, harpa e flauta permeiam o contexto narrativo.

Louváveis os efeitos sonoros, mas, apesar da mixagem feita na França, ainda não conseguimos superar nas falas os problemas de gravação do som direto, ou, aqueles decorrentes de dicção ou pronúncia defeituosa. O resultado aqui e ali é a perda de alguns vocábulos, mais bem percebidos depois de uma terceira visão. Há quem os atribua à própria língua portuguesa no cinema, opinião da qual discordamos; outros o fazem em relação ao sistema de reprodução dos sons das casas exibidoras ou mesmo à falta de algum equipamento sofisticado de alto custo. Mas essas pequenas imperfeições não arranham a integridade dessa obra de maturidade artística.

Merecedor do Oscar de Melhor Filme Estrangeiro, *Abril* não foi escolhido. Em compensação, ganhou o *Leoncino d'Oro* no Festival de Veneza.

Daqui aplaudimos a direção de atores e o achado do diretor ao concluir seu filme com a metáfora do mar como horizonte de fuga e liberdade. Um filme para ver e rever, decididamente.



**Os atores de Abril**

Os intérpretes, como se sabe, não estão simplesmente postados diante da câmara para declamar linhas decoradas ou para, excepcionalmente, improvisar alguma resposta ou indagação sugerida pelo *metteur-en-scène*. No caso de *Abril Despedaçado* chegou-se a um nível de interpretação capaz de surpreender o crítico exigente. José Dumont e Luiz Carlos Vasconcelos comportam-se como dois atores cinematográficos (raros estes em nossas telas) e dispensam encômios. Dumont é sempre presença de peso, desde quando apareceu em *O Homem que Virou Suco*, de J. Batista de Andrade, ou no *Milagre em Juazeiro*, de Wolney Oliveira, quando revive o Pe. Cícero, ou, ainda, em *Kenoma*, de Eliana Jaffé, quando faz o obcecado inventor da máquina de movimento perpétuo. Sua entrada no velório, quando subitamente param todos os sons da sala, a decepção estampada no rosto pelo aviltamento dos preços de seu labor, o riso inesperado, deixando entrever dentes maltratados, bastam para consagrar uma atuação. Vasconcelos já nos surpreendera favoravelmente em *Eu Tu Eles*, de Andrucha Waddington. Desempenho seguro, com espontaneidade digna de nota, como, por exemplo, quando, sem dizer palavra, revela um misto de ciúme e preocupação pela já percebida aproximação entre Tonho e sua protegida. Suas falas também estão tão autênticas quanto possível.



Rodrigo Santoro confirma o talento evidenciado em *Bicho de Sete Cabeças*, de Laís Bodanski, e mesmo antes, quando interpretou o jovem e torturado frade na minissérie Hilda Furacão. Encarna ele com segurança o seu papel, bom physique de role, e não entendemos a reclamação por um rosto nordestino... Afinal, como é um rosto nordestino numa representação cinematográfica? Com a diversificação dos tipos nascidos na região, um nordestino pode ser tão parecido com Santoro quanto o Fábio Jr. de Bye, Bye Brasil, de Cacá Diegues, ou quanto um Tarcísio Tavares ou Franzé Santos, dois indefectíveis cinéfilos da terrinha. Seria preciso colocar um Charles Bronson no lugar de Santoro?

Sobressai também o garoto Ravi Ramos Lacerda (superior ao "órfão" de *Central do Brasil*), talento precoce, merecedor de outras oportunidades. Sua expressão fisionômica com as lágrimas mal contidas, quando o pai ignorante e machão lhe dá um tapa na hora do jantar, ou sua vivenciada fantasia com as figuras do livro, metáfora da tentativa de fuga daquele contexto de sangue e vingança, ou, ainda, sua reação quando o pai lhe arranca das mãos o livro, comprovam suas potencialidades de ator.



Flávia Marco Antônio, estreante no cinema, feliz achado de Salles, provê com sua presença feminina uma carga sutil de sensualidade feita de olhares, risos, poucas palavras, silêncios e gestos (como quando bate o tambor do alto das pernas de pau ou cospe fogo em plena praça diante de um Tonho fascinado), tudo culminando no furtivo encontro amoroso na barraca rústica, "certa audácia num certo abril de estrelas desfolhadas pela chuva", como escreveu o poeta Francisco Carvalho. Rita Assemany é a mãe marcada por tristeza profunda, pela esterilidade de sua vida no Riacho das Almas, pelo cansaço de recolher bagaços de cana e mexer na garapa a ser transformada em rapadura. Everaldo Pontes no velho Ferreira, apesar de menos solicitado, quando o faz domina as cenas com sua postura e fisionomia impenetrável, olhos vidrados, bengala na mão. Othon Bastos comparece numa ponta, mas seria ocioso citar as vítimas e os demais membros da família, atores secundários, sim, mas todos compenetrados de suas funções.

## O universo concentracionário em tempos atrozes

Surpresa bem agradável em matéria de cinema brasileiro é este *Quase Dois Irmãos*, de Lúcia Murat (1946), cuja estréia por trás das câmaras se deu em documentário contundente, *Que Bom Te Ver Viva* (1988), quando combinou depoimentos de mulheres vítimas de maus tratos e humilhações nos anos de chumbo, com textos interpretados por Irene Ravache. Ex-particípe do MR-8, presa e vítima de torturas em 1971, Lúcia conheceu o inferno das prisões, pois passou três anos por trás das grades. Em sua filmografia estão também *Pequeno Exército Louco* (1985), rodado na Nicarágua, *Doces Poderes* (1996) e *Brava Gente Brasileira* (2000).



Lúcia não é nenhuma neófita e nestes anos todos estudou bem a arte fílmica e se mirou em obras-mestras da cinematografia mundial. Aos ensinamentos colhidos, aliou sua sensibilidade e maior percepção do poder das imagens em movimento. A temática por ela desenvolvida ao longo dos 100 min de projeção de *Quase Dois Irmãos* pode desagradar a muitos, pois nela avultam problemas insolúveis das favelas das grandes cidades, mormente cariocas, com a rotina de violência, drogas, contrabando de armas, facções em luta, corrupção policial e crueldade dos grupos de extermínio (onde se mata por motivos fúteis ou sem motivo algum) e a falência implícita dos governos na resolução desses problemas.

Cremos já ter-nos referido em artigo à antevisão de Orson Welles, quando visitou, em 1942, uma dessas favelas ainda em crescimento, ao lado de Vinícius de Moraes. Para o grande cineasta, as favelas eram futuros *frankensteins*, ou seja, "criaturas a se voltarem, mais dia menos dia, contra o seu criador". Contou-nos isso, e a pequeno círculo de amigos, o próprio Vinícius, quando da recepção oferecida a ele em memorável noitada em Fortaleza, em 1976. Na ocasião, o poeta chegou a lamentar sua "mentira branca" diante de Welles, ao dizer-lhe: "O governo vai mandar tirar todas essas favelas dos morros em menos de seis meses..."



Diferente de obra referencial como Rebelião no Presídio (*Riot in Cell, Block 11*), de Don Siegel (1954), do qual Hector Babenco poderia ter extraído algumas lições úteis quando fez *Carandiru*, o filme de Lúcia apenas se lhe assemelha no universo concentracionário, pois o seu foco não é a rebelião mas, sim, o confronto entre brancos presos políticos nos anos 70 e negros delinqüentes e bandidos. Os primeiros já haviam estabelecido a ordem no pavilhão, cada um por todos, todos por um, tudo decidido democraticamente pelo voto do coletivo, nada de roubo, pederastia (consentida ou não) e assassinatos. A nova leva de criminosos chegada ao pavilhão não pensa assim. Eles têm outro *código*. Começam por roubar um relógio. O conflito e a tragédia são inevitáveis.

Os versos pessoanos, "A vida que sonhamos não é a vida que vivemos", servem como epígrafe, quase um leitmotiv para advertir os sonhadores, pois essa verdade dói fundo em todos nós: a vida é tudo quando não queremos ou é sempre uma adaptação constante a circunstâncias desfavoráveis, como lembrava Hélio Pellegrino numa de suas palestras. O filme abre praticamente com esses versos e um senador (Werner Shunemann) negociando em 2004 um projeto social nas favelas com um chefão do comércio de drogas, o qual transmite suas ordens de dentro da própria prisão... Os dois foram amigos na década de 50, apesar das diferenças socioeconômicas entre ambos, e voltaram a encontrar-se no inferno da Ilha Grande nos anos 70.



É indiscutível o renascimento do cinema brasileiro, embora aqui e ali não faltem películas medíocres ou de baixo nível qualitativo como Cama de Gato. Mas em contrapartida estão filmes de Wálter Salles, Hector Babenco, Fernando Meireles, sem incluir, por desnecessário, a experiência de veteranos como Nélson Pereira dos Santos, Rogério Sganzerla, Júlio Bressane, Arnaldo Jabor, Cacá Diegues, Bruno Barreto, Domingos Oliveira, Walter Hugo Khoury, Mauricio Gomes Leite, alguns dos quais já falecidos, e a potencialidade de novos como Beto Brant, João Moreira Salles, Aluizio Abranches, Tony Venturi, Andrucha Waddington e Sérgio Machado. A esta altura, com mulheres cineastas da estirpe de Lúcia Murat, Monique Gardenberg, Eliane Caffé e Ana Carolina, para só citamos quatro vindas à lembrança, já é possível pensar em superar o cinema argentino e nos qualificarmos como o melhor da América Latina.



Quanto às mortes e a violência intrínseca no tipo de filme sob análise, bem como ao linguajar chulo e diálogos giriescos, não há como fugir deles. Trata-se de drama ao qual não pode faltar a autenticidade do realismo cinematográfico, como na ida à Ilha Grande, onde os prisioneiros são trancados no porão da lancha e a água cai das frestas durante a travessia, ou no constrangimento da revista às visitas. Nem se pode ver exagero nos jovens com pistolas automáticas na mão ou testando fuzis-metralhadoras, pois os combates entre policiais e bandidos nas favelas do Rio são vistos regularmente nos telejornais.

Como roteirista, Lúcia se entrosou com seu colega Paulo Lins; como diretora, demonstrou proficiência na planificação (escolha de planos móveis e fixos, da sua ordem e duração) e mão firme nas cenas de forte impacto: mortes estúpidas, como soem ocorrer em nossos presídios, o conúbio sexual meio animalesco entre o marginal negro e a adolescente branca, filha desajustada do senador, e na agressão da jovem pelos marginais do morro. Há precisão nos liames entre os três tempos, até mesmo na repetição de uma conversa já ouvida antes, quando o chefão da máfia volta a determinar, por celular, a execução de algum devedor ou desafeto. As imagens do carro do senador em movimento pelo túnel Rebouças, refletindo-se as luzes pelos paralamas laterais, parecem inspiradas em cenas com Clint Eastwood sob direção de Siegel, mas a inspiração é lícita – aprendemos com os mestres. Os atritos entre prisioneiros, máxime aquele decorrente da morte do gato de um deles, e as discussões entre os "residentes" expressam bem o típico da vida nas prisões.



Algumas trepidações da câmara poderiam ter sido evitadas, assim como o excesso de cortes em certas cenas para não fragmentar a realidade cinematográfica, pois as ações do filme se passam em três níveis da unidade espácio-temporal. Já os *close-ups* e os planos de detalhe se autojustificam, com uma ou outra exceção. Mas nada disso arranha o valor intrínseco de *Quase Dois Irmãos*.

A fotografia de Jacob Sarmento Solinetrik tem ótima qualidade para nossos padrões e elogiável é o trabalho de edição de Mair Tavares. A música tema de Naná Vasconcelos sobressai pela melodia em ritmo de samba, mormente nos instantes finais, quando se combinam imagens dos blocos carnavalescos captadas por outros cinegrafistas. Nesse contraponto musical subjaz a idéia de tudo continuar na mesma. Os atores estão bem conduzidos, com destaque para Caco Ciocler: sua interpretação é das melhores e suas palavras brotam espontâneas, sua máscara funciona, bem diferente do anêmico e um tanto aturdido Prestes no *Olga,* de Jayme Monjardim. Flávio Bauraqui (o Jorginho), Maria Flor, Werner Shunemann e Babu Santana renovam esperanças quanto à possibilidade de formarmos em pouco tempo um conjunto de bons atores cinematográficos.



A ver, decididamente, e não só para prestigiarmos o cinema brasileiro. Daqui os parabéns a Lúcia Murat, esperando possa ela trazer-nos outros frutos de sua sensibilidade e talento.

## Sobre o autor

Nascido em Fortaleza, capital do Ceará, em 19 de setembro de 1934, Luiz Geraldo de Miranda Leão é bacharel em Literatura de Língua Inglesa e Portuguesa. Aposentado como professor catedrático da Universidade Federal do Ceará, pelo Banco do Nordeste e pela Universidade Estadual do Ceará, é jornalista e sócio honorário da Associação Cearense de Imprensa. Membro-fundador da Academia Cearense da Língua Portuguesa. Lecionou muitos anos no Instituto Brasil-Estados Unidos (Ibeu), sendo um de seus mais conceituados professores. Foi também durante muitos anos professor da Escola Americana, que funcionava em Fortaleza nas décadas de 1960 e 1970. Na área do Magistério, fez estudos em Nova Iorque e estágio didático nas Escolas Berlitz e Cambridge, em Manhattan. Estagiou no MAM do Rio de Janeiro e na Escola Brasileira de Tradutores. Foi secretário-tradutor do Banco do Nordeste do Brasil, onde assessorou por quase 30 anos o Gabinete da Presidência nas gestões Hilberto Silva, Nílson Holanda e Camillo Calazans. É também ex-assessor da Reitoria da Universidade Estadual do Ceará (Uece) nas gestões Cláudio Régis Quixadá, Paulo Petrola e Manassés Fonteles.



Foi examinador do 1º Concurso Público para Tradutor Juramentado e Intérprete, promovido pela

Junta Comercial do Estado do Ceará, bem como de concursos públicos para o magistério superior da Uece, dos Vestibulares da UFC, ex-partícipe de vários cursos de Língua e Literatura Inglesa em Juiz de Fora, Campinas, Fortaleza e Rio de Janeiro, bem como de simpósios N/NE e diversos seminários na área de Literatura, Cinema, Língua Inglesa e Portuguesa. Na Universidade de Buenos Aires, participou de Seminário sobre a Literatura de Jorge Luis Borges. É ex-editor e ex-redator do "Journal of English Studies", da Uece, e autor de trabalhos de Língua e Literatura. Ex-professor de Expressão & Comunicação em cursos promovidos pelo Departamento de Assessoria e pelo Departamento Rural do BNB, bem como do antigo Instituto Lusíadas. Foi dos mais brilhantes alunos dos mestres Aurélio Buarque de Hollanda Ferreira, de quem tornou-se amigo pessoal e anfitrião em Fortaleza, Antônio Houaiss e Carlos Henrique da Rocha Lima.



Cultor de cinema desde garoto, presenciou as filmagens de Orson Welles no Mucuripe, em Fortaleza, levado por seu pai, médico e também cinéfilo, e viu o grande cineasta vadear na praia do Meireles e fazer algumas *prises de vues*. Ex-instrutor dos cursos de Iniciação Cinematográfica e ex-participante de apresentações, seminários e debates levados a efeito pelo Clube de Cinema de Fortaleza (CCF) nas décadas de 1960 e 1970, durante os quais pronunciou palestras sobre a Arte do Filme, com apoio nas obras de Welles, Bergman, Kubrick, Truffaut, Losey e Melville. Representou o Clube do Cinema nos Congressos de Cineclubes em Belo Horizonte, Salvador e Fortaleza. Escreveu sobre cinema para todos os jornais já editados no Ceará, a saber: *O Povo*, nos extintos órgãos dos *Diários Associados, Unitário* e *Correio do Ceará*, e na *Gazeta de Notícias.* Escreve desde 1983 no *Diário do Nordeste* (Caderno 3 e Caderno de Cultura). Ex-examinador do 1º Concurso Público para Professor de Cinema da UFC. Ex-palestrante na Festa das Nações, promovida pelo Centro de Línguas da UFC, quando abordou o cinema de Fellini e Visconti.



Foi o apresentador e debatedor do Ciclo Orson Welles na Casa Amarela Eusélio Oliveira, da UFC, e palestrante em Cursos de Cinema ministrados pelo CEC de Belo Horizonte e no Seminário 4 Momentos de Cinema, promovido pela MAM do Rio de Janeiro. Foi professor de História do Cinema no ex-Instituto Dragão do Mar e de História e Evolução do Cinema Americano no Centro Cultural Banco do Nordeste. Também lecionou Arte do Filme no CCBN em 2002-2003. Em 2004, durante a Bienal do Livro, atuou como palestrante do tema Literatura x Cinema com base na obra de Lionel

White, *O Roubo no Hipódromo* (*Clean Break*), levada à tela por Stanley Kubrick sob o título *O Grande Golpe* (*The Killing*), seguindo-se-lhe a exibição do filme e debates ao final. Na mesma bienal, L. G. participou dos debates sobre *Abril Despedaçado*, de Walter Salles.

# Índice

## Coleção Aplauso

### Perfil

**Anselmo Duarte - O Homem da Palma de Ouro**
Luiz Carlos Merten

**Aracy Balabanian - Nunca Fui Anjo**
Tania Carvalho

**Bete Mendes - O Cão e a Rosa**
Rogério Menezes

**Carla Camurati - Luz Natural**
Carlos Alberto Mattos

**Carlos Coimbra - Um Homem Raro**
Luiz Carlos Merten

**Carlos Reichenbach -**
**O Cinema Como Razão de Viver**

Marcelo Lyra

**Cleyde Yaconis - Dama Discreta**
Vilmar Ledesma

**David Cardoso - Persistência e Paixão**
Alfredo Sternheim

**Djalma Limongi Batista - Livre Pensador**
Marcel Nadale

**Etty Fraser - Virada Pra Lua**
Vilmar Ledesma

**Gianfrancesco Guarnieri - Um Grito Solto no Ar**
Sérgio Roveri

**Helvécio Ratton - O Cinema Além das Montanhas**
Pablo Villaça

**Ilka Soares - A Bela da Tela**
Wagner de Assis

**Irene Ravache - Caçadora de Emoções**
Tania Carvalho

**João Batista de Andrade - Alguma Solidão e Muitas Histórias**
Maria do Rosário Caetano

**John Herbert - Um Gentleman no Palco e na Vida**
Neusa Barbosa

**José Dumont - Do Cordel às Telas**
Klecius Henrique

**Niza de Castro Tank - Niza Apesar das Outras**
Sara Lopes

**Paulo Betti - Na Carreira de um Sonhador**
Teté Ribeiro

**Paulo Goulart e Nicette Bruno - Tudo Em Família**
Elaine Guerrini

**Paulo José - Memórias Substantivas**
Tania Carvalho

**Reginaldo Faria - O Solo de Um Inquieto**
Wagner de Assis

**Renata Fronzi - Chorar de Rir**
Wagner de Assis

**Renato Consorte - Contestador por Índole**
Eliana Pace

**Rodolfo Nanni - Um Realizador Persistente**
Neusa Barbosa

**Rolando Boldrin - Palco Brasil**
Ieda de Abreu

**Rosamaria Murtinho - Simples Magia**
Tania Carvalho

**Rubens de Falco - Um Internacional Ator Brasileiro**
Nydia Licia

**Ruth de Souza - Estrela Negra**
Maria Ângela de Jesus

**Sérgio Hingst - Um Ator de Cinema**
Maximo Barro

**Sérgio Viotti - O Cavalheiro das Artes**
Nilu Lebert

Sonia Oiticica - Uma Atriz Rodrigueana?
Maria Thereza Vargas

Ugo Giorgetti - O Sonho Intacto
Rosane Pavam

Walderez de Barros - Voz e Silêncios
Rogério Menezes

## Especial

Dina Sfat - Retratos de uma Guerreira
Antonio Gilberto

Gloria in Excelsior - Ascensão, Apogeu e Queda do Maior Sucesso da Televisão Brasileira
Álvaro Moya

Maria Della Costa - Seu Teatro, Sua Vida
Warde Marx

Ney Latorraca - Uma Celebração

Tania Carvalho

Sérgio Cardoso - Imagens de Sua Arte
Nydia Licia

## Cinema Brasil

Bens Confiscados
Roteiro comentado pelos seus autores
Carlos Reichenbach e Daniel Chaia

Cabra-Cega
Roteiro de DiMoretti, comentado por Toni Venturi
e Ricardo Kauffman

O Caçador de Diamantes
Vittorio Capellaro comentado por Maximo Barro

A Cartomante
Roteiro comentado por seu autor Wagner de Assis

Casa de Meninas
Inácio Araújo

**O Caso dos Irmãos Naves**
Luís Sérgio Person e Jean-Claude Bernardet

**Como Fazer um Filme de Amor**
José Roberto Torero

**De Passagem**
Roteiro de Cláudio Yosida e Direção de Ricardo Elias

**Dois Córregos**
Carlos Reichenbach

**A Dona da História**
Roteiro de João Falcão, João Emanuel Carneiro e Daniel Filho

**O Homem que Virou Suco**
Roteiro de João Batista de Andrade por Ariane Abdallah e Newton Cannito

**Narradores de Javé**
Eliane Caffé e Luís Alberto de Abreu

## Teatro Brasil



**Alcides Nogueira - Alma de Cetim**
Tuna Dwek

**Antenor Pimenta e o Circo Teatro**
Danielle Pimenta

**Luís Alberto de Abreu - Até a Última Sílaba**
Adélia Nicolete

**Trilogia Alcides Nogueira - ÓperaJoyce - Gertrude Stein, Alice Toklas & Pablo Picasso - Pólvora e Poesia**
Alcides Nogueira

## Ciência e Tecnologia

**Cinema Digital**
Luiz Gonzaga Assis de Luca

**Dados Internacionais de Catalogação na Publicação**
**Biblioteca da Imprensa Oficial do Estado de São Paulo**

Leão, Aurora Miranda.
Analisando cinema : críticas de LG / organização Aurora Miranda Leão. – São Paulo : Imprensa Oficial do Estado de São Paulo , 2006.
424p. – (Coleção aplauso. Série cinema Brasil / coordenador geral Rubens Ewald Filho).

ISBN 85-7060-233-2 (Obra completa) (Imprensa Oficial)
ISBN 85-7060-452-1 (Imprensa Oficial)

1. Crítica cinematográfica 2. Cinema – História e crítica 3. Leão, L.G. de Miranda I.Ewald Filho, Rubens. II. Título. III. Série.

CDD – 791.437 5

Índices para catálogo sistemático:
1. Crítica cinematográfica 791.437 5



Imprensa Oficial do Estado de São Paulo

Rua da Mooca, 1921 - Mooca
03103-902 - São Paulo - SP - Brasil
Tel.: 11 6099-9800
Fax: 11 6099-9674
www.imprensaoficial.com.br
e-mail: livros@imprensaoficial.com.br
SAC 0800-123401

ctp, impressão e acabamento

**imprensaoficial**

Rua da Mooca, 1921 São Paulo SP
Fones: 6099-9800 - 0800 123401
www.imprensaoficial.com.br